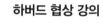

하버드 협상 강의

하버드
협상 강의

하버드 공개강의연구회 지음

하버드 협상 강의

초판 1쇄 발행 • 2018년 9월 10일
초판 8쇄 발행 • 2022년 07월 20일

지은이 • 하버드 공개강의 연구회
옮긴이 • 송은진
펴낸이 • 김승헌
외주 책임편집 • 한지현
외주 디자인 • 디자인 9mm

펴낸곳 • 도서출판 작은우주 | 주소 • 서울특별시 마포구 양화로 73, 6층 MS-8호
출판등록일 • 2014년 7월 15일(제2019-000049호)
전화 • 070-7377-3823| 팩스 • 0303-3445-0808| 이메일 • book-agit@naver.com

정가 15,800원| ISBN 979-11-87310-12-9 03320

| 북아지트는 작은우주의 성인 단행본 브랜드입니다. |

미국 하버드 대학은 세계 최고의 학부로 높은 명성과 영향력을 자랑한다. 또한 1908년에 설립된 하버드 경영대학원은 현재 미국 뿐 아니라 세계 각지의 기업 엘리트를 양성하는 교육기관이다. 100여 년의 역사를 지닌 이곳은 미국에서 '비즈니스 분야의 웨스트포인트'라 불리며 세계적인 명성을 떨치고 있다.

하버드 경영대학원은 '최고의 기업가'를 대량으로 만들어내는 '공장'이라고 해도 과언이 아니다. 경제잡지 〈포춘(Fortune)〉에 따르면 미국 500대 기업을 이끄는 경영인의 20%가 하버드 경영대학원 출신이다.

이 책은 협상 전문서로 하버드 경영대학원의 협상학에서 다루는 사례를 종합했으며 여기에 중국 현대 비즈니스의 발전 내용까지 더했다. 세계적으로 널리 알려진 뛰어난 협상 이론을 실제 협상에 적용할 수 있도록 했다. 협상 심리와 전략 분석, 각종 상황에 대한 대응방법 등 재미있고 다양한 사례를 읽다보면 어느새 협상의 고수가 된 자신을 발견할 것이다.

이 책은 크게 다섯 부분으로 나누어 협상의 매력, 단계, 심리, 기교, 목적을 설명했다. 풍부하고 알찬 내용뿐 아니라 배치에도 공을 들였다. 비슷한 주제의 다른 책들과 비교했을 때 크게 다음의 세 가지 특징이 두드러진다.

첫째, 이론과 실제를 결합했다.

전문적인 이론과 지식으로 가득한 책은 낯설고 이해하기 어렵다. 이 책은 내용의 전문성을 강조하는 동시에 하버드의 협상학 강의에서 다루는 독특한 사례들을 소개했다. 이 책에 소개된 재미있는 사례들은 독자들이 협상학이라는 생경한 학문에 더 쉽게 다가가도록 돕는다. 이론을 이해하고 기교를 익히는 데 큰 도움이 될 거라고 믿는다.

둘째, 협상가를 위한 책이다.

이 책은 협상가를 위해 쓰였다. 내용과 구조 모두 전문적이면서도 이해하기 쉽고 무엇보다 초보 협상가가 실제에 적용하기 쉽게 했다. 특히 비즈니스 협상가라면 반드시 곁에 두고 읽어야 할 지침서라 할 수 있다.

셋째, 이해하기 쉬운 문장으로 구성했다.

특별히 가독성에 신경을 많이 썼다. 전문적인 내용을 다룬 책은 과학적이고 빈틈없는 논리와 체계에 치중한 나머지 가독성을 무시하곤 한다. 이런 책은 지루해서 끝까지 읽기 어렵다. 이 책은 하버드 협상학의 주요 내용을 다루되 낯설고 어려운 지식을 최대한 쉽게 풀어 써서 가볍게 읽을 수 있도록 했다.

협상의 고수는 하루아침에 만들어지지 않으며 반드시 전문적인 지식을 익히고 많은 경험을 쌓아야 한다. 그 과정에서 이 책이 큰 도움을 줄 수 있을 거라고 믿는다. 이제 막 비즈니스 협상에 발을 들인 사람이라면, 일상에서 협상의 중요성을 깨달은 사람이라면 반드시 곁에 두고 읽으면서 활용하기 바란다. 이 책이 모든 협상가의 실력 있는 '조력자'가 되기를 간절히 바란다.

차
례

협상의 매력

"세 치 혀로 세상을 정복하다"

협상의 심리
지피지기로 상대를 요리하라

PART4

협상의 기교

"우회 전략으로 돌파구를 찾아라"

협상의 목표
PART5
경쟁에서 합작으로, 합작에서 윈-윈으로

PART1

협상의 매력

"세 치 혀로 세상을 정복하다"

◆

협상이란 무엇인가?

◆

세상은 거대한 협상 테이블이다. 원하든 원하지 않든, 좋아하든 좋아하지 않든

우리는 모두 이 테이블 위에서 게임을 하고 있다. 크게는 사업에서부터 작게는

시장에서 식재료를 사는 일까지 타인과 접촉하는 순간, 모두 각자의 전략을

이용해서 협상을 벌여야 한다. 협상은 그 사람의 가치를 창조하고,

매력을 드러내는 가장 탁월한 소통 전략이다.

모든 순간이
협상이다

협상은 모든 이의 삶에 필수 불가결한 요소다. 좋아하든 좋아하지 않든 협상은 당신의 삶에 무시할 수 없는 영향을 미친다. 그렇다면 어떻게 협상을 이해하고 다루어야 할까?

우선 협상의 정의를 살펴보자. 협상이란 이해 관계자들이 해결해야 하는 중요한 문제에 대해 의견을 나누는 행위다. 좀 더 자세히 말하자면 개인의 정보와 역량을 총동원해 각자의 힘이 균형을 이룬 상태에서 상대방의 행동이나 반응에 영향을 미치는 것이다.

우리의 생활은 왜 협상이라는 행위의 영향을 받을까? 아니, 협상은 대체 어떻게 우리에게 영향을 미칠까? 남편은 아내와 협상하고, 아내 역시 남편과 협상한다. 원래 결혼이라는 것이 협력인 동시에 일종의 '윈-윈을 추구하는 반복 협상'인 법이다. 우리의 생각과 행위는 모두 주변 사람에게 영향을 미치고 있으며 이 영향은 다시 여러 종류의 무의식적인 협상으로 변화한다. 이외에도 협상은 우리 생활 어디에나 있다. 집주인이 기본적인 생활 시설을 제공하지 않거나 집세를 올리려고 할 때, 서비스를 제공한 기술자가 비용을 청구할 때, 자동차 딜러가 판매를 시도할 때, 아직 예약이 가능한 걸 알고 있는데 호텔 직원이 방이 없다고 말할 때…….

심지어 가정에서도 늘 협상이 벌어진다. 특히 부모와 자식은 협상을 통해 해결해야 할 문제가 무척 많다.

아들 　"학교 다니기 정말 싫어요!"

아버지　"보아하니 우리 아들이 요즘 공부하기가 싫어졌나 보네?"

아들 　"아, 뭐 말씀해서도 괜찮아요. 어차피 아실 테니까! 사실 오늘 학교에서 읽기 테스트를 했는데 글쎄 초등학교 수준이라고 나왔어요. 전 고등학교 2학년인데!"

아버지　"음……, 읽기 실력을 올릴 수 있는 방법이 있기는 해."

아들 　"그게 뭔데요? 말씀해 주세요."

아버지　"읽기 보충 수업에 등록하는 거지. 어떠니?"

아들 　"아! 저도 벌써 알아봤어요. 하지만 거기 다니려면 저녁 시간을 꽤 많이 써야 하더라고요."

아버지　"보충 수업에 네 개인 시간을 빼앗기기 싫은 거구나."

아들 　"그렇죠. 친구들하고 저녁에 같이 하기로 한 일이 있어서요."

아버지　"그래, 친구와의 약속을 꼭 지키는 것도 중요하지."

아들 　"하지만 보충 수업이 정말 제게 도움만 된다면야 애들이랑

다시 이야기해볼 수도 있어요."

아버지   "그러니까 노력할 생각은 있는데 혹시 보충 수업이 아무 도움도 안 될까 봐 걱정하는 거니? 공부해봤자 소용없을까 봐?"

아들   "네, 그거예요! 효과가 있을 거라고 생각하세요?"

이 간단한 대화는 우호적인 협상의 과정을 잘 보여준다. 아버지와 아들은 학습에 대해 함께 토론하고 자신의 생각과 태도를 솔직하게 드러냈다. 서로에 대한 이해와 존중을 기반으로 대화를 진행함으로써 어느 정도는 공동의 인식을 확인하기까지 했다.

하지만 하버드의 협상 전문가들에 따르면 단순히 이해, 존중, 포용만으로는 협상에서 공동의 인식이나 합의를 이끌어낼 수 없다. 그들은 협상의 가장 큰 특징으로 '경쟁과 대치'를 꼽았다.

협상을 벌일 때는 전략과 심리적인 면에서 모두 긴장과 이완을 적절히 조절할 줄 알아야 한다. 의외의 상황에 부딪혀 몹시 당황하더라도 포커페이스를 유지하자. 미국의 전 대통령 존 F. 케네디(John F. Kennedy)가 "두려움 때문에 협상해서는 안 된다. 그리고 협상하는 것을 두려워해서도 안 된다."라고 말한 것을 기억하면서.

사실 우리가 살고 있는 이 세상 자체가 하나의 거대한 협상 테이블이라고 할 수 있다. 원하든 원하지 않든, 좋아하든 좋아하지 않든 이 협상 테이블을 벗어날 수도, 다른 사람과의 협상을 거부할 수도 없다. 다른 사람, 예를 들어 가족, 동료, 친구, 경쟁자 등과 접촉하지 않고는 살아갈 수 없기 때문이다. 그 안에서 발생하는 자잘한 충돌이나 관계를 얼마나 잘 처리하느냐가 당신의 성공 여부를 결정하며 나아가 원하는 삶을 살 가능성을 높여준다.

하버드의 협상 전문가들은 다른 기술이나 능력처럼 협상도 개인의 노력을 통해 열심히 연마해야 한다고 지적했다. 잘 단련한다면 협상을 통해 필요한 도움을 얻을 수도 있고, 유리한 상황을 선점할 수도 있다. 기억하자. 협상은 언제 어디서나 늘 존재한다. 어쩌면 당신이 상상하지 못할 정도로 엄청난 이익과 혜택을 안겨줄지도 모른다.

돈이 없어도
돈을 버는 방법

　기업은 어떻게 돈을 벌까? 만약 상품 판매가 기업이 돈을 버는 가장 주된, 아니 거의 유일한 방법이라고 생각한다면 매우 일차원적인 발상이 아닐 수 없다. 아직 이런 인식에서 벗어나지 못한 기업이 있다면 안타까울 따름이다. 하버드의 협상 전문가들은 협상이야말로 기업이 돈을 벌어들이는, 심지어 가장 빠르게 돈을 벌 수 있는 방식이라고 단언한다.

　비즈니스 협상의 최우선 목표는 당연히 경제적 이익이다. 경제적 이익은 협상의 평가기준이며 그 핵심은 바로 가격이다.

　1902년, 미국의 종합화학기업 듀폰(DuPont)의 네 번째 회장 유진 듀폰(Eugene du Pont)이 사망했다. 그의 죽음은 안 그래도 내부적으로 문제가 많던 듀폰을 더욱 혼란스럽게 만들었다. 몇몇 이사는 아예 회사를 팔아버리자고 이야기했고, 상황이 좋지 않음을 감지한 주주들은 가지고 있는 주식을 팔아 현금화하려고 했다.

다섯 번째로 회장 자리에 오른 앨프리드 듀폰(Alfred I. du Pont)은 매각은 절대 안 된다며 맞섰지만 그의 능력과 경험으로는 아무도 설득할 수 없었다. 다급해진 그는 결국 멀리 타국에 있는 사촌형에게 도움을 구했다.

얼마 후, 주주총회가 열렸다. 최종 표결을 앞두고 비장한 심정으로 단상에 오른 앨프리드 듀폰은 진심을 담아 호소했다.

"주주 여러분, 아시다시피 지금은 나라 전체가 극심한 불경기에 빠져 있습니다. 여러분이 가지고 있는 주식을 현금화해도 결국 빠른 속도로 가치가 떨어질 것입니다. 굳이 팔려거든 제게 파십시오. 제가 여러분의 주식을 모두 사겠습니다."

듣고 있던 주주들 사이에서 웃음이 터져 나왔다.

"당신이 산다고? 어떻게 사겠다는 거요?"

"그러지 말고 그냥 월스트리트를 통째로 사지 그럽니까?"

"은행도 그렇게 많은 돈은 없을 거요!"

조롱과 비난이 쏟아졌지만 앨프리드 듀폰은 전혀 화를 내거나 당황하지 않고 오히려 침착하게 말했다.

"여러분 모두에게 차용증을 써드리겠습니다. 은행과 똑같이 이자를 지불하고, 연말에는 배당금까지 나눠드리죠."

그러나 장내는 더욱 시끌벅적해졌다.

"당신이 보유한 주식이 우리 전부를 합한 것보다 많지 않은데 우리가 뭘 믿고 그렇게 해야 합니까?"

"회사의 모든 자산을 저당 잡히겠습니다."

"아니 그럼, 경영은 대체 누가 합니까? 당신이 하겠다는 거요? 어떻게 연말에 배당금이 나올 거라고 확신하죠?"

바로 그때, 앨프리드 듀폰의 사촌형 두 명이 벌떡 일어나 앞으로 나섰다.

"우리가 합니다!"

그들은 실력이 뛰어나고 경험이 풍부한데도 여러 가지 내부 사정으로 경영 일선에서 배제되었던 콜먼 듀폰(Coleman du Pont)과 피에르 듀폰(Pierre S. du Pont)이었다.

순간 웅성웅성하던 장내가 고요해졌다. 신랄하게 비난을 쏟아내던 주주들은 언제 그랬냐는 듯이 조용히 생각에 잠겼다.

앨프리드 듀폰은 이때를 놓치지 않고 말했다.

"지금 우리 회사의 자산은 최소로 추정해도 약 1,200만 달러입니다. 앞으로는 여기에서 800만 달러가 더 상승할 거라고 예상합니다."

주주들이 가만히 생각해 보니 그리 나쁘지 않은 제안이었다. 사실 불경기라 듀폰 주식을 팔아 그 돈으로 다른 데 투자해봤자 성공하리라는 보장도 없었다. 나중에 배당금까지 준다니 한번 해볼 만한 일이었다.

이렇게 해서 앨프리드 듀폰은 협상을 통해 30분 만에 돈 한 푼 들이지 않고 듀폰 주식 전체를 사들였다. 덕분에 그는 브랜드를 유지했을 뿐 아니라 콜먼, 피에르와 함께 듀폰 그룹을 더 크게 발전시키고 많은 돈을 벌며 승승장구했다.

비즈니스 협상을 통해 벌어들인 돈은 생산라인 하나 없이 만들어내는 일종의 '가외수입'이다. 협상을 통해 한 시간, 아니 단 1분만에도 오랫동안 골머리를 썩인 난제를 해결할 수 있다. 이런 의미에서 협상은 '세상에서 가장 빠르게 돈을 버는 방법'이라고 해도 과언이 아니다.

기업은 사회의 다양한 분야에서 크고 작은 조직과 최대한 많이 접촉하고 협상을 벌여야 한다. 그러므로 반드시 모든 직원이 협상의 기술을 배우고 익혀서 수익을 창출할 수 있도록 유도할 필요가 있다. 단언컨대 협상은 가장 빠르게 돈을 버는 방법인 동시에 가장 빠르게 성공에 다가가는 가장 빠른 지름길이다.

협상의 강력한 무기,
매력

하버드 협상학 강의에는 '매력'이라는 단어가 자주 등장한다. 인간적인 매력이 있는 사람은 협상에서 이미 절반의 성공을 거둔 것과 다름없다. 매력이야말로 협상 테이블 위에서 휘두를 수 있는 가장 강력한 무기이기 때문이다.

사람마다 습관, 표현, 사고방식이 모두 다른 것처럼 매력 역시 제각각이다. 어떤 사람은 대중 앞에서도 마치 입에 모터라도 단 양 청산유수처럼 말한다. 반면에 어떤 사람은 무슨 말을 할라치면 멀쩡하던 입술이 마비된 것처럼 잘 움직이지 않고 더듬거린다. 이런 사람이 하는 말은 들어도 무슨 뜻인지 알 수가 없고, 신뢰가 생기지 않는다.

작은 행동 하나에서 드러나는 그 사람의 매력이 일상생활, 일, 학업, 나아가 인생 전반의 발전과 성공까지 지대한 영향을 미친다. 자신의 매력을 종합적으로 잘 발휘하면 협상에서 유리한 위치를 선점할 수 있다. 일반적으로 매력은 정확한 어휘 구사나 아름다운 목소리뿐 아니라 지성, 품성, 교양, 실력 등에서도 잘 드러난다.

어느 회사의 사우디아라비아 지사에서 일하던 부회장 제럴드가 고혈압으로 쓰러졌다. 다음 날, 영국 본사는 즉각 고위급 직원인 케슬린을 현지로 급파했다. 그녀에게 주어진 임무는 두 가지였다. 첫째, 제럴드의 업무를 인계 받아 차질 없이 진행할 것, 둘째, 신상품인 마이크로프로세서와 워드프로세서를 현지에서 제조, 판매할 수 있도록 준비할 것이었다.

얼마 후, 케슬린은 두 번째 임무를 위해 수도 리야드(Riyadh)로 갔다. 그녀가 만날 사람은 사우디아라비아 국적의 50대 사업가 베이커였다. 라마단 기간(이슬람교에서 행하는 약 한 달가량의 금식 기간)이었지만 그는 관례대로 손님을 집으로 초대해 식사를 대접하기로 했다. 비행기에서 내린 케슬린은 시간이 없어 호텔에 들르지도 못하고 곧장 베이커의 집으로 갔다. 아무것도 먹지 못해서 배가 고파 죽을 지경이었지만 그의 집에서 한 끼를 잘 먹으면 되겠다고 생각했다.

두 사람은 좋은 분위기에서 대화를 시작했다. 라마단 기간임에도 베이커는 손님을 위해 좋은 음식을 넉넉히 준비했고 다행히 케슬린의 입에도 잘 맞았다. 배가 고팠던 케슬린은 편하게 앉아 음식을 마구 먹어대기 시작했다. 베이커가 한 입도 먹지 않는 것을 알아차린 그녀는 계속 같이 먹자고 권했다. 잠시 후, 마파람에 게 눈 감추듯 음식을 모두 먹어 치운 케슬린은 베이커에게 이렇게 말했다.

"이제 사무실로 가서 사업 이야기를 좀 더 할까요? 우리는 당신의 공장과 시설에 굉장히 관심이 많답니다. 빨리 신상품을 소개하고 싶네

협상의 매력

요!"

하지만 베이커는 그녀의 말에 집중할 수 없었다. 케슬린이 다리를 꼬고 앉아 발끝을 위아래로 쉴 새 없이 흔들었기 때문이다. 물끄러미 그 모습을 보던 베이커는 그녀가 신은 검정색 가죽구두의 낡은 밑창까지 본 순간, 사업 생각을 접었다.

이미 눈치 챘겠지만 케슬린은 정말 형편없는 협상가다. 라마단 기간인지도 모르고 베이커에게 함께 먹자고 계속 권유했고, 걸신이라도 들린 듯 허겁지겁 밥을 먹었으며, 단정치 못한 자세로 이야기했다. 협상이 시작되기도 전에 상대방에게 자신의 부족한 지식과 교양을 드러낸 셈이다. 베이커는 그녀에게 전혀 매력을 느끼지 못했으며 심지어 사업에 대한 열정까지 잃고 말았다.

하버드의 협상 전문가들은 개인적인 매력으로 타인의 인정과 호감을 얻을 수 있고, 이 인정과 호감이 다시 매력을 더 키우는 선순환이 발생한다고 지적했다. 사실 협상은 당신의 매력을 한껏 드러낼 수 있는 가장 좋은 무대다. 당신이 잘 활용하기만 한다면 매력은 협상의 목적을 달성하는 데 큰 힘이 될 것이다. 매력이라는 강력한 무기를 어떻게 휘두르는가에 따라 협상의 결과가 결정된다고 해도 과언이 아니다.

은근슬쩍 부리는
말재주

협상의 기본은 '말하기'이므로 '말재주'는 협상가가 반드시 갖추어야 할 기술 중 하나다. 그렇다면 어떻게 말재주를 부려야 상대방이 입을 다물고 협상 테이블에서 물러나게 할 수 있을까?

하버드의 전문가들은 협상이란 하나의 과학이자 예술이라고 단언한다. 좀 더 정확하게 말하자면 이론보다 실천을 더 강조하는, 즉 실제 문제를 해결하는 데 더 중점을 두는 '응용과학'에 가깝다. 그래서 협상가라면 반드시 '설득의 고수'가 되어 상대방에게서 공감을 이끌어내고 문제를 해결해야 한다.

설득의 고수가 되는 가장 확실한 방법은 바로 말재주를 교묘하고 효과적으로 발휘하는 것이다. 협상가라면 뛰어난 말재주꾼이 되어 제한된 시공간 안에서 정확하고 합당하며, 은근하면서도 생동감 있게 말할 줄 알아야 한다. 그렇게만 할 수 있다면 말재주만으로도 충분히 협상의 목적을 달성할 수 있다.

좋은 말재주를 갖춘 사람은 대부분 사고의 속도가 빠르고 임기응변에 강하다. 이외에 뛰어난 사고능력, 해박한 지식, 냉철한 지혜, 기민한 대응, 강인한 정신력이 모두 협상가가 반드시 갖추어야 할 소질이다.

중국과 일본의 두 기업이 기술 양도 문제를 논의하기 위해 만났다. 양측은 간단히 인사를 나누고 곧바로 협상에 들어갔다.

긴장된 협상을 멈추고 잠시 쉬는 시간에 중국 직원이 일본에서 온 기술 연구원에게 말을 건넸다.

"아까 보니 기술 수준이 대단하시더군요. 게다가 이렇게 상세하게 설명해주시니 정말 감사드립니다. 저희 입장에서는 이런 전문가를 만나면 큰 행운이지요."

칭찬을 받고 우쭐해진 일본 연구원은 자신이 회사에서 꽤 중요한 사람임을 은근히 자랑하듯 말했다. 중국 직원은 이때를 놓치지 않고 질문했다.

"아! 그럼 이번에 오신 협상단 단장님과도 잘 아시겠군요!"

"말할 필요도 없죠. 우리는 자주 함께 술을 마시는 사이랍니다. 이번에 제가 중국에 온 이유도 사실은 그를 지원사격하기 위해서죠!"

"아, 그렇군요. 그런데 특별히 지원할 일이 있나요? 당신이 없으면 안 될 일이라도 있습니까?"

일본 연구원은 잠시 머뭇거리더니 이렇게 대답했다.

"아니 뭐, 꼭 그렇지는 않은데……, 사실 이 협상이 그에게 매우 중요한 일이거든요. 꼭 성공시켜야 본사에서 승진할 수 있으니까요."

"오! 그렇다면 저희도 힘을 보태야죠. 그래야 진짜 친구 아닙니까!"

이 대화에서 중국 직원은 일본 협상단장이 반드시 협상을 성공시키려고 한다는 정보를 알아냈다. 이후 이어진 협상에서 중국 기업은 아주 교묘하게 상대를 압박하며 유리한 조건을 밀어붙였다. 일본 기업이 조금 불리하더라도 반드시 계약하려는 것을 알고 있었기 때문이다. 그 결과 중국 기업은 좋은 조건으로 계약을 맺었고, 일본 측 협상단장은 승진에 성공했다.

이 사례에서 중국 직원은 가벼운 칭찬과 떠보기의 기술, 즉 말재주를 부려 일본 연구원이 유의미한 정보를 노출하게 만들었다. 덕분에 중국 기업은 협상의 주도권을 차지할 수 있었다.

나날이 경쟁이 치열해지는 사회 속에서 원하는 대로 재능을 펼쳐 보이려면 지식을 쌓는 것도 중요하지만 그것을 더 멋지게 표현하는 기술까지 갖추어야 한다. 쉽게 말해 머릿속의 지식을 효과적으로 전달할 수 있는 좋은 말재주가 반드시 필요하다. 아무리 해박한 지식과 명철한 지혜가 있어도 두서도, 맥락도 없이 말한다면 사회에서 제대로 발전할 수 없다. 마찬가지로 승리할 수 있는 모든 조건을 갖추었음에도 제대로 표현하지 못한다면, 즉 말재주가 없다면 협상에서 승리를 거두기 어렵다.

엉덩이에 더 많은
협상 카드를 깔고 앉아라

협상의 특징 중 하나는 바로 '대치'다. 대치 상황이 뻔히 보이는데 아무런 준비 작업 없이 협상 테이블에 나서는 것만큼 바보 같은 짓은 없다. 협상을 더욱 순조롭게 하려면 충분한 준비가 반드시 필요하다. 그렇다면 어떤 준비를, 어떻게 해야 할까?

하버드의 협상 전문가들은 다음의 방법을 제안했다.

첫째로, 실현가능성을 분석한다. 협상에 영향을 미칠 수 있는 주관적, 객관적 요소에 대한 꼼꼼한 조사 및 연구가 필요하다. 주로 정보와 자료 연구, 협상 가치 분석, 각종 상황 예측, 전략의 비교와 선택, 종합 분석 등의 방식으로 이루어진다.

둘째로, 협상을 성공시키고 싶다면 자신뿐 아니라 상대방을 정확하게 분석, 예측해야 한다.

셋째로, 협상가는 '왜 협상해야 하는가?', '이 협상을 통해 무엇을 이루려고 하는가?'를 깊이 생각해 보아야 한다. 협상의 목적은 추상적이거나 모호해서는 안 되며 반드시 구체적이고 명확해야 한다. 그러려면 모든 방면에서 전문적 어휘, 통계적 방법, 수학적 접근이 반드시 필요하다.

넷째로, 실현가능성 분석을 거쳐 선택된 전략 및 그 세부 내용을 다시 한 번 확인해야 한다. 협상 테이블에서 실제 수행할 때의 방향과 운영방식을 꼼꼼하게 계획해 두는 편이 좋다.

마지막으로, 주요 의제와 세부 사항의 순서를 미리 정하는 작업으로 미리 상대방의 동의를 얻어야 한다. 얼마나 주도적으로, 얼마나 확실히 준비했는가는 실제 협상에서 매우 중요하다. 준비 작업이 잘 되었을수록 협상을 순조롭게 진행해 기대하는 목표치에 더 근접할 수 있다.

이외에 협상 전략에는 가격, 조건, 양보, 압박, 갈등 타파 등 다양한 방면의 구체적인 내용이 포함되어야 한다. 얼마나 치밀하고 성실하게 준비 작업을 해서 전략을 세웠느냐에 따라 실제 협상에서 차지하는 위치가 달라질 수 있음을 명심하자.

한 고객이 가구점에서 2,000달러를 주고 소파를 샀다. 소파가 집으로 배달되고 며칠이 흐른 후, 그는 소파에 앉을 때마다 귀에 거슬리는 소리가 나는 것을 발견했다. 화가 난 그는 즉각 가구점으로 전화를 걸어 협상을 시도했다. 이 협상의 목적은 '새 상품으로 교환'이었다. 하지만 가구점 사장은 곧 폐업을 앞두고 있어서 여분의 상품이 없기 때문에 환불이나 교환이 불가능하다고 대꾸했다. 가구점 사장은 더 이상 고객과 우호적인 관계를 쌓을 필요가 없기 때문에 아쉬울 것이 없어

보였다. 그 바람에 이 고객의 기존 전략, 그러니까 지속적 우호 관계 강조, 소비자 보호원 고발 등은 모두 무용지물이 되고 말았다. 결국 그는 전략을 바꾸어 다시 이렇게 말했다.

"교환이 불가능하다면 적어도 직접 방문해서 수리가 가능한지는 봐주어야 하지 않습니까?"

"좋습니다."

다음 날, 가구점 사장이 직접 방문해 소파를 살폈다. 그는 고객과 소파 제작공장을 연결해주었고, 공장은 전문 기술자를 보내 소파를 수리하도록 했다. 만약 그래도 고객이 만족하지 못한다면 환불이나 교환해 주겠다고 약속했다.

하버드의 협상 전문가들은 협상이 서로 입장과 이해관계가 다른 쌍방이 벌이는 게임이므로 반드시 임기응변의 능력을 길러야 한다고 강조한다. 상대방이 어떤 식으로 협상을 전개할지, 어떻게 실력을 드러내고 공격할지 예측할 방법이 없기 때문이다. 또한 각 협상 당사자는 자신의 협상 방안과 전략이 절대 노출되지 않도록 조심, 또 조심해야 한다. 만약 노출되었다면 즉각 교체해야 하므로 반드시 협상 방안과 전략을 몇 세트 더 준비해두는 편이 좋다.

협상도 유비무환이다. 뛰어난 협상가는 실제 협상에 들어가기 전에 온힘을 다해 연구와 분석을 거듭한다. 그리고 출현 가능한 모든 상황을 대비해 플랜B, 플랜C, 플랜D……를 준비한다. 그래야만 협상 테이블에서 우위를 점해 원하는 결과를 얻을 수 있기 때문이다.

무조건 '최고'가
늘 좋은 것은 아니다

모든 협상은 각자의 목적을 달성하기 위해서다. 그렇기에 목적이 명확하지 않다면 협상의 기초가 없는 것과 마찬가지다. 명확한 목적은 협상을 성공으로 이끄는 기본 요소다.

A와 B가 도서관에서 창문을 여는 문제를 두고 언쟁을 벌였다. 두 사람은 왜 창문을 열어야 하는지, 혹은 닫아야 하는지를 쉬지 않고 이야기하며 조금도 물러서지 않았다. 두 사람을 모두 만족시킬 수 있는 방법은 없어 보였다.

이때 도서관 직원이 중재에 나섰다. 그는 우선 A에게 왜 창문을 열려고 하는지 물었다.

"환기가 되어 여기 사람들이 신선한 공기를 마실 수 있잖아요."

직원은 다시 B에게 왜 창문을 닫으려고 하는지 물었다.

"모두 가만히 앉아서 책을 보는데 바람이 들어오면 어떻게 되겠어요? 분명히 감기에 걸릴 거예요!"

직원은 잠시 생각을 해보더니 A에게 말했다.

"창문을 열려는 이유가 환기를 하려는 거죠?"

"네! 도서관에 오래 있다 보면 공기가 탁해져서 정말 괴롭거든요."

이번에는 B에게 물었다.

"하지만 당신은 혹시라도 감기에 걸릴까 봐 싫은 거고요. 그렇죠?"

"네! 잠깐은 시원할지 모르지만 요즘 같은 날씨에 바람을 맞으면 바로 감기에 걸려요."

직원은 다시 한 번 생각해보더니 옆방으로 가서 창문을 열었다. 이렇게 하니 환기도 잘 되고 바람을 직접 맞지 않아도 되었다.

이 사례는 명확한 목적이 얼마나 중요한지 아주 잘 보여준다. 만약 도서관 직원이 A와 B의 진짜 목적을 파악하지 못하고 단순히 그들이 내세우는 입장, 그러니까 창문을 여는 것과 열지 않는 것에만 주목했다면 갈등이 더 심해졌을 것이다. 직원은 A와 B의 진짜 목적이 창문을 열고 안 열고가 아니라 A는 신선한 공기, B는 감기 예방임을 알아차렸다. 즉 겉으로 드러나는 입장과 진짜 목적을 정확하게 구분해서 두 사람 모두 만족할 만한 결과를 도출한 것이다.

협상은 서로의 진짜 요구사항, 즉 목적을 이해해서 합리적인 해결책을 찾는 과정이지 입장의 차이를 확인하려는 말싸움이 아니다. 그러므로 협상할 때는 서로 다른 입장만 물고 늘어질 것이 아니라 자신은 물론 상대방의 목적이 무엇인지 파악하는 것이 무엇보다 중요하다.

협상이 결렬된 두 사람이 제3자에게 각각 이렇게 호소했다.

"나는 그가 내 옆집에서 부동산 개발을 하는 걸 그냥 보고만 있지 않을 겁니다!"

"이야기가 잘 될 것 같지 않군요. 그는 10만달러로 자기 집을 사라는데, 나는 9만 5,000달러를 생각하고 있거든요. 여기서 한 푼도 더 낼 생각이 없어요!"

사실 이들의 진짜 목적은 표면적인 대화의 내용과 큰 차이가 있었다. 우선 첫 번째 사람은 돈을 원했다. 최대한 많은 현금을 확보해서 전처와의 관계를 확실히 정리할 생각이기 때문이다. 반면에 두 번째 사람은 반드시 '9만 5,000달러에' 집을 사는 일이 중요했다. 가족에게 반드시 이 금액만 사용하겠다고 약속했기 때문이다.

협상 당사자들이 각자의 입장을 고집하게 만드는 가장 주요한 동기는 바로 이해, 즉 '이익과 손해'다. 비즈니스 협상의 목적 역시 이해에 서부터 생겨난다. 목적은 목표치와 다르다. 목적을 명확하게 하라는 말은 반드시 이루고자 하는 바를 확실하게 정하라는 의미지 목표치를 최고로 올리라는 이야기가 아니다.

실제 협상 과정 중에 출현할 수 있는 각종 난관과 문제를 대수롭지 않게 생각하고 마냥 낙관적으로 '최고 수준의 목표치'만 고집해서는 안된다. 협상 중에 속수무책의 상황에 빠지지 않으려면 목적은 명확하게 하되 목표치는 약간의 융통성을 발휘하는 편이 좋다. 상한, 중간, 하한의 목표치를 정해 놓고 상황에 따라 조정하자. 또 각각의 세부 목표치를 중요도에 따라 나열해보고 그중 한 가지를 고집했다면 다른 하나는 양보할 줄도 알아야 한다.

또한 하한선이 절대 노출되지 않도록 조심해야 한다. 이는 상대방에게 승리를 선물하고, 제 발로 구렁텅이로 들어가는 것과 다름없다

루스벨트 선거 캠프의 난제

1912년, 미국의 대통령 선거에서 전임 대통령 시어도어 루스벨트
(Theodore Roosevelt)는 현 대통령 윌리엄 태프트(William Taft)의 정
책에 반대하며 정계복귀를 선언했다.

그런데 당선을 위해 치열하게 싸우던 루스벨트 선거 캠프에 뜻하지 않
은 문제가 하나 발생했다. 유세에 쓸 홍보책자에 들어간 사진 중 하나
가 촬영자의 허락 없이 무단으로 사용된 것이다. 홍보 담당자가 발견
즉시 보고했으나 이미 300만 부나 인쇄된 후였다.

당시 미국의 저작권법에 따르면 이 경우 촬영자에게 한 장당 1달러씩
보상해야 했으니 이 홍보책자를 쓰려면 총 300만 달러가 필요했다. 하
지만 루스벨트 선거 캠프에는 그만한 자금이 없었다.

놀란 담당자들은 어떻게든 해결해 보려고 했지만 뾰족한 수가 생각나
지 않았다. 유일한 해결방법이라면 그 사진을 빼고 300만 부를 재인쇄
하는 건데 여기에도 만만치 않은 돈이 들어갈 테고, 무엇보다 시간이
없었다.

결국 루스벨트 선거 캠프의 홍보 담당자는 촬영자와 협상해서 보상액
을 조금이라도 줄여보기로 했다.

상황을 면밀하게 분석한 홍보 담당자는 이 협상에 '정보의 불균형'이

존재함을 알아차리고 즉시 촬영자에게 전보 한 통을 보냈다.

"대통령 선거 유세 홍보책자에 귀하가 찍은 루스벨트 후보의 사진을 사용하려고 합니다. 총 인쇄부수는 300만 부입니다. 이는 귀하가 사진작가로서 더 큰 명성을 얻을 수 있는 좋은 기회가 될 거라고 생각합니다. 저작권료는 얼마나 지불하면 될지 속히 회신 바랍니다."

안타깝게도 이 촬영자는 홍보책자가 이미 300만 부나 인쇄된 사실을 몰랐기에 다음과 같이 답장을 보냈다.

"큰 영광입니다. 하지만 250달러 이하로는 어렵겠습니다."

사례분석 물론 아주 전형적인 형태의 협상은 아니지만 정말 교묘하고, 매우 재미있는 협상 사례다! 루스벨트 선거 캠프의 홍보 담당자는 해결하기 힘든 난제를 맞이해서 충분한 준비 작업을 통해 '정보의 불균형'을 알아차렸다. 그리고 이를 이용해서 양측이 모두 만족할 만한 합의를 이끌어냈다. 이러한 사고방식과 협상 기교는 반드시 기억해둘 만하다.

두 번째 수업

◆

협상의 고수, 그들을 알고 싶다

◆

협상이라는 게임에서 양보할 줄 모르는 사람은 절대 이길 수 없다.

양보는 탁월한 협상가의 자질이기도 하다. 협상은 결렬이 아니라 합의를 위한 행위다.

양측이 모두 받아들일 수 있는 합의를 도출하는 것보다 더 나은 결과는 없다.

진정한 협상가의
10가지 개성

개성, 즉 저마다의 고유한 특성은 협상에 중요한 영향을 미친다. 협상을 하다보면 개성 덕에 유리한 조건을 획득하기도 하고, 개성 탓에 불리한 상황에 빠지기도 한다. 자신과 상대방의 개성을 명확하게 인식하고 이를 효율적으로 활용한다면 협상은 분명히 윈-윈이라는 이상적인 결과가 될 수 있다.

하버드의 경영학 명예교수이자 미국 석유업계의 거물인 데이비드 토디는 이렇게 말했다. "셀 수 없이 많은 협상 상대가 당신이 빨리 분장을 마치고 무대에 오르기를 기다리고 있습니다. 중국인들은 '증상에 맞는 약을 쓰라'라는 말을 자주 하죠. 협상도 마찬가지입니다. 구체적인 상황에 따라 각각의 해결책을 마련해야 합니다. 그렇지 않으면 무대에 올라도 야유를 받고 곧 다른 사람에게 밀려날 테니까요."

협상은 '개성과 개성이 부딪히는' 일이다. 우리가 만나는 협상 상대의 개성은 천차만별이고, 경험이 많든 적든 그들은 언제나 최고의 결과를 내고자 하므로 우리는 상대방의 개성을 정확하게 파악해서 전략에 반영해야 한다. 또한 협상 상대와 상황에 따라 자신의 개성을 적절히 드러내어 협상의 돌파구를 찾는 일을 최우선으로 삼아야 그 안에서 윈-윈의 공간을 확보할 수 있다.

협상의 고수는 자신의 개성만 가지고도 협상의 발언권과 주도권을 장악한다. 그들의 개성은 의도하지 않아도 자연스럽게 협상을 성공으로 이끄는 요소로 작용한다.

하버드의 협상 전문가들은 다음의 몇 가지 개성이 협상 테이블에서 당신을 좀 더 유리하게 만들어 줄 거라고 지적했다.

1. 호감을 주는 성격

협상가의 성격은 상대방에게 남기는 첫인상을 결정하므로 협상 작업의 기초라 할 수 있다. 간단한 말과 행동을 통해 호감을 불러일으키는 일은 매우 중요하다. 협상의 고수는 가벼운 대화를 통해 차갑고 무거운 분위기를 깨뜨리는 '아이스 브레이킹(ice breaking)'에 뛰어나다. 그들은 아무렇지도 않게 건네는 말 한 마디로 상대방의 호감을 얻는 신기한 능력을 지니고 있다.

2. 유머 감각

물론 협상이 매우 중요한 의제를 둘러싸고 팽팽하게 긴장된 분위기 속에서 진행되는 일이기는 하다. 하지만 그 안에서도 부드러움과 여유를 포기하지는 말자. 일반적으로 협상을 시작할 때는 앞으로 무슨 일이 일어날지, 상대방이 어떤 사람인지 모르기 때문에 분위기가 딱딱하고 무겁다. 이때 유머 감각을 발휘해 협상 초기의 우려와 불신을 없애고 분위기를 반전시킬 필요가 있다. 협상 초반 몇 분 안에 던지는 즐거운 유머는 마치 무더운 여름날 불어오는 시원한 바람과 같은 역할을 한다.

3. 존중과 배려

예의 바른 태도로 상대방을 향한 존중과 배려를 드러낸다면 무척 현명하고 바람직한 선택이라 할 수 있다. 그러면 상대방은 경계심을 풀고 좀 더 편안한 마음으로 당신을 대할 것이다. 설령 협상 과정 중에 의견 차이가 발생하더라도 언쟁이나 갈등을 피할 수 있다. 특히 예민한 문제를 다룰 때, 당신의 존중과 배려가 무척 큰 역할을 한다.

4. 자신감

협상 과정에서 당신이 싸워 이겨야 할 사람은 협상 상대가 아니라 열등감이나 패배감에 휩싸인 자신이다. 자신감 있는 협상가는 상황을 객관적으로 분석하고, 그에 따라 알맞은 역할과 책임을 결정할 수 있다. 하지만 자신감을 교만이나 우월감으로 이해하면 곤란하다. 자신감은 오류나 실수를 거부하지 않고, 깨끗이 인정하며 그것을 고쳐나가는 과정에서 성장하는 자세를 의미한다.

5. 절제력

절제력 있는 협상가는 '효과적인 경청'에 능하다. 이런 사람들은 상대방에게 먼저 기회를 주고 참을성을 발휘해 끝까지 들은 후, 적절하게 대처할 줄 안다.

6. 솔직함과 진정성

발전하고 싶다면 항상 솔직한 태도로 진정성 있는 말과 행동을 드러내야 한다. 이런 협상가는 두루뭉술하지 않고 알맹이 없는 말을 하지 않으며 이성적이고 합리적으로 실무를 처리한다.

7. 신뢰

성실하고 믿음직한 협상가가 되어 자신의 가치를 증명한다면 협상을 좀 더 쉽고 순조롭게 진행할 수 있다. 신뢰를 쌓기는 어렵지만, 잃는 일은 한순간이다. 이미 잃은 신뢰를 다시 쌓는 일은 거의 불가능하다고 보면 된다. 그러므로 협상 중에 말 한 마디, 행동 하나에도 상대방에게 신뢰를 줄 수 있도록 주의를 기울여야 한다.

8. 끈질김

끈질김이란 거칠게 밀고 나가라는 것도, 우둔하고 융통성 없는 것도 아니며, 또한 협상 중 방향 전환을 거부하라는 뜻도 아니다. 이것은 협상의 목적을 끝까지 추구하는 동시에 상황에 따라 방향을 바꿀 준비를 하라는 의미다.

9. 인내심

인내심은 협상 중에 크게 실망했을 때에도 내면의 분노와 좌절감을 억제할 수 있음을 가리킨다. 현명한 협상가라면 협상 과정 중에 발생하는 다양한 상황에 일일이 대응하지 않는다. 협상은 늘 기대한 만큼 그렇게 즐겁고 합리적으로 진행되는 일이 아니기 때문이다. 설득이라는 목적지에 도착하려면 날기보다는 걸어서 가야 한다는 사실을 늘 기억하자.

10. 창의성

협상의 고수는 전통적인 프레임에서 벗어나 독창적으로 사고하고 창의적인 방식으로 문제를 해결한다. 기발하고 참신한 사고방식 및 태도는 협상 중의 다양한 상황에 대응하는 데 무척 효과적이므로 협상을 더 유리하게 전개할 수 있다.

그들은 쉽게
양보하지 않는다

　요구사항을 끝까지 주장하는 일을 어려워하는 사람이 많다. 하지만 협상을 시작했다면 반드시 일관되게 자신의 주장을 이야기할 줄 알아야 한다. 그래야만 원하는 것을 상대방에게 정확하게 설명해 설득의 가능성을 더 높일 수 있기 때문이다. 협상가에게 확고한 믿음이 없다면 협상 테이블 앞에 앉아봤자 원하는 것을 얻기가 어렵다. 아니 아예 불가능하다고 해도 과언이 아니다. 협상가는 '나와 상대방은 모두 원하는 것을 획득할 권리가 있다'라고 확고하게 믿어야 한다.

　결국 협상이란 원하는 것을 최대한 만족시키기 위한 행위다. 문제는 나뿐 아니라 상대방도 그렇다는 사실이다. 그렇기에 아무런 대가도 치르지 않고 그저 내 이익만 취하려고 해서는 안 된다. 이는 양측이 협상의 진전과 성공을 위해 반드시 고려해야 할 문제다.

　이런 이유로 협상에는 반드시 '적당한 양보'가 필요하다. 상대방과

내가 모두 원하는 것을 획득할 권리가 있음을 알기에 양보도 할 수 있는 법이다.

하버드의 협상 전문가들에 따르면 협상은 확실한 근거 혹은 파악이 가능한 기본 틀 위에서 진행되어야 한다. 그리고 이 틀 안에서는 각각의 상황을 합리적으로 판단하는 능력, 협상 과정을 효과적으로 장악하는 힘이 필요하다.

협상에 참가한 사람들이 상황을 객관적으로 해석하는 능력을 갖춘다면 쌍방이 모두 만족할 만한 결과를 도출할 수 있다.

또한 협상 과정 중에 등장하는 '거절'이 협상을 끝내기 위한 수단이 아님을 명심하자. 오히려 그 반대로 거절은 협상의 새로운 시작이자 방향이다. 그러므로 적재적소에 필요한 거절하는 기술 역시 협상의 중요한 기교 중 하나다. 이 역시 반드시 쌍방이 모두 만족하는 협의를 이끌어내겠다는 확고한 믿음에서 비롯되어야 한다.

로이드와 낸시는 아파트 하나를 빌려 3년 째 살고 있다. 그런데 최근 6개월 동안 두 사람 모두 집에 들어오기만 하면 두통, 비염 등 몸 여기저기가 아팠다.

그러던 어느 날, 가구를 옮기던 그들은 벽 뒤에 곰팡이가 가득 핀 것을 보고 깜짝 놀랐다. 알아보니 이 집 전체에 퍼진 곰팡이가 바로 잔병치레의 원인이었다.

로이드와 낸시는 당장 집을 나가기로 결정하고 떠나면서 주인에게 곰팡이가 가득한 벽을 당장 해결해주기 전에는 돌아오지 않겠다고 말했다.

열흘이 흘렀지만 집주인은 여전히 아무런 조치도 취하지 않았다.

결국 두 사람은 이사를 하기로 결정하고 집주인에게 보증금을 돌려달라고 요구했다. 그러나 집주인은 계약 만료 전에 이사할 경우, 최소 한달 전에 통보해야 한다는 계약 조항을 어겼다며 보증금을 돌려줄 수 없다고 버텼다.

로이드와 낸시는 변호사를 찾아가 상담했고, 변호사는 보증금 및 한 달 집세 반환을 요구하는 서류를 집주인에게 발송했다. 이리저리 따져본 집주인은 로이드와 낸시의 요구대로 돈을 지불했다.

협상에서 자신의 정당한 이익을 보호하고 요구하는 일은 당연하다. 이치와 논리에 따라 이익을 지키고, 강하게 요구하며, 최선을 다해 쟁취하는 것이 바로 협상의 본질이라 할 수 있다. 이렇게 할 수 있는데도 하지 않는다면 아무것도 얻을 수 없다. 이상의 사례에서 로이드와 낸시는 원하는 것을 꾸준히 요구하며 흔들리지 않았다. 덕분에 그들은 집주인과의 협상에서 주도권을 차지할 수 있었으며 기대했던 이익을 손에 넣었다.

'확고한 믿음'은 협상에서 가장 중요한 요소다. 하버드의 협상 전문가는 협상 과정 중에 확고한 믿음을 잃지 않는 동시에 약간의 양보나 기교를 구사해서 협상 결렬이라는 최악의 상황을 피하라고 조언한다. 그래야만 효과적으로 협상할 수 있으며, 나아가 모두가 받아들이는 결과를 도출할 수 있기 때문이다.

처칠을 감동시킨
보디랭기지

협상은 쌍방의 지혜와 매력을 겨루는 장이다. 좋은 협상 습관은 언행에서뿐 아니라 사유습관이나 사고방식에서도 잘 드러나는 것으로 의식적으로 연습하고 몸에 익혀야 한다. 그러면 중요한 때에 특별한 효과를 발휘해 상대방의 동감을 이끌어낼 수 있다.

가장 대표적인 협상 습관은 신체 언어, 즉 바디랭귀지다. 고수는 협상 과정에서 말이나 글자가 아닌 다른 방식으로 자신을 드러내는 데 능하다. 바디랭귀지는 말하기 불편하거나 싫지만 상대방이 이해해주기 바라는 감정과 정보를 전달하는 데 무척 효과적이다.

영국의 전 총리 윈스턴 처칠(Winston Churchill)은 《회고록》에 다음 이야기를 소개했다.

제2차 세계대전 당시 독일이 소련을 침공했다. 소련의 외무장관 뱌체슬라프 몰로토프(Vyacheslav Mikhailovich Molotov)는 직접 런던을 방문해서 영국과 함께 반(反) 파시스트 진영 구축 문제를 논의했다.

공산주의자를 싫어했던 처칠은 이전에 몰로토프를 '냉혈한 회색분자', '잔인할 정도로 냉정한 사람'이라고 신랄하게 비판한 적 있었다. 몰로토프는 처칠과 밤늦게까지 이야기를 나누고 헤어질 때 갑자기 처칠의 오른쪽 어깨를 잡고 깊은 눈빛으로 그를 잠시 바라보았다.

이 짧은 순간은 나이 든 정치 거물 처칠을 크게 감동시켰다. 몰로토프는 말 한 마디 하지 않고 작은 행동만으로 처칠에게 신뢰와 기대를 드러냈다. 그리고 눈빛으로 세계의 운명이 영국과 소련의 동맹에 달려 있음을 전했다.

처칠은 몰로토프의 이 특별한 행동에 강한 인상을 받았고, 아마 평생 잊지 못할 거라고 털어 놓았다.

나라를 대표하는 외교관이 보디랭귀지를 잘 이용해서 개인과 국가의 품격을 드러낸 사례다. 경험이 많은 베테랑 외교관인 몰로토프의 독특한 보디랭귀지는 믿음과 진중함을 드러냈고 처칠로부터 공감을 이끌어냈다.

우수한 협상 습관이 준비된 사람은 협상 중에 상대방에게 휘둘리지 않는다. 협상을 잘 하려면 장점을 드러내고 단점을 감춰야 하는데 우수한 협상 습관이 없으면 오히려 그 반대가 된다. 그러므로 반드시 공들여 준비해서 우수한 협상 습관을 길러서 협상 내내 심지를 잃지 않고 맑은 정신으로 깨어 있어야 한다. 이는 현장에서 애쓴다고 되는 일이 아니며 반드시 미리 의식적으로 준비해야 하는 일이다.

IBM기업의
PC사업 인수 작전

넬슨 만델라(Nelson Mandela)는 아프리카 코사족(Xhosa)의 속담인 "빨리 가려면 혼자 가고, 멀리 가려면 함께 가라."를 자주 인용했다. 이 말은 공존이나 상생을 이야기할 때 자주 언급되는데 '다른 이의 도움이 있어야 성공할 수 있다'라는 의미다. 협상에서 개인이나 조직의 역량이 얼마나 대단한지는 중요하지 않다. 오직 이익 및 요구사항이 얼마나 만족되었는가가 중요할 뿐이다.

협상 조력자는 협상 당사자가 상대방을 더 정확하게 이해하도록 돕고, 협상의 기초 준비를 도와주는 사람으로 자기 쪽 사람이 아니어도 관계없다. 반드시 필요하다고 할 수는 없지만 협상을 좀 더 완벽하게 준비하고 싶다면 최대한 많은 조력자를 확보하는 편이 좋다. 또한 조력자의 역할은 협상의 진행 과정에 따라 역할이 변할 수도 있으므로 협상 당사자로서 시시각각 상황 변화에 민감하게 반응해야 한다.

하버드의 협상학 전문가들은 조력자의 유형을 다음의 몇 가지로 분류했다.

2004년 12월 8일, 중국 롄샹 그룹은 12억 5,000만 달러에 IBM의 PC 사업부문을 인수했다고 발표했다. 이로써 중국 최고의 컴퓨터 브랜드와 세계 PC 산업의 제왕이 만나 장장 13개월 동안 계속해 온 협상이 마침내 끝났다.

이 인수 협상으로 롄샹은 IBM의 전 세계 데스크톱 및 노트북 컴퓨터 사업 전체를 사들였다. 연구개발, 제조, 판매 분야는 물론이고 IBM의 'Think' 브랜드 및 관련 저작권, 합자회사 IBM-선전, 미국 노스캐롤라이나 주의 연구개발센터, 전 세계 160개 국가에 퍼져 있는 판매 시스템과 네트워크도 계약에 포함되었다. 간단히 말해서 롄샹은 이 인수 계약으로 그 발전의 역사를 한 세대 이상 앞당겼다. 30억 달러이던 연수입은 100억 달러로 상승했고, 세계 최고의 PC 제조 기업이 되었으며, 영업액은 연 120억 달러에 달했다. 덕분에 롄샹은 세계 500대 기업에 이름을 올린 최초의 중국 IT 기업이 되었다.

IBM 역시 롄샹의 인수 발표 직후, 주가가 2% 가량 상승했다. 협상 과정이 너무나 어렵고 힘들었지만 이정도면 만족할 만한 결과였다.

두 기업은 이 인수 협상을 통해 윈-윈이라는 최고의 결과를 거두고 이후 각각 새로운 시대를 열며 승승장구했다. 협상학의 관점에서 보았을 때, 롄샹과 IBM은 서로의 조력자가 된 셈이다. 길고 긴 협상 끝의 양측이 마주 잡은 손은 '모두가 행복한' 결과를 만들어냈다.

협상은 어느 한 쪽만 승리하거나 둘 다 패배하는 식의 첨예한 대립이 아니다. 두 사람이 원하는 것이 완전히 똑같을 수는 없기 때문에 모두가 만족할 만한 결과를 내는 일이 절대 불가능한 것은 아니다. 기호와 요구사항이 서로 다르다는 전제 아래 양측은 각자 필요한 것을 얻고, 기쁜 마음으로 협상장을 떠날 수 있다. 이것이야말로 협상이라는 게임이 추구하는 최고의 결과다.

그러려면 양측의 효과적인 타협과 양보가 반드시 필요하다. 이 두 가지는 협상이라는 게임의 특징이자 가장 큰 역량이다. 협상을 통해 서로를 돕고 보완하며 완성시킬 수 있으므로 이를 위해 함께 고민하고 뒷받침할 조건과 환경을 만들어야 한다. 그래야 협상 쌍방은 적이나 경쟁자가 아닌 최고의 조력자가 될 수 있다.

상대의 시간을
빼앗는 기술

한 미국인 사업가가 비즈니스 협상을 위해 이스라엘을 방문하기로 했다. 이재에 밝고 상술에 능한 유대인을 상대하기 위해 그는 유대인의 심리, 사업 전략 등을 다룬 책을 여러 권 읽는 등 만반의 준비를 했다.

그가 탄 비행기가 이스라엘에 착륙했다. 공항에는 상대편 기업에서 특별히 보낸 직원 두 명이 나와 있었다. 그들은 매우 예의바르고 친절했으며 미국인 사업가를 위해 모든 수속을 대행해주었다. 그런 후, 밖에 대기하고 있던 아주 호화로운 자동차로 그를 데려가 넓은 뒷좌석에 혼자 앉도록 했다. 직원들이 차에 타지 않자 미국인 사업가가 물었다.

"왜 함께 가지 않습니까?"

"오랜 비행에 고단하실 텐데 휴식을 방해하고 싶지 않습니다. 그런데 혹시 아랍어를 할 줄 아십니까?"

"오! 할 줄 모릅니다. 하지만 사전을 가지고 왔어요. 한번 배워보고 싶네요."

"좋은 생각입니다. 그런데 언제 귀국하시나요? 그때도 저희가 전용 차량을 이용해 공항까지 안전하게 모시겠습니다."

"정말 세심하시군요!"

그는 기쁜 표정으로 아무런 거리낌 없이 돌아가는 비행기 표를 보여주었다.

'아, 14일 예정으로 왔군, 그렇다면 협상 기한이 14일이라는 말이네……'

미국인 사업가는 여전히 아무것도 몰랐다.

유대인들은 미국에서 온 귀빈을 일주일 넘게 데리고 다니며 아름다운 궁전과 멋진 신전을 구경시켜 주었다. 심지어 영어로 강의하는 유대교 단기속성 강좌까지 참여하도록 했다. 미국인 사업가는 관광도 하고, 유대 문화와 종교도 이해할 수 있으니 즐겁기만 했다.

또 유대인들은 매일 저녁, 그를 현지의 풍습대로 딱딱한 바닥에 앉혀 놓고 만찬을 제공했다. 한 번 식사가 시작되면 네 시간은 족히 걸렸다. 호사스러운 환대에 그는 "감사합니다."라는 말을 정말 질릴 정도로 계속했다. 하지만 그가 사업 이야기만 꺼내면 유대인들은 미소를 지으며 "아직 시간이 많으니까 천천히 하시지요. 서두를 필요 없습니다."라고 부드럽게 말했다.

12일째, 드디어 협상이 시작되었다. 하지만 오후에 골프 일정이 잡혀 있어서 제대로 이야기를 나누지 못했다.

13일째, 다시 협상을 시작했지만 이 날은 성대한 환송파티가 예정되어 있어서 이야기를 일찍 마무리했다. 저녁이 되자 미국인 사업가는 그제야 조급해졌다.

14일째 아침, 협상이 재개되었다. 하지만 막 중요한 문제를 말하려는 순간, 밖에서 대기하던 자동차가 경적을 울렸다. 이제 공항으로 가야 할 시간이기 때문이다.

결국 미국인 사업가는 공항으로 가는 차 안에서 이스라엘 기업 관계자와 그 중요한 문제에 관해 이야기했다. 그리고 공항에 도착하기 직전, 거래가 성사되었다. 당연히 이스라엘 기업에 유리한 조건으로 말이다.

이 이야기는 하버드 경영대학원 협상학 강의에서 자주 등장한다. 이 사례를 분석한 학생들은 이스라엘 기업의 협상 전략 중에서도 '시점'에 주목했다. 이스라엘 기업은 미국인 사업가가 돌아가는 날까지 최대한 협상을 미루어 그가 정신없이 협상을 마무리하도록 유도해서 만족할 만한 결과를 얻었다. 실제로 협상 시점은 협상 과정 전체에 영향을 미칠 수 있으므로 전략적으로 매우 중요하다. 물론 꼭 이스라엘 기업처럼 미루기 전략을 사용할 필요는 없다. 우리 측에 꼭 맞는 시점이 생길 테니 예의 주시하고 있다가 놓치지 않고 발견하기만 해도 된다. 그마저 어렵다면 언어와 각종 수단을 통해 직접 가장 좋은 시점을 만드는 방법도 나쁘지 않다.

이뿐 아니라 상대측을 대하는 태도, 좋은 조력자, 적절한 양보, 원칙의 반영 등이 모두 협상 중에 거대한 효과를 일으키고 결정적인 순간에 영향을 미치는 전략이 된다. 이런 이유로 협상의 고수를 다르게 표현하자면 결국 '각종 조건을 잘 이용하는 사람'이라 할 수 있겠다.

하버드의 협상학 연구에 따르면 협상의 고수가 구사하는 전략에는 다음의 몇 가지 특징이 있다.

첫째, 장소, 시점, 인원 등 모든 환경이 완벽하고 티끌 하나 흠 잡을 데 없는 전략이란 없다. 세부적인 사항은 현상에서 협상 상황에 따라 유동적으로 적용하고 타협해야 한다.

둘째, 협상 전략이란 기대 이익이나 목적을 달성하기 위한 것이지 단순히 승리를 위한 것이 아니다. 만약 전략 수행에 들어가는 비용이 협상으로 얻은 수익보다 더 크다면 이런 전략은 가차 없이 버려야 한다.

셋째, 협상 전략을 반드시 공정성을 유지해야 한다. 불공정, 부정당한 전략은 상대방의 분노를 일으킬 뿐 아니라 심지어 법정 다툼까지 야기할 수 있다. 이런 전략은 아무리 뛰어나도 실패일 수밖에 없다.

넷째, 협상 전략은 비밀 유지가 관건이다. 상대방에게 간파 당하는 순간, 당신의 협상은 깊고 어두운 구렁텅이로 곤두박질 쳐질 것이다.

합리적이고 효율적인 전략으로 협상 전체의 흐름을 장악해서 원하는 리듬과 방향으로 이끌고 간다면 결과 역시 기대한 만큼 만족스러울 것이다.

링컨은 어떻게 노예 해방을 이루었나

미국 역사상 가장 위대한 정치가로 손꼽히는 에이브러햄 링컨 (Abraham Lincoln)은 탁월한 협상가이기도 했다. 그는 협상 중에 의견이 부딪히고 갈등이 생겼을 때, 양측의 공통점을 찾아내는 데 뛰어났다. 그 유명한 흑인 노예 해방 연설 중에도 처음 30분 동안은 반대파의 주장을 먼저 이야기한 후에 곧이어 자신의 의견을 이야기함으로써 그들이 두 가지 생각을 객관적으로 바라보고 입장을 바꾸도록 유도했다.

1861년 4월 12일, 남부 연합군이 연방군 기지인 섬터 요새(Fort Sumter)를 공격했다. 전쟁 준비가 전혀 되어 있지 않던 연방군은 갑작스러운 공격에 제대로 대응 한 번 해보지도 못하고 연이어 패했다. 수도 워싱턴조차 남부 연합군의 공격을 피하지 못했다.

속수무책으로 당하는 연방군을 보며 미국인들은 크게 분노했다. 이때 링컨은 전쟁에서 이기려면 반드시 농민의 참여가 필요하다고 생각했다.

1862년 5월, 링컨은 '홈스테드 법(The Homestead Act)'을 만들어 남부의 지주들이 서부의 토지를 장악할 수 있는 가능성을 차단하고 일반 농민들이 자기 땅을 가지고 농사를 지을 수 있도록 했다. 이 일은 농민들의 용기와 의욕을 불러 일으켜 참전으로 이어지도록 했다. 링컨은 1862년 9월에 '노예 해방 예비 선언'을, 1863년 1월 1일에 '노예 해방 선언(Emancipation Proclamation)'을 발효해서 노예제를 폐지했다. 해방된 흑인 노예들이 참여하면서 연방군의 전투력이 크게 상승했다. 반대로 자유를 얻은 노예들이 빠져나간 후, 남부 연합군은 전투력이 크게 떨어졌다.

당시 참전한 흑인은 18만 6,000명에 달했는데 이는 당시 미국에 거주하는 흑인의 3분의 1에 해당하는 수였다. 1863년 링컨은 '국민의, 국민에 의한, 국민을 위한 정부(Government of the people, by the people, for the people)'라는 구호를 내세우며 남북전쟁을 일종의 대중 혁명 투쟁으로 변모시켰다.

협상에 능했던 링컨은 가장 중요한 때에 가장 필요한 조치를 잘 알았다. 상황을 정확하게 파악하고 자신의 인격적 매력까지 더해 많은 지지자를 확보했고, 이를 통해 미국 역사상 완전히 새로운 한 페이지를 열었다.

사례분석 협상은 실력을 바탕으로 하는 게임이다. 고로 어떤 협상이든 상대방과의 실력 비교가 우선되어야 하며 그래야만 공평한 협상의 기회를 얻을 수 있다. 링컨은 '홈스테드 법'과 '노예 해방 선언'을 통해 상대적으로 불리했던 전쟁의 형세를 완전히 뒤집었다. 그는 미국의 운명이 걸린 이 협상에서 완벽한 전략을 구사했다.

협상의 매력

◆

하버드식 협상의 기술
(ICON 모델)

◆

하버드의 협상 전문가들에 따르면 협상은 반드시 특정한 모델을 기반으로

진행되어야 한다. 과학적이고 합리적인 협상 모델은 효율과 성공률을 끌어 올리는 데

매우 효과적이다. 이 모델을 정확하게 이해하고 수행한다면

협상을 원하는 방향으로 끌고 나갈 수 있다.

이익에 주목하라

: Interests :

하버드 경영대학원의 비즈니스 협상 수업에서 어느 학생이 질문했다.

"협상의 근본적 동기는 무엇입니까?"

교수의 대답은 아주 간단했다. "이익이죠!"

맞는 말이다. 협상장에서 말과 말이 부딪히고, 인상을 찌푸리고, 서로 비난했다가 다시 어르고 달래는 이유는 모두 이익 때문이다. 이런 이유로 모든 협상은 이익을 최대화하는 방향으로, 양측이 모두 이익을 얻는 방향으로 진행되어야만 한다. 이것이야말로 가장 흔히 사용되는, 그리고 매우 효과적인 협상의 기술이다.

가장 이상적인 결과는 당연히 '윈-윈'이다. 양측은 모두 최선을 다해 공동 이익을 발견하고 이를 실현하기 위해 애써야 한다. 각자의 이익을 챙기되 그 안에서 발생할 수 있는 이익 충돌을 최대한 피하는 일이 관건이다.

하지만 안타깝게도 많은 협상가가 양측의 입장 차이 혹은 의견 대립에만 치중해서 불만과 분노 등의 부정적인 감정에 빠진다. 이렇게 되면 협상은 말만 협상이지 논쟁, 말싸움으로 변질되고 나중에는 심지어 투쟁에 가까워진다. 이런 상황은 모두 협상의 목적을 '상호 협조를 통한 원-원'이 아니라 '상대방의 입장 돌려놓기'라고 착각하기 때문에 비롯된다.

이 문제를 해결하려면 우선 이익과 입장의 차이에 대해 이해해야 한다. 하버드의 협상 전문가들은 이익이야말로 사람이 행동하게 만들며 입장 차이와 논쟁을 만드는 원인이라고 단언한다. 겉으로 드러나는 입장이 협상 당사자가 내린 결정이라면, 이익은 그러한 결정을 내리게 만든 원인이라고 할 수 있다.

서로 원하는 이익이 다를 때 협상이라는 문제 해결방식이 등장한다. 그런데 양측이 지향하는 각각의 이익에는 일종의 완충지대가 있기 마련이다. 협상의 목적은 양측의 이익 지향점을 이 완충지대로 끌어와서 모두 받아들일 수 있는 일치점을 만드는 것이라 할 수 있다.

강조하건대 협상의 종착지는 반드시 '이익의 일치점'이어야 한다. 협상 과정 중에 발생하는 입장 논쟁은 실제로 아무런 의미가 없다.

그렇다면 어떻게 해야 입장 차이를 넘어 이익의 일치점으로 나아갈 수 있을까?

남매가 떡 한 덩이를 나누어 가지기로 했다. 문제는 누가 떡을 자르는가였다. 두 사람 모두 상대방이 똑같이 자르지 않고 작은 덩이를 줄까 봐 의심하며 서로 자르겠다고 우겼다. 논쟁은 아빠가 집에 돌아오고 나서야 끝났다.

아빠는 남매 중 한 사람이 떡을 자르면 다른 한 사람이 먼저 떡을 선택할 수 있다고 했다. 즉 만약 오빠가 떡을 자르면 여동생이 먼저 원하는 떡을 선택하는 식이다. 이렇게 하면 오빠는 떡을 최대한 똑같이 자를 수밖에 없다. 안 그랬다가는 자신이 작은 덩이를 먹게 될 테니까.

일상에서 우리는 상호 이익, 공동의 즐거움을 추구한다. 협상도 그러해야 한다. 이익을 얻고 싶다면 상대방도 이익을 얻을 수 있는 공간을 남겨주어야만 한다. 나만 이익을 취하고 상대방에게는 아무것도 주지 않으려고 하면 협상의 기회조차 잃게 된다.

협상은 격렬한 논쟁으로 상대방을 파멸시키거나 사지로 내모는 그런 일이 아니다. 협상은 윈-윈을 달성하는 가장 좋은 해결방법이다. 그러므로 협상가라면 반드시 최선을 다해 양측이 모두 원하는 바를 이룰 수 있도록 해야 한다.

모두가 이기는 전략
: Criteria :

협상은 '제로섬 게임(zero-sum game)'이므로 앞에서 이야기한 것처럼 가장 이상적인 결과는 바로 윈-윈이다. 물론 여기에는 엄청난 노력이 필요한데 여기에서는 그 구체적인 방법을 소개한다.

하버드의 협상 전문가들은 오류에 빠지기 쉬운 초보 협상가들을 위해 다음과 같은 방법을 제시했다.

선준비, 후평가

우선 다양한 '후보 방안'을 따져보고 결정해도 늦지 않으므로 너무 일찍 판단하거나 확정하지 않도록 한다. 가장 실용적인 방법은 브레인스토밍(brainstorming)이라는 일종의 소규모 토론이다. 협상단의 구성원들이 다양한 아이디어와 의견을 자유롭게 발산하고 입 밖으로 꺼낼 수 있도록 유도하자. 이때 평가나 판단은 절대 하지 않도록 한다.

아이디어가 충분히 나온 후에 토론을 통해 평가하고, 협상할 때 활용할 수 있는 것들을 선택하면 된다.

가볍고 다양하게 분석하라

시작하자마자 완벽하게 하려고 애쓰지 말자. 이는 초보 협상가가 가장 많이 저지르는 실수다. 지금은 최선을 다해서 더욱 다양한 '예비 방안'을 확보해야 할 때다. 협상가는 협상을 서로 다른 각도에서 분석하고 주요 의제 안에 있는 개별적 문제와 계약 조건 등에 관해서 꼼꼼하게 살펴야 한다. 만약 아무리 봐도 합의에 이르지 못할 것 같으면 한시적 합의를 위한 방안을, 완전 합의가 불가능하면 조건부 합의를 위한 방안을 생각해 보자.

목표는 윈-윈이다

창조적인 협상 방안이 윈-윈을 만들어내는 법이다. 사실 이는 협상에 참여한 양측이 공동의 이익을 식별하는 능력을 갖추었느냐에 달려 있다고 해도 과언이 아니다. 모든 협상에는 공동의 이익이 숨어 있으며 공동의 이익을 강조해야만 협상이 더 순조롭게 진행될 수 있다. 한편 서로 다른 이익은 모순이나 갈등이 아님을 명심하자.

상대방의 이익도 포함시킨다

어떻게 해야 상대방이 시원스럽게 합의하도록 만들 수 있을까? 당신의 제안이 매우 정당하고 합리적임을 이해시키면 된다. 상대방은 양측 모두에 공평하다고 생각하면 주저 없이 결정을 내릴 것이다.

협상 방안은 일종의 행동 강령으로 협상가의 전략과 수행 방식을 결정한다. 하지만 아무리 공들여 준비해도 시시각각 변화하는 모든 상황에 대응하기는 어렵다. 예를 들어 당신이 절대 해결할 수 없는 문제를 상대방이 걸고넘어진다면 준비해 둔 협상 방안은 무용지물이 될 수밖에 없다. 이렇게 되면 협상 내내 상대방에게 질질 끌려 다녀야 한다.

베테랑 협상가들은 이런 상황마저 예상하고 처음부터 다양한 협상 방안을 준비해 둔다. 상대방이 고려했을 법한 모든 문제를 따져 보고 그에 대한 대응방안을 만드는 식이다. 이렇게 하면 첨예하게 대립하거나 갈등이 심해졌을 때도 침착하게 대응할 수 있으며 점점 더 많은 발언권을 확보할 수 있다.

하버드의 협상 전문가들은 협상 중에 발생할 수 있는 '의외의 일'을 대비한 협상 방안을 준비해야 한다고 강조한다. 우선 각 협상 방안의 의도가 무엇인지 명확하게 해두어야 한다. 예를 들어 협상이 순조롭지 않을 때 상대방에게 새로운 액수를 제시할 것인지 아니면 새로운 조건을 제시할 것인지 등이다. 또한 전체 협상 방안을 준비했다면 협상 흐름에 따라 세부적인 방안도 따로 준비해 두는 편이 좋다.

그렇다면 협상을 어떻게 진행시킬 것인가? 수평적 방식의 협상이라면 논의할 문제를 한꺼번에 꺼내 놓고 이야기를 나누어야 한다. 이럴 때는 사전에 함께 묶어서 논의할 문제의 수량을 확정하고, 순서대로 협상하면 된다. 반대로 수직적 방식의 협상이라면 논의할 문제를 논리적 흐름에 맞게 배열하고 그 순서에 따라 협상해야 한다. 하나의 문제가 해결될 때까지 다른 문제는 꺼내지 않는 방식이다.

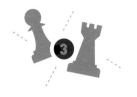

감정을 뺀 객관적 기준
: Option :

하버드의 협상 전문가들은 비즈니스 협상에서 가장 피해야 할 요소로 '감정'을 꼽는다. 감정이 개입되면 주관적인 사고를 통해 문제를 해결하려 들 것이고, 공정성이 훼손되어 상대방이 반감을 일으킬 수 있기 때문이다. 그렇다면 객관적 기준이란 무엇일까?

객관적 기준이란 협상 의제와 관련 있는 정부 차원의 협의, 공약, 역사적 경험 및 관례 등을 가리키는 말이다. 이외에 객관적 환경의 제약, 권위자, 혹은 제3자의 중재 등도 여기에 포함된다. 이러한 객관적 기준은 협상 당사자들의 심리나 의사와 무관하기 때문에 양측의 이익 충돌과 갈등을 효과적으로 해결할 수 있다.

두 기업의 대표가 합병 협상을 벌였다. 그들은 합병이 양측 모두 최대의 이익을 얻을 수 있는 유일한 방법임을 잘 알고 있었다. 만약 힘을 합치지 않는다면 두 기업 모두 얼마 못 가서 가진 돈을 전부 쓰고 무너

협상의 매력

질 것이 뻔했다.

하지만 그들은 두 차례나 만나서 협상했음에도 끝까지 자기중심적 사고를 버리지 못해 합의에 실패했다. 오히려 그 과정에서 관계만 더욱 나빠졌다.

이때 제3자가 등장했다. 기계 판매업자인데 두 대표와 모두 거래한 적 있고 개인적으로도 좋은 관계를 유지하는 사람이었다. 그는 두 대표를 각각 따로 만나 합병 문제를 이야기한 후, 다시 협상 테이블 앞에 앉도록 설득했다. 이렇게 해서 두 기업은 윈-윈을 향한 새로운 협상을 시작했고 기대한 목표를 달성했다.

객관적이고 공평한 기준은 새로운 협상을 위한 환경을 만들어 준다. 협상이 꽉 막혀 돌파구를 찾지 못하면 의견이 충돌한 지점으로 되돌아가서 객관적 기준으로 문제를 바라보아야 한다. 객관적 기준은 의견 충돌을 없애주는 데 큰 역할을 한다.

양측이 동의하는 객관적 기준을 확립했다면 이 기준을 벗어나지 않는 한에서 상대방으로부터 최대의 양보를 끌어내야 한다. 이와 관련해서 하버드의 협상 전문가들은 다음을 세 가지 원칙으로 제시했다.

첫째, 양측 모두 객관적 기준의 중요성을 인정해야 한다.

둘째, 상대방의 입장에서 생각해보자. 긍정적이고 적극적인 태도로 그의 제안을 고려하고, 가장 합리적인 기준 및 그 집행 방법을 확정한다.

셋째, 객관적 기준을 존중하되 자신의 협상 원칙을 잊어선 안 된다.

결론적으로 객관적 기준은 확고한 동시에 융통성 있게 적용되어야 한다.

최고의 BATNA 찾기
: No-Agreement Alternatives :

하버드 대학의 로저 피서(Roger Fisher)와 윌리엄 유리(William Ury)는 공저한 《Yes를 이끌어내는 협상법(Getting to Yes)》에서 'BATNA(Best Alternative To a Negotiated Agreement)'를 제시했다. 이것은 협상이 결렬되었을 때 협상가가 대신 취할 수 있는 '최선의 대안책'을 가리킨다. 피서와 유리는 협상을 통한 합의가 이루어지지 않더라도 최선을 다해 협상을 계속해야지 중단 혹은 포기해서는 안 된다고 주장했다. BATNA는 협상에서 '절대 물러날 수 없는 최저선'을 생각해 보면 쉽게 고안해낼 수 있다. 이 최저선에서는 어떠한 조건이라도 모두 수용 가능하다.

BATNA는 협상에서 매우 중요한 개념으로 단순히 협상이 결렬되었을 때 선택하는 차선책의 개념이 아니다. BATNA는 협상가에게 일종의 '마지노선'을 알려줌으로써 협상안 수용 여부를 결정하는 데 도움이 된다. 만약 상대방이 제시한 협상안이 BATNA보다 적은 이익을 가져다준다면 받아들여서는 안 된다.

종종 단지 BATNA를 준비하는 것만으로도 협상에서 훨씬 유리한 위치를 차지할 수 있다. 그러므로 자신과 상대방의 BATNA를 정확히 파악하는 일은 성공적인 협상을 위해 매우 중요하다.

일레인은 12만 파운드를 웃도는 가격에 집을 매물로 내놓았다. 첫 주에 어떤 사람이 11만 5,000파운드를 제시했지만 그녀는 단칼에 거절했다. 그 가격은 자신의 아름다운 집에 대한 모욕이라고 생각했기 때문이다.

6월 중순, 이사철이 끝나가면서 일레인은 조금 다급해졌다. 이제 8월 말이나 되어야 구매자가 나타날 테니 BATNA를 고려하지 않을 수 없었다.

가장 좋은 결말은 '8월 중순까지 12만 파운드에 집을 파는 것'이다. 하지만 그녀도 알다시피 기회가 점점 더 줄어들 것이다. 설령 8월 중순에 12만 파운드에 팔더라도 그 안에 새 집 가격을 지불해야 하니 은행에서 5,000파운드를 대출받아야 한다.

일레인은 '차라리 지금 11만 5,000파운드에 집을 팔면 따로 대출을 받지 않아도 된다'라는 BATNA를 생각해냈다. 8월에 12만 파운드를 받을 거라는 보장도 없지 않은가! 어쩌면 11만 5,000파운드조차 못 받고 대출은 대출대로 해야 할 지도 모른다. 또 여름 내내 집 문제 때문에 스트레스에 시달려야 할 것이다.

일레인은 BATNA를 분석한 후, 11만 5,000파운드에 집을 팔기로 결정했다. 처음에 기대한 가격보다는 낮지만 부차적 손해와 심리적 압박감을 차단하는 선택이었다.

BATNA 분석은 협상 방안과 전략, 협상안, 제시 조건 등을 결정하는 데 큰 도움이 된다. 하버드의 협상 전문가들은 BATNA를 효과적으로 활용하려면 반드시 다음을 기억하라고 당부했다.

첫째는 두루뭉술하지 않고 명확한 BATNA를 정하는 것이다. 합의가 어려운 상황에서 협상가는 반드시 어떠한 선택을 할지, 어떠한 상황이 발생할지 확실하게 결정 혹은 예상해 두어야 한다.

한 컨설턴트가 잠재적 고객과 특정 프로젝트에 대해 한 달 동안 협상을 벌여야 했다. 하지만 그는 이 프로젝트에 대해 아는 바가 거의 없어서 어느 정도의 지불 조건을 제시해야 할지 몰랐다. 사실 합의에 이를 수 있을지도 확실하지 않았다. 그래서 그는 고객과 만나기 전에 자신의 BATNA가 무엇일지 생각해 보고, 이 한 달 동안 유사한 프로젝트를 연구하기로 했다. 이를 통해 그는 이 일로 1만 5,000달러의 수익을 얻을 수 있다는 결론을 내렸다.

협상가는 협상 전에 자신의 BATNA를 충분히 연구, 분석해야 한다. 그렇지 않으면 거래가 합리적인지 판단할 수 없으며, 심지어 협상 테이블에서 빈손으로 물러날 수도 있다. BATNA가 명확하지 않은 상태에서 협상하는 사람은 당연히 피동적인 위치에 놓여 좋은 기회를 모두 놓치게 될 것이다.

둘째로, BATNA를 통해 언제 불리한 제안을 거절해야 하는지 알 수 있을 것이다. BATNA가 치밀하고 빈틈없을수록 기회가 더 많아져서 당신에게 유리하다. 설령 당장의 거래가 성공하지 못하더라도 두 번째 선택은 분명히 더 나을 것이기 때문이다.

반대로 BATNA가 허술하면 당신의 불리한 면이 더 확연히 드러날 것이다.

셋째로, BATNA가 허술할 때, 협상의 지위를 개선하고 싶다면 당신에게는 세 가지 선택사항이 있다.

(1) BATNA를 좀 더 치밀하고 빈틈없이 만들자. 그러면 좀 더 유리한 고지를 점할 수 있다.

(2) 상대방의 BATNA를 분석하자. 만약 상대방의 BATNA을 정확하게 예측, 평가할 수만 있다면 협상을 원하는 방향을 끌고 갈 수 있다.

(3) 상대방의 BATNA를 무력화 시키자. 당신의 상황을 개선하는 데 큰 도움이 될 수 있다.

넷째로, BATNA는 필수다. BATNA가 없는 협상가는 스스로 구렁텅이에 들어가는 사람과 같다. 준비한 BATNA가 협상 중에 무용지물이 되어 일이 틀어졌다면 순발력을 발휘해 새로운 BATNA를 만들어내야 한다.

영국 광산기업의 원-윈 전략

전 세계에서 사업을 벌이는 영국의 광산기업이 아프리카에 자회사를 설립했다. 그들은 인건비를 절감하기 위해 현지인을 고용했는데 여성 노동자의 80% 이상이 아프리카 각지의 부락 출신이었다.

현지 정부는 여성 노동자의 권익을 보호하고자 '아프리카 여성 노동자 조합'을 설립하고, 회사와 여성 노동자의 복지후생 문제를 협상하도록 했다. 노조는 회사에 '출산 휴가 4개월, 출산 휴가 중 임금의 75%를 지불할 것'을 요구했다.

회사는 이 요구에 난색을 표했다. 왜냐하면 아프리카의 문화와 관습에서는 여성 한 명이 출산을 여러 차례 하며, 법으로 중혼을 인정하고, 산아제한을 금지하기 때문이다. 만약 노조의 요구를 받아들인다면 대부분의 여성 노동자가 이 복리후생을 누릴 테니 회사로서는 엄청난 부담이 될 것이 분명했다. 그래서 회사는 여성 노동자의 기본적 복리후생을 지원하되 노조의 요구를 그대로 받아들일 수는 없다고 맞섰다.

양측이 모두 한 발도 물러서지 않으면서 협상은 꽉 막힌 채 돌파구를 찾지 못했다. 회사는 문제를 해결하기 위해 양측의 문화 차이를 면밀히 연구하기 시작했다. 그리고 여성 노동자들이 출산 휴가 중에 받은 임금의 75%를 출산 후에 아기를 부락으로 보내 키울 때 양육비로 사용한다는 사실을 알게 되었다.

서로의 입장만 고수하다가는 아무런 성과도 없이 협상이 끝날 거라고 생각한 회사는 '양육 문제 해결'을 돌파구로 삼기로 했다. 그들은 회사에 무료 탁아시설을 열어 여성 노동자의 양육 문제를 해결하겠다는 새로운 협상안을 제시했다. 이후 세부 사항에 관한 몇 차례 협의가 진행된 후, 양측이 모두 만족하는 결과를 얻었다.

사례분석 회사는 협상이 '교착 상태'에 빠졌을 때 기존의 입장을 포기하고 양측의 이익에 주목해 문제를 해결하고자 했다. 이는 특히 비즈니스 협상가들이 반드시 생각해보아야 할 문제다. 협상의 근원을 더듬어 들어가 보면 언제나 그 가장 깊은 곳에는 '이익'이 있다. 고집스럽게 입장을 내세우기만 하면 오히려 좋은 기회를 놓칠 수 있다. 생각해 보자. 만약 양측이 임금의 양이나 출산휴가의 길이에 관해서만 논쟁했다면 결국 협상은 결렬되었을 것이다. 그 결과 노조가 파업에 돌입한다면 회사의 비용 손실도 어마어마해서 양측 모두 손해가 막심했을 것이다.

PART2

협상의 단계
"듣기부터 말하기까지"

◆

적게 말하고 많이 듣기

◆

일반적으로 협상에 참여한 사람들은 언어적 우위를 자랑하며 격렬하게 논쟁한다.

하지만 경청만으로도 더 효율적으로 소통하고, 훨씬 매력적인 언어를 구사할 수 있다.

또 관점과 의견을 효과적으로 드러내기 때문에 목적이 분명하고 설득력이 커진다.

이런 이유로 경청은 협상의 기초라고 할 수 있다. 형식에 관계없이 모든 협상은

양측의 의견을 일치시키기 위해 나아가는 과정이다. 이 과정에서 듣기와 말하기가

적절히 조화되고, 서로를 보완하는 동시에 촉진해야만

협상이 더욱 체계적이고 깊이 있게 전개될 수 있다.

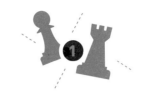

협상의 시작은
경청이다

　일반적으로 협상에 참여한 사람들은 언어적 우위를 자랑하며 격렬하게 논쟁한다. 하지만 경청만으로도 더 효율적으로 소통하고, 훨씬 매력적인 언어를 구사할 수 있다. 또 관점과 의견을 효과적으로 드러내기 때문에 목적이 분명하고 설득력이 커진다. 이런 이유로 경청은 협상의 기초라고 할 수 있다. 형식에 관계없이 모든 협상은 양측의 의견을 일치시키기 위해 나아가는 과정이다. 이 과정에서 듣기와 말하기가 적절히 조화되고, 서로 보완하는 동시에 촉진해야만 협상이 더욱 체계적이고 깊이 있게 전개될 수 있다.

　하버드의 협상 전문가들은 협상 중에 상대방의 발언을 경청함으로써 호감과 신뢰를 얻고 공동의 이익을 위한 튼튼한 기초를 쌓을 수 있다고 강조한다. 하지만 안타깝게도 경청에 익숙한 협상가는 많지 않다. 경청하지 않으면 오해가 생기기 쉽고 심할 경우 신뢰가 무너져 협상을 파국으로 몰고 갈 수 있다.

이는 입을 다문 채로 잠자코 듣고만 있으라는 의미가 아니다. 경청을 잘하는 사람은 상대방이 하는 말의 표면적인 의미 외에도 말하기 전과 후의 미세한 차이, 말소리에 묻어나는 어조, 보디랭귀지에 잠재된 정보를 파악하고 그의 진짜 의도를 파악할 줄 안다. 이런 능력을 지닌 협상가만이 진정한 교류와 소통이 가능하다.

리사는 큰 쇼핑몰에서 아주 비싼 옷 한 벌을 구매했다. 그런데 집에 돌아와서 보니 옷깃이 매우 더러웠다. 그녀는 즉각 다시 쇼핑몰로 가서 상황을 설명했지만 점원은 제대로 듣지도 않고 이렇게 말했다.

"저희 매장에서 이 옷을 수 천 벌 팔았지만 이런 일은 없었답니다!"

리사는 그가 "어디서 거짓말을 하고 있어? 생사람 잡고 있네! 내가 그렇게 호락호락할 줄 알아?"라고 말하는 것만 같았다.

두 사람은 한 치의 양보도 없이 큰 소리로 언쟁을 벌였다. 이때 또 다른 점원이 끼어들었다.

"어쩔 수 없어요. 이 가격대 옷이 다 그렇죠 뭐!"

리사는 화가 머리끝까지 났다. 첫 번째 점원은 그녀가 거짓말을 한다고 의심했고, 두 번째 점원은 그녀가 싸구려를 샀으니 감수하라는 듯이 말했기 때문이다.

"뭐라고요? 어떻게 이럴 수가 있죠? 정말 화를 참을 수가 없네요. 이것 보세요! 이 옷 가져가요. 버리든지 말든지 마음대로 하라고요!"

바로 이때 점장이 다가왔다. 그는 이전의 두 점원과 다른 태도로 분노한 리사를 '만족한 고객'으로 바꾸어 놓았다. 그는 리사와 어떻게 협상했을까?

사실 그는 아무 말도 하지 않고 그저 듣기만 했다. 도중에 점원 두 명이 반박을 시도했지만 전부 차단하고 리사가 끝까지 이야기할 수 있도록 했다. 또한 옷깃이 변색되어 확실히 지저분해 보인다며 고객을 만족시킬 수 없는 이런 상품은 팔면 안 된다고 강조했다. 그는 리사의 이야기를 다 듣고 나서야 자신이 정확한 이유를 알지 못한다는 사실을 솔직히 인정하며 말했다.

"고객님, 저희가 어떻게 처리하기를 원하시나요? 원하시는 대로 해드리겠습니다!"

불과 몇 분 전에 화가 나서 돌아버릴 지경이던 리사는 차분하게 대답했다.

"저는 점장님 의견을 듣고 싶군요. 나중에 옷깃이 더 변색되지는 않을까요? 혹시 이 문제를 개선할 방법은 없나요?"

그러자 점장은 우선 일주일 동안 입어보고, 그런 후에도 여전히 께름칙하면 무조건 환불해주겠다고 제안했다.

리사는 매우 만족하며 집으로 돌아왔다. 그리고 일주일이 지난 후에도 옷깃이 더 변색되지 않았기 때문에 환불받지 않고 그냥 입기로 결정했다.

이후 그녀는 이 옷가게를 자주 방문해서 쇼핑했다. 점장을 믿고 인정하기 때문이었다.

이상의 사례에서 점장은 아주 뛰어난 경청자이자 훌륭한 협상가다. 그는 경청을 통해 고객의 분노를 가라앉히는 데 성공했고, 그녀의 마음을 돌려놓았다. 반면에 두 명의 점원은 경청은커녕 화난 고객과 언쟁을 벌이며 화를 더 키운 탓에 신뢰를 잃었다.

하버드의
기술적 경청법

경청은 모든 협상가가 반드시 구비해야 하는 소양이다. 하지만 무조건 듣기만 한다고 되는 일은 아니다. 잘못된 경청은 상대방이 전달하는 정보를 오해하게 하므로 합작을 목적으로 하는 비즈니스 협상에서는 거의 재앙과 같다. 이런 이유로 경청이란 일종의 학문이며, 고도의 훈련이 필요한 전문적인 소통 기술이다. 협상가라면 반드시 경청의 중요성을 이해하고, 경청을 방해하는 장애물의 출현도 미리 대비해야 한다.

하버드의 협상학 강의에서 교수들은 '경청의 예술'을 강조하며 상세하게 설명한다. 다음은 경청의 기술을 구사할 때 협상가를 방해하는 장애 요소 몇 가지다.

하버드의 협상 전문가들은 협상가가 반드시 갖추어야 하는 경청의 기술을 다음과 같이 제안했다.

첫째로, 개방적인 마음가짐을 유지한다. 개방적인 마음가짐은 다양한 방향으로 문제를 바라보고, 소통을 방해하는 양측의 잠재의식을 줄이는 데 도움이 된다. 상대방과 이야기를 나눌 때는 배운다는 자세로 경청하고, 상대방의 관점이나 의견에 반드시 동의할 필요는 없으며, 협상 전에 반드시 개방적인 마음가짐을 유지하라고 자신에게 말해주자.

둘째로, 발언 주제나 발언자에게 관심을 가지자. 긍정적인 마음가짐으로 경청하는 이유는 바로 상대방으로부터 지식과 정보를 얻기 위해서다. 이를 좀 더 효과적으로 해내려면 발언 주제나 발언자에 대해 관심과 호감을 가져야 한다.

셋째로, 발언자의 외모와 차림새, 그리고 표현 방식에 너무 주목하지 말자. 상대방의 외모, 성격, 표현 방식이 아니라 그가 전달하는 정보에 더 주목해야 한다. 그의 말 속에서 정보의 가치를 판단하는 데 시간과 에너지를 투입하자.

단지 멋지게 말한다고 해서 섣불리 긍정적인 판단을 내리는 것은 금물이다. 표현 방식이 정보의 가치를 결정하는 것은 아니니 오로지 정보만 바라보고 독립적으로 판단해야 한다.

넷째로, 진정성을 잃지 마라. 만약 자신의 신체적, 심리적 상태를 완전히 제어할 수 없다면, 혹은 주제에 대한 지식이 부족하다면 아예 경청을 포기하는 편이 낫다. 애써 경청하는 모양새를 취할 필요 없다. 해봤자 당신의 완벽하지 않은 상태와 부족한 지식을 드러내기만 할 뿐이므로 효과적인 소통에 오히려 방해가 된다.

다섯째로, 낯선 정보에 더 관심을 가져라. 익숙하지 않은, 잘 모르는 정보를 마주했을 때, 그 안의 요점을 찾아내는 일은 상당한 주의력을 요한다. 차분함, 인내심을 발휘해서 복잡한 정보를 처리하고, 새로운 정보를 익히는 일 자체에 즐거움을 느껴 본다. 또한 . 질문을 통해 상대방의 관점과 의견을 확인한다.

여섯째, 성실하게 들어라. 경청할 때는 주의력뿐 아니라 적극적인 자세도 필요하다. 상대방에게 집중하는 동시에 그들이 제공하는 정보에 대해 즉각적으로 평가를 내려야 한다.

일곱째, 표면적인 말 속에 잠재된, 혹은 앞뒤 정보 사이에 숨은 정보를 식별하려고 노력하자. 무엇보다 귀로 들리는 말 외에 상대방이 전달하려는 내용이 무엇인지 파악하는 일이 중요하다.

여덟째, 그렇다고 해서 과하게 딱딱한 표정과 어색한 자세로 들을 필요는 없다. 경청하는 동시에 적극적으로 반응하고, 질문으로 대화에 참여하자. 혹시 거꾸로 질문을 받았다면 상대방의 눈을 바라보며 간결하게 대답해야 한다.

아홉째, 필기와 따라 말하기 기술을 구사해보자. 이따금 중요 내용을 받아 적는 행동은 상대방에게 얼마나 집중하고 있는지를 잘 보여준다. 물론 대화의 요점을 파악하는 데도 도움이 된다.

또한 중요한 내용을 낮은 소리로 따라하면 스스로 이해하고 있는지 판단하는 데 도움이 되고, 동시에 충분히 공감하고 있다는 무언의 메시지를 상대방에게 전달할 수 있다. 그리고 자신의 언어로 정보의 요점을 다시 말하면서 상대방과 소통하면 오해와 오류를 피할 수 있다.

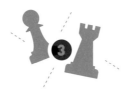

록펠러의 마음을 바꾼
입장 바꾸기의 힘

모든 협상가는 자신의 입장과 의견으로 상대방을 설득해 이익을 얻고자 한다. 이는 협상의 기본 속성이기도 하다. 하지만 종종 여기에 너무 치중한 나머지 상대의 감정을 무시하고 자기 입장만 밀어 붙이는 사람도 있다. 이래서는 협상이 제대로 진행되기 어렵다.

하버드의 협상 전문가들 역시 이 문제에 크게 주목한다. 그들은 협상 중에 상대방의 입장을 이해하려고 애써야 한다고 거듭 강조했다.

자신의 입장이 아닌 상대방의 입장에서 생각한다면 이미 절반은 성공한 것과 다름없다. 그러므로 협상가라면 입장을 바꾸어 사고하는 법을 반드시 배우고 익혀야 한다.

하버드 협상학에 따르면 입장을 바꾸어 생각하는 행위는 상대방과 우호적인 관계를 건립하는 데 매우 큰 도움이 된다. 이를 통해 상대방 역시 당신의 입장에서 생각하도록 유도할 수 있다. 그러면 협상이 교착 상태에 빠지지 않고 양측은 빠르게 합의에 도달할 것이다.

미국 시카고 대학(University of Chicago)이 새로운 건물을 짓기로 했다. 총장 윌리엄 레이니 하퍼(William Rainey Harper)는 수백만 달러에 달하는 건축 비용을 마련하기 위해 고심, 또 고심했다. 종이 위에 시카고 지역의 부자들 이름을 쭉 써보던 그에게 아이디어 하나가 떠올랐다.

며칠 후 점심 때, 하버는 시카고 전차 회사로 갔다. 그리고 비서와 다른 직원들이 점심을 먹으러 자리를 비운 틈을 타 회장 존 데이비슨 록펠러(John Davison Rockefeller)의 사무실로 들어갔다.

"존경하는 록펠러 씨, 안녕하십니까! 저는 시카고 대학의 총장 하퍼라고 합니다. 밖에 사람이 없어서 그냥 들어왔습니다!"

록펠러는 아무 말 없이 고개를 끄덕였고, 하퍼는 계속 이야기했다.

"예전부터 뵙고 싶었습니다. 돈을 아주 많이 번 성공한 사업가이시니까요. 시카고의 전차를 모두 이 회사에서 운영한다고 알고 있습니다. 하지만 누구나 그렇듯 당신도 언젠가는 저세상으로 떠나겠죠. 아마도 누군가가 당신의 재산을 물려받을 겁니다. 아시겠지만 돈이란 한번 주인이 바뀌면 원래 주인의 이름은 곧 잊히게 마련이지요. 죽은 후에 사람들이 당신을 기억하게 만드는 무언가가 없으면 말이에요."

여기까지 들은 록펠러는 속으로 웃었다. 자신 역시 이런 생각을 한 적 있기 때문이었다.

"그래서 오늘 아주 좋은 기회를 드리려고 합니다. 대대손손 록펠러의 이름을 남길 수 있는 기회죠. 우리 시카고 대학에서 새 건물을 지을 예정인데 '록펠러 관'이라고 명명할까 합니다. 제 생각은 확실한데 이

사회가 문제에요. 이사 중 한 명이 당신의 경쟁자 이름을 붙이겠다고 고집을 부린답니다. 솔직히 말해서 나는 당신에게 개인적인 호감이 있어요. 확실한 근거만 있다면 이사회를 한 번 설득해 볼 생각입니다. 마침 지나던 길이라 들른 건데 운 좋게 직접 이야기할 수 있었네요. 급할 것 없으니 한 번 생각해 보세요. 더 자세한 이야기를 하고 싶다면 전화 부탁드립니다. 이야기할 수 있어서 즐거웠습니다. 안녕히 계세요!"

하퍼가 사무실을 떠난 후, 혼자 남은 록펠러는 깊은 생각에 빠졌다.

며칠 후, 그는 하퍼에게 전화를 걸어 다시 한 번 이야기하고 싶으니 이번에는 시카고 대학에서 만나자고 제안했다.

다음날 아침, 록펠러는 약속대로 시카고 대학을 방문했고 하퍼와 즐겁게 이야기를 나눈 후, 직접 100만 달러짜리 수표를 건넸다.

하퍼가 바람대로 기부를 받을 수 있었던 까닭은 그가 록펠러의 입장에서 생각하고 말했기 때문이었다.

협상할 때 상대방의 입장에서 생각하고 그의 이익을 고려하면 스스로에게도 매우 유리하다. 그러니 하지 않을 이유가 없다!

먼저 말하는
사람이 진다

가격과 조건, 이 두 가지는 비즈니스 협상 중에 양측이 절대 양보하지 않으려는 부분이다. 거의 모든 협상이 이 두 가지를 둘러싸고 벌어진다고 해도 과언이 아니다. 대부분의 경우, 협상가들은 원하는 가격이나 바라는 조건을 먼저 공개하지 않는다. 상대방이 협의 가능한 범위를 알아차리거나 예측하기를 원하지 않기 때문이다. 실제로 상대방의 패를 먼저 아는 쪽이 협상의 주도권을 차지하는 법이다. 그러므로 주도권을 차지해 원하는 결과를 얻고 싶다면 반드시 상대방이 먼저 가격과 조건을 이야기하도록 유도해야 한다.

당연히 경험이 적은 초보 협상가에게는 무척 어려운 일이어서 실전에 적용 가능한 기술을 익히고 연습할 필요가 있다. 하버드 경영대학원 협상학 전문가인 로저 도슨(Roger Dawson)은 저서 《로저 도슨의 협상의 비법(Secrets of Power Negotiating)》에서 협상할 때는 반드시 상대방이 먼저 원하는 바를 말하도록 해야 하는데 그래야만 비로소 협상의 한계를 정할 수 있기 때문이라고 지적했다.

이른바 '협상의 한계 정하기'는 상대방의 최저선을 파악한 후, 그보다 조금 높은 수준의 가격이나 조건을 제안한다는 의미다. 그런 후에 타협과 양보의 자세를 취하면 상대방은 '최저선에 꽤 근접했다'고 여기는 동시에 당신의 협상 태도에 호감을 보일 것이다. 이렇게 하면 상당히 만족할 만한 결과를 얻을 수 있다.

만약 비틀즈(The Beatles)가 이 방법을 알았다면 지금보다 훨씬 더 부유했을 것이다.

비틀즈 결성 초기, 매니저인 브라이언 엡스타인(Brian Epstein)은 그들의 첫 번째 영화 계약 협상을 시작했다. 제작사 UA(United Artists Corporation)는 청년들의 열정과 노력을 담은 영화를 찍을 계획이었는데 제작비는 30만 달러에 불과했다. UA는 엡스타인에게 출연료 2만 5,000달러와 '일정한 비율로' 수익을 나누어 줄 수 있다고 말했다. 곧이어 이 '일정한 비율'에 대한 협상이 시작되었다.

사실 UA는 25%를 생각하고 있었다. 하지만 이런 종류의 협상에 능한 그들은 엡스타인에게 원하는 비율을 먼저 불러보라고 했다.

당시만 해도 엡스타인은 큰돈이 오가는 일에 익숙하지 않았다. 영화 업계의 상황을 전혀 몰랐고 보통 얼마 정도를 받는지 알아볼 시간도 없었다. 그래서 그는 UA와 만난 자리에서 아주 당당하게 '적어도 7.5%'는 받아야겠다고 말했다.

이 영화 〈하드 데이즈 나이트(A Hard Day's Night)〉는 전 세계에서 열광적인 반응을 얻어 큰 성공을 거두었다. 하지만 엡스타인의 실수로 비틀즈는 수백만 달러를 잃었다.

엡스타인은 UA가 자신에게 먼저 조건을 말하도록 한 일을 일종의 배려라고 생각하지 않았을까? 이것이 함정이라고는 아마 꿈에도 생각하지 못했을 것이다. 협상가라면 절대 상대방보다 먼저 협상안을 제시해서는 안 된다. 이는 상대방에게 승리의 깃발을 안겨 주는 것과 마찬가지이기 때문이다.

하버드의 협상 전문가들은 상대방으로 하여금 먼저 협상안을 내놓도록 유도하면 협상의 목표, 가격 및 조건의 범위를 정할 수 있고, 협상의 흐름이 훨씬 분명해질 거라고 지적한다. 또한 이로써 협상 중에 움직일 수 있는 공간이 더 커질 것이다. 물론 상대방도 그럴 테니 정신을 똑바로 차리고 그가 설계해 둔 덫과 함정을 요리조리 피해서 피동적인 상황에 처하는 일을 피해야 한다.

침묵은 상대를
긴장시킨다

협상은 결국 양측이 대치하는 상황이고, 날카로운 말과 감정의 충돌은 피할 수 없는 일이다. 협상 중에 상대방이 당신에게 크게 화를 내는 상황도 충분히 가능한 일이다. 이럴 때는 즉각 논쟁을 멈추고 침묵으로 대응해야 한다. 화를 가라앉혀 보겠다고 이러쿵저러쿵 이야기해 봤자 소용없다. 아무리 객관적인 관점에서 합리적으로 설명한다고 해도 불에다 기름을 들이붓는 격일뿐이다. 상대방이 격앙되다 못해 심지어 성질을 부리는 상황이 되더라도 그냥 침묵하는 편이 제일 좋다. 침묵의 목적은 당연히 현장의 분위기를 가라앉히고 갈등을 해소해서 계속 협상하기 위함이다. 하지만 너무 긴 침묵도 좋지 않다. 적당한 때에, 적당한 방식으로 침묵해야 한다.

어느 회사의 사장이 사업이 신통치 않자 업종 변경을 결심하고 각종 기자재를 처분하고자 했다.

'워낙 오래 써서 너무 낡았네. 팔아봤자 얼마 되지는 않을 거야. 4만 달러 정도 받으면 제일 좋지만 3만 달러에 사겠다는 사람이 있으면 그냥 팔아야겠어.'

얼마 후, 그의 기자재에 관심을 보이는 사람이 나타났다. 그는 물건을 꼼꼼하게 살펴보면서 벗겨진 페인트, 느린 속도, 뒤떨어진 기능 등등 쉬지 않고 트집을 잡았다. 사장은 가격을 깎으려는 거겠지 싶어 참을성 있게 듣고만 있었다.

모든 기자재를 살펴본 손님은 무척 실망해서 약간 화가 섞인 말투로 이야기했다.

"솔직히 말해서 사고 싶은 생각이 없네요. 전부 너무 낡아서 실망스러워요. 하지만 가격이 적당하다면야 한 번쯤 생각해볼 수도 있습니다. 그냥 말씀해 주세요! 얼마를 드리면 될까요?"

사장은 즉각 대답하지 않고 잠깐 생각에 잠겼다. '그냥 헐값에 팔아버리는 게 낫겠지?'

어떻게 할지 몰라 3초 정도 침묵했는데 그새를 못 참고 손님이 말했다.

"얼마를 말씀하셔도 6만 달러 이상은 못 드려요!"

사장은 침묵의 3초 덕분에 예상보다 훨씬 많은 돈을 벌었다.

손님은 사장의 침묵을 팔고 싶지 않다는 의미로 받아들였다. 그래서 급하게 먼저 조건을 이야기했고 결과적으로 사장은 몇 만 달러를 더 벌었다. 물론 특별한 의도가 있는 침묵은 아니었지만 그럼에도 협상 중에 큰 작용을 한 셈이다. "침묵은 금이다."라는 말은 허튼 소리가 아니다!

하버드의 협상 전문가들은 상대방의 감정이 고조되었을 때 침묵을 유지하면 긴장된 분위기를 풀 수 있고 함정에 빠지지 않을 수도 있다고 강조한다. 적시적기의 침묵은 참을성 없고 감정 기복이 심한 상대방을 옭아맬 수 있다.

말 속에 숨은 뜻

협상 준비과정에서 각종 자료를 수집해서 상대방의 실력 및 상황, 상대 협상단 내부의 관계, 각 협상가의 성격, 사고방식, 습관 등을 충분히 파악한다면 실전에서 크게 도움이 된다.

그런데 하버드의 협상 전문가들은 사전 준비도 중요하지만 협상 과정 중에 소통을 통해서 더 많은 내용을 파악할 수 있다고 지적했다. 여기에는 뛰어난 소통 능력과 경청의 기술이 필요하다. 이 두 가지를 못하는 사람이 어떻게 말 속에 숨은 의미까지 알아차리겠는가?

한 유명 협상가의 옆집이 허리케인으로 크게 부서졌다. 이웃은 보험회사로부터 배상금을 더 많이 받고자 협상가에게 도움을 구했다. 협상가는 그와 이야기를 나눈 후, 질문했다.

"얼마나 받고 싶으십니까?"

"가능하다면 500달러 정도 받고 싶습니다."

협상가는 고개를 끄덕이더니 다시 질문했다.

"음……, 솔직하게 말해주세요. 허리케인으로 발생한 피해가 얼마나 됩니까?"

"실제 피해액은 500달러를 넘죠."

몇 시간 후, 협상가와 보험회사의 피해조사원이 만났다. 피해조사원은 미소 지으며 친절하게 말했다.

"안녕하세요! 선생님은 아주 유명하고 권위 있는 협상가시죠. 명성을 많이 들었습니다. 그런데 어쩌죠? 실망스러운 소식을 전해드려서 정말 죄송합니다. 피해 상황을 조사했는데 배상금이 그리 크지는 않습니다. 300달러만 드리려고 하는데 괜찮으십니까?"

협상가는 잠시 조용히 생각하고서 이렇게 말했다.

"고객이 이렇게 큰 피해를 입었는데 어떻게 그런 농담을 합니까? 그런 액수를 받는 사람도 있어요?"

두 사람 모두 한참이나 아무 말도 하지 않았다. 침묵을 깬 사람은 피해조사원이었다.

"좋습니다. 그럼 100달러 더 드리죠. 저희가 드릴 수 있는 최대치입니다."

그러자 협상가는 엄격한 목소리로 말했다.

"그러지 말고 함께 폐허가 된 피해 장소로 가봅시다. 당신이 말한 돈이 얼마나 터무니없는지 한 번 직접 가서 보는 게 낫겠소."

"좋습니다, 좋아요! 500달러로 하시죠. 괜찮으시죠?"

"아니, 젊은 양반! 그렇게 쉽게 결정하지 말고 한번 현장으로 가보자니까?"

......

협상이 마무리 된 후, 그가 보험회사로부터 받은 배상금은 1,500달러였다. 이웃의 기대를 크게 뛰어넘는 액수였다.

경험이 많은 이 협상가는 피해조사원의 말투에서 중요한 정보를 알아차렸다. 피해조사원은 "300달러만 드리려고 하는데 괜찮으십니까?"라고 말했다. 협상가는 그중에서 잘 들리지도 않는 '만'에 주목했다. 이는 피해조사원조차 액수가 너무 적다고 생각한다는 의미였다. 사실 300달러는 한 번 던져 보는 '미끼'일 뿐 최종 가격이 아니었다. 첫 번째 가격이 있다면 두 번째, 세 번째 가격도 분명히 있다. 협상가는 이처럼 말 뒤에 숨은 뜻을 예리하게 해독함으로써 주도권을 틀어쥐고, 절대 먼저 조건을 이야기하지 않아서 예상을 크게 뛰어 넘은 결과를 얻었다.

'지혜의 게임'인 협상은 단순하게 말 공세를 퍼붓거나 청산유수 같은 말솜씨로 승리를 거머쥘 수 없다. 협상가의 세심함, 예리함, 관찰력, 표현능력이 모두 서로 멋지게 결합했을 때 비로소 가장 좋은 결과를 만들 수 있다.

협상 상대,
그를 파악하라

하버드의 한 협상학 교수는 소통에 관해 이렇게 말했다.

"소통은 무슨 대단한 비밀을 간직한 신비한 기술이 아닙니다. 그저 상대방의 말 하나, 행동 하나를 주의 깊게 관찰하면 됩니다. 그러면 표정과 자세만 보고도 그의 심리적 변화를 알아차릴 수 있으니까요."

상대방의 말과 행동에서 그가 어떠한 유형의 협상가인지 파악해내면 그의 요구사항이나 의도도 정확하게 판단할 수 있다. 실제로 경험이 많은 베테랑 협상가들은 협상 초기에 상대방을 충분히 파악하고 나서 비로소 본격적인 협상에 돌입한다. 그들이 가장 우선적으로 보는 것은 바로 과단성과 성향이다.

과단성은 자신을 어떤 방식으로 소개하는지, 대답에 얼마나 핵심을 담고 있는지, 심지어 악수할 때 얼마나 힘주어 잡는지로도 가늠할 수 있다.

성향을 구분하는 방법도 크게 어렵지 않다. 알다시피 좌뇌와 우뇌는 서로 다른 영역을 담당한다. 우뇌를 주로 사용하는 사람을 창조적이고 감정적이며 문제보다 사람에 더 주목한다. 반면에 좌뇌를 많이 사용하는 사람은 논리적이고 계획적이며 사람보다 문제에 더 집중하고 실사구시를 추구한다. 상대방이 말하는 방식, 사람을 대할 때의 친절함 등을 관찰해보면 그가 어떤 성향을 지녔는지 가늠할 수 있다.

하버드의 협상 전문가들은 이 두 가지 요소를 조합해 협상가를 총 네 가지 유형을 분류했다.

첫째로 독단적 과단형(비감정형)이다. 상대방이 이 유형이라면 한가하게 잡담이나 하면서 시간 낭비해서는 안 된다. 또 어차피 독단적인 사람이므로 너무 많은 정보를 제공할 필요도 없다. 그래봤자 그는 결국 가장 필요한 몇 가지 정보만 가지고 의사 결정을 내릴 테니까. 너무 친절하게 대하려고 애쓰지 말라. 당신의 과도한 친절이 주의력을 분산시킨다고 판단하면 그는 당신을 더 이상 신뢰하지 않을 것이다.

둘째로 외향적 과단형(감정형)이다. 이런 사람은 언제나 우호적이고 개방적이다. 통화할 일이 있으면 언제나 직접 걸고, 오는 전화도 골라 받거나 하지 않는다. 매우 열정적이면서도 온화하고 친근한 태도로 좋은 일과 나쁜 일을 모두 그와 공유하자. 그런 후, 그가 결정을 내릴 때까지 기다리기만 하면 된다.

셋째로, 우호적 비과단형(감정형)이다. 사실 협상 상대로는 그리 좋지 않은 유형이다. 어쩌면 협상 과정 중에 종종 당신을 매우 곤혹스럽게 하거나 진행 속도를 더디게 할 수도 있다. 이런 사람을 만나면 시간을 충분히 갖고 차근차근 순서에 맞게 협상하는 편이 좋다.

넷째로 분석적 비과단형(비감정형)이다. 이런 사람을 만나면 협상 내내 말과 행동을 명확하게 하고 각종 세부사항을 꼼꼼히 확인해야 한다. 이를 통해 우호적인 관계를 건립하면 전략과 최저선을 쉽게 알아낼 수 있다.

베테랑 협상가들은 상대방이 어떤 유형의 협상가인지 분석한 후, 그들이 좀 더 양측의 공동 이익에 집중할 수 있도록 협상 전략과 기교를 선택한다. 즉 관건은 상대방을 얼마나 정확히 인식하는가에 달려 있다. 잘 해내기만 하면 그의 문제 해결 방식을 파악해서 효과적으로 대응할 수 있다.

미국이 파나마 운하 독점 사용권을 차지한 전략

파나마 운하 건설은 원래 미국의 일이 아니었다. 19세기 말, 프랑스의 한 건설회사가 콜롬비아와 파나마 국경에서 대서양과 태평양을 잇는 운하를 만드는 계약을 체결했다. 이 대규모 공사의 총책임자는 이전에 수에즈 운하를 만들어 세계적으로 명성을 떨친 프랑스인 페르디낭 마리 드 레셉스(Ferdinand Marie de Lesseps)였다. 이미 한 번 성공한 경험이 있던 그는 파나마 운하 쯤은 아주 쉬운 일이라며 자신만만했다. 그는 파나마와 이집트의 환경이 얼마나 다른지 전혀 예상하지 못했다. 엄밀히 말하면 아예 그런 차이가 있는지도 몰랐다고 해야 한다. 파나마는 지형적 조건이 훨씬 까다롭고, 풍토병이 만연한 곳이어서 공사 진척 속도가 매우 느렸다. 설상가상으로 건설 자금까지 부족해져 프랑스의 건설회사는 진퇴양난에 빠졌다.

결국 회사는 공사를 포기하기로 결정했다. 회사의 대리인 필립 장 뷔노 바리야(Philippe-Jean Bunau-Varilla)는 직접 미국으로 건너가 미국 정부에 파나마 운하 개발권을 팔겠다고 제안했다. 사실 미국은 1880년부터 두 대양을 연결하는 운하를 개발하는 계획을 세우고 있었다. 하지만 프랑스가 한 발 앞서 콜롬비아와 계약하자 매우 실망해 하던 참이었다. 그런데 이번에 프랑스 쪽에서 먼저 개발권을 팔겠다고 하니 흥분하지 않을 수 없었다.

하지만 그들은 속내를 내보이지 않고 무덤덤하게 반응했다. 루스벨트 대통령은 관련 보고서를 검토하고서 고민에 빠졌다. 전문가들의 분석에 따르면 지금 시점에서 파나마 운하 건설을 넘겨받느니 차라리 니카라과 운하 건설에 뛰어드는 편이 더 합리적이었다. 니카라과 운하 건설에는 총 2억 달러가 필요한데 파나마 운하 건설은 공사비용 1억 달러에 개발권 구매 비용까지 더 하면 총 2억 5,000만 달러는 족히 들어가기 때문이다. 비용 측면에서 보자면 당연히 파나마를 포기하고 니카라과로 가야했다.

한편 뷔노 바리야 역시 이 보고서를 읽고 깜짝 놀랐다. 만약 미국이 니카라과에서 운하를 건설하기로 하면 회사는 한 푼도 회수하지 못하기 때문이다. 이에 그는 즉각 로비를 시작해서 개발권 가격으로 4,000만 달러면 충분하다는 뜻을 미국 정부에 알렸다.

이때 루스벨트가 또 한 번 협상 기술을 발휘했다. 그는 우선 관련 법안이 의회에서 통과되도록 해놓고, 만약 적당한 시기에 콜롬비아 정부와 합의가 되면 파나마 운하를 건설하겠지만 그렇지 않으면 니카라과 운하 쪽으로 돌아서겠다고 했다.

상황이 이렇게 되자 콜롬비아 정부도 일이 틀어질까 봐 안절부절 했다. 주 워싱턴 콜롬비아 대사는 즉각 미국 국무장관 존 헤이(John M. Hay)를 찾아가 협상을 벌였다. 그 결과 미국은 100만 달러에 폭이 3킬로미터에 달하는 운하의 독점 운항권을 차지했다. 미국은 이후 수년간 운하를 빌리는 데 매년 단 10만 달러만 지불하면 되었다.

루스벨트는 밀고 당기기 전략으로 파나마 운하 개발권과 독점 사용권을 차지했다. 이런 전략의 구사는 협상 예술의 디테일을 아주 잘 보여준다. 매우 조심스럽게 전략을 실행해서 반드시 상대방이 먼저 조건을 제시하거나 약속하도록 만들어야 한다. 그러면 무작정 설득하려고만 할 때보다 훨씬 좋은 결과를 얻을 수 있다.

◆

가짜 정보를 이용하는 법

◆

협상 과정 중에 등장하는 가짜 정보는 마치 연막탄처럼 눈을 가려

상대방이 당신의 진짜 의도를 알아차리지 못하게 만들고 미리 준비해 둔 함정에 빠지게

만든다. 협상가라면 가짜 정보를 이용할 줄 아는 동시에 상대방이 던지는

가짜 정보를 식별할 수도 있어야 한다.

가짜 정보를
발견했을 때

협상 과정 중에 등장하는 가짜 정보는 마치 연막탄처럼 눈을 가려 상대방이 당신의 진짜 의도를 알아차리지 못하게 만들고 미리 준비해 둔 함정에 빠지게 만든다. 협상가라면 가짜 정보를 이용할 줄 아는 동시에 상대방이 던지는 가짜 정보를 식별할 수도 있어야 한다.

가짜 정보를 식별하는 일이 중요한 만큼 이를 처리하는 방식도 무척 중요하다. 하버드의 협상 전문가들은 이 문제에 명확한 답이 떠오르지 않는다면 다음의 몇 가지 질문을 생각해 볼 것을 제안했다.

무엇이 가짜 정보일까?

상황과 배경이 모두 다르기에 협상 중에 양측이 살포하는 가짜 정보에도 차이가 있다. 당신이 의도적으로 가짜 정보를 뿌려도 전혀 발각되지 않을 수 있다. 물론 그 반대 상황도 가능하다. 그러므로 언제나 정신을 바짝 차리고 경계해야 한다. 발견 즉시, 당장 폭로할 필요는 없다. 그 안에 숨은 계략을 알아내고 역이용해서 원하는 바를 이룰 수 있기 때문이다.

만약 상대방이 노출한 정보가 가짜인데 정작 그는 이를 모른다면 급하게 폭로하고 추궁하지 말자. 어쩌면 의도한 행위가 아닐 수도 있기 때문이다. 이 경우 섣불리 상대방의 진실성을 의심하고 비난하면 거센 반발과 저항이 되돌아온다. 그러면 양측 관계가 돌이키지 못할 정도로 악화되고, 합의 가능성은 거의 제로에 가깝다.

계속 협상해야 할까?

상대방이 의도적으로 가짜 정보를 뿌리는 정황이 확실하다면 이제 당신은 협상을 계속할지 결정해야 한다. 판단 기준은 당연히 이익이다. 너무나 엄청난 거짓이어서 더 이상 협상하기 어려울 정도가 아니라면 협상장을 박차고 나오는 일은 현명한 선택이 아니다.

경고나 논쟁이 필요한가?

이 문제는 상황에 따라 유동적으로 결정하자. 계속 협상할 생각이라면 상대방의 비신사적인 행동을 폭로하고 따지기보다 당신이 그 사실을 알고 있음을 암시하는 편이 더 낫다. 이때 상대방 역시 협상을 계속하고 싶다면 알아서 문제를 해결할 방법을 찾을 것이다.

만약 상대방이 한 짓을 두고 볼 수만은 없다면 제대로 한 번 경고하자. 여전히 그를 존중하는 태도로 정중하게 항의하고 구체적인 양보나 보상을 요구해도 좋다.

협상은 양측이 의견의 일치점을 찾는 과정이다. 상대방이 가짜 정보를 퍼트렸다고 즉각 추궁하거나 비난하면 더 이상 협상이 진행되기 어렵다. 협상이 중단되면 상대방뿐 아니라 당신도 빈손으로 일어나야 한다. 그러므로 거짓 정보를 발견하면 되도록 우회해서 질책함으로써 협상의 주도권을 차지하는 동시에 이익도 손에 넣어야 한다.

속임수도
협상의 일부이다

협상은 '설득의 예술'이고, 여기에는 물론 각종 속임수도 포함된다. 속임수는 협상 중에 무시할 수 없는 중요한 작용을 하므로 협상가라면 효과적으로 활용하는 동시에 상대방의 속임수에 대응하는 법도 알아야 한다.

사실 경험이 많은 베테랑 협상가에게 속임수란 매우 평범하고 무서울 것 없는 아주 일반적인 협상 기술 중 하나일 뿐이다. 그들은 속임수를 마주해도 냉정하게 분석해서 그것이 겉보기에만 멀쩡한 '궤변'임을 금세 알아차린다. 하버드의 협상 전문가들은 자주 등장하는 궤변으로 다음의 다섯 가지를 꼽았다. 각각의 대응방법을 명심하면 상대방이 쳐 놓은 덫에 걸리지 않고 거꾸로 허점을 이용해 반격할 수 있다.

첫째는 눈에 보이는 상황을 과장하거나 틀리게 해석해서 그 본질을 무시하고 왜곡하는 방법이다. 종종 교활한 상인들이 이 방법으로 폭리를 취하곤 한다. 객관적인 눈과 원칙을 잃지 않는 사고방식으로 문제의 본질을 바라보자. 공정한 방식과 올바른 방향만 잃지 않는다면 잔꾀에 넘어가지 않을 수 있다.

둘째는 상대적 판단으로 절대적 판단을 가리고 숨겨서 당신의 논증을 소용없게 만들려는 방법이다. 경험이 많은 협상가는 이 방법으로 상대를 제압해서 협상을 주도적으로 끌고 나간다. 문제의 세부사항을 꼼꼼히 분석해서 상대방의 논점이나 논거 속에 담긴 절대적 요소와 가변적 요소를 구분하자.

셋째는 우연적 사건을 과장해서 마치 절대 피할 수 없는 필연적 추세인 양 상대방을 속이고 밀어 붙이는 방법이다. 이때는 구체적이고 합리적인 기준으로 우연과 필연을 구분한다.

넷째는 교묘하게 문제의 본질을 바꾸는 동시에 아예 논제를 전환해서 자신의 불리한 요소나 약점을 숨기려는 방법이다. 이를 통해 협상의 방향을 바꾸어서 상대방을 제압한다. 이 경우 상대방의 말에 휩쓸리지 말고 논제 사이의 안과관계를 놓치지 말라.

마지막으로 분명히 대립하는 관점이지만 모호하게 처리하는 방법이다. 보통 두 개 이상의 궤변을 한 데 섞어 두루뭉술하게 넘어가려고 한다. 객관적 원칙과 판단으로 눈에 보이는 것 뒤에 숨은 본질을 찾자.

거짓말을
다루는 법

비즈니스 협상에서는 거짓말과 속임수가 난무한다. 비열한 짓 같은가? 하지만 효과는 분명히 최고다. 잘 설계된 거짓말과 속임수는 분위기를 순식간에 얼어붙게 만든다. 그리고 이 긴장감은 놀랍게도 당신을 무력하게 만들어 타협 혹은 양보하게 만들 수 있다. 협상의 주도권을 차지하고 싶다면 반드시 이런 상황을 피해야 한다. 어떻게 해야 할까?

하버드의 협상 전문가들은 우선 상대방이 아예 시도할 생각조차 못하게 만들어야 한다고 충고한다. 거짓말과 속임수로는 절대 당신을 제압할 수 없다고 암시하자. 다음은 그 구체적인 방법이다.

첫째로, 유비무환은 동서고금의 진리다. 협상을 충분히 준비하고 이 사실을 상대방이 알아차리게 하자. 유비무환은 '사기' 당하지 않는 전제조건이자 가장 효과적인 방법이다.

둘째로, 상대방이 말하는 모든 내용을 이미 알고 있으며 검증 능력까지 갖추었음을 드러내자. 그러면 상대방은 감히 당신을 속일 엄두도 내지 못할 것이다.

셋째로, 질문은 언제나 간접적으로 하고 윽박지르거나 협박한다는 느낌을 주어서는 안 된다. 간접적인 질문을 계속 던져 상대방이 방심하다가 양보하지 않을 수 없게 만들어야 한다. 너무 직접적인 질문은 반발심을 일으켜서 상황을 악화시킬 수 있으니 조심하자.

넷째로, 진정성 있는 태도로 협상하자. 결점이나 약점을 감추려고 거짓말을 했다가 신뢰를 잃을 수 있다. 상대방이 솔직하게 탁 터놓고 말하게 하려면 당신부터 그렇게 해야 한다.

안타깝지만 이상의 방법을 동원해도 상대방은 여전히 당신을 속일 기회를 호시탐탐 노릴 것이다. 단순한 방어와 제압만으로는 그들을 막을 수 없다. 다행히 하버드 협상 전문가들은 이에 대응하는 방법도 제안했다.

먼저 다방면으로 정보를 수집하라. 언제나 정보가 부족한 쪽이 당하기 마련이다. 양측이 확보한 정보가 똑같으면 서로 속이고 말고 할 일도 없다. 하버드의 협상 전문가들은 협상 전, 협상 도중, 협상 후에 모두 가능한 한 많은 정보를 수집하라고 제안한다. 기억하자. 당신이 확보한 정보의 양과 질은 상대의 거짓말과 속임수를 판단하는 무기다.

그다음, 덫을 놓아라. 일부러 거짓말을 유도해서 반격하는 방법이다. 이미 아는 내용이라도 모르는 척 질문을 던져 보자. 이때 상대방이 거짓말을 하면 거꾸로 치고 들어가서 제압할 수 있다.

이번에는 연관된 문제를 몇 가지 연이어 묻고 대답이 논리적인지 보자. 만약 대답을 거절하면 협상 의지가 없다는 의미다.

　어쩌면 상대방이 동문서답을 일삼으며 질문을 요리조리 피할지도 모른다. 이럴 때는 문제의 핵심을 찌르는 질문을 던져 제대로 대답하지 않을 수 없게 만들어라. 그 대답 속에서 실마리를 찾아 거짓말을 골라내자.

　마지막으로, 상대방이 거짓말을 하면 냉정하게 분석해서 허점을 노린 협상안을 제안하자. 잘 준비된 협상가만이 거짓말을 알아차리고 역으로 이용해 상대의 허를 찌를 수 있는 법이다. 결백하고 진실한 태도로 협상했다면 손실을 걱정하지도 않는다. 반대로 당황해서 비논리적인 이유를 대며 협상안을 거부한다면 애초에 협상할 생각이 없다는 의미다.

참일까,
거짓일까?

협상 중에 상대방은 갖은 수단을 써서 당신이 진짜와 가짜를 구분하지 못하게 만든다. 어떤 방식의 '연막'이 사용될지 알 수 없으므로 협상 내내 함정에 빠지지 않도록 조심하자. 하버드의 협상 전문가들은 협상 중에 드러난 정보의 참과 거짓을 판별하면 이 문제에 효과적으로 대응할 수 있다고 결론 내렸다. 상대방이 제공한 정보는 참일 수도, 거짓일 수도 있다. 당신에게 유리할지, 불리할지도 단번에 확정하기 어렵다. 현장에서 기민하게 상황을 판단해서 정보를 식별해야 한다.

토머스는 한 회사의 구매담당 직원이다.

회사 내규에 따르면 외부 공급상에게 자재를 구매할 때는 반드시 입찰을 거쳐야 한다. 가장 낮은 입찰가를 써 낸 공급상과 계약하는 방식이다. 하지만 이번에는 워낙 특수한 부품이라 회사가 공급상을 고를 처지가 아니었다. 토머스는 반드시 해당 공급상으로부터 필요한 부품을 기간 안에 구매해야 했다. 문제는 저쪽에서 이런 상황을 훤히 안다는 사실이었다.

긴 협상 끝에 공급상이 제안한 가격은 회사의 예산을 크게 뛰어넘는 액수였다. 토머스는 조금이라도 깎아 보려고 했다.

"이 정도면 구매량이 꽤 많은 편 아닙니까? 앞으로도 꾸준히 거래할 테고요. 혹시 가격을 좀 더 조정해주실 수는 없습니까?"

"저희 역시 거래하게 되어 기쁩니다. 또 앞으로도 꾸준히 구매해주신다니 감사합니다. 하지만 말씀 드린 가격은 최저가입니다. 이전에는 한 번도 이 정도 가격으로 판매한 적 없습니다."

토머스는 여전히 비싸다고 생각했지만 상대방이 워낙 정중하고 성의 있게 이야기해서 하는 수 없이 구매를 결정했다. 그는 공급상이 이 가격에서 20~25% 가량 더 깎아줄 수 있었던 사실을 전혀 몰랐다.

사례에서 토머스는 반드시 이 공급상에게 구매해야 하는 상황 탓에 협상의 공간이 크게 줄어들었다. 그 바람에 상대방이 던진 정보를 제대로 판단해보지도 못하고 무력하게 타협하고 말았다. 베테랑 협상가는 불리한 상황이어도 상대방이 전달한 정보를 냉정하게 분석하고 그 안에서 돌파구를 찾는다.

협상가는 정보의 참과 거짓을 밝히는 데 집중해야 한다. 하버드의 협상 전문가들은 정보가 불완전하다고 해서 가짜 혹은 속임수라고 단정하지 말라고 조언한다. 드러나지 않은 일부분은 협상가 스스로 발견하고 판별해야 한다. 뛰어난 협상가는 협상 테이블 위에 놓인 각종 정보를 세련된 방식으로 분류할 줄 안다. 어떠한 상황에 놓였더라도 솜씨 있게 자유자재로 일을 처리해서 상황을 유리하게 만들어야 한다

본질에 집중한
크라이슬러의 전략

협상가는 더 많은 이익을 손에 넣기 위해 진짜와 가짜가 반반씩 섞인 전략으로 상대방을 무기력하게 만든다. 일단 상대방의 머릿속에 '속수무책'이라는 단어를 떠오르게 만들면 협상에서 승리할 수 있다. 하지만 그 전에 상대방의 전략에 휩쓸려 흔들리지 않는 법부터 배워야 한다.

크라이슬러(Chrysler)는 미국 자동차 업계의 빅3 중 하나로 미국 제조업계 순위 16위에 오른 거물급 기업이다. 이런 그들도 1970년대에 위기를 맞은 적 있다. 1970년부터 1978년까지 9년 중 4년이 적자였는데 특히 1978년에는 적자액이 2억 400만 달러에 달했다.

이 어려운 시기에 이사회는 리 아이어코카(Lee Iacocca)를 새로운 회장으로 임명했다. 아이어코카는 회장 자리에 앉자마자 생산 중단을 막기 위해 정부에 융자금 보증을 요청했다. 이 일은 대중의 강한 반대와 비난을 불렀다. 자유 경쟁이 원칙인 나라에서 정부가 특정 기업에 지원을 해줄 수 없다는 이유였다. 사람들은 대부분 크라이슬러가 금방 무너질 거라고 생각했다.

가장 힘든 일은 역시 의회 청문회였다. 말이 청문회지 이야기를 듣는 자리가 아니라 심판에 가까웠다. 청문위원들은 2미터가 훨씬 넘는 높은 곳에 반원 형태로 빙 둘러 앉아 있었다. 증인으로 출석한 아이어코카는 대답할 때마다 고개를 뒤로 젖히고 질문자를 올려보아야 했다. 상원의원이자 금융위원회 위원장 윌리엄 프록시마이어(William Proxmire)가 질문했다.

"아이어코카 씨, 이 안이 통과된다면 정부가 크라이슬러에 깊이 개입하게 됩니다. 그러면 당신이 오랫동안 주장해온 자유 경쟁 원칙과 모순되지 않습니까?"

"맞습니다. 저는 줄곧 기업의 자유 경쟁을 지지했습니다. 이런 일이 생기지 않기를 바랐죠. 하지만 상황이 매우 어렵습니다. 연방정부가 융자금 보증을 해주지 않으면 크라이슬러는 무너집니다. 거짓이나 과장이 아닙니다. 의원님들도 잘 아시겠지만 아예 선례가 없는 일도 아니지 않습니까? 지금도 정부는 여러 기업의 융자금 4,090억 달러를 보증하고 있습니다. 크라이슬러가 여기에서 멈추지 않기 위해 도움을 요청합니다. 크라이슬러를 위해서 융자금 4,100만 달러에 대한 보증을 간곡하게 부탁드립니다. 근로자 60만 명의 생계가 달린 일입니다."

이어서 그는 일본 자동차 기업이 미국에 진출한 일을 언급하며 만약 크라이슬러가 파산하면 경력직원 수십만 명이 일본 기업을 위해 일하게 된다고 설명했다. 그리고 정부가 실직자에게 지불해야 하는 사회

보장기금도 27억 달러를 넘는다고 지적했다.

"지금 여러분의 눈앞에 두 가지 선택사항이 있습니다. 27억 달러를 투입하시겠습니까? 아니면 아주 적은 돈으로 융자금을 보증하겠습니까? 물론 후자는 나중에 전액 회수할 수 있습니다. 어떻게 하시겠습니까?"

반대하던 의원들은 아무 말 하지 않았다. 크라이슬러에 대한 융자금 보증 안건은 즉각 통과되었다.

이 협상에서 아이어코카는 매우 불리했다. 청문위원들은 반대 여론을 대변하듯 높은 곳에 앉아 기세등등하게 그를 내려다보았다. 그럼에도 그는 원하는 바를 손에 넣었다. 사실 청문회에서 그가 말한 내용을 의원들이 몰랐을 리 없다. 단지 눈으로 보이는 반대 여론 탓에 문제의 본질을 잊었을 뿐이다. 아이어코카는 자유 경쟁 원칙에 매어 융자금 보증을 하지 않으면 손실이 훨씬 더 커지는 사실을 상기시켰다. 현상에 가려진 문제의 본질을 드러낸 셈이다. 이것이 바로 협상 성공의 비밀이었다.

하버드의 협상 전문가들에 따르면 자신의 입장을 견지하면서 목적에 최대한 근접해야 성공적인 협상이라 할 수 있다. 그러려면 상대방이 제공하는 수많은 정보를 무조건 수용 혹은 배척해서는 안 된다. 눈에 보이는 현상과 그 안에 숨은 본질을 꼼꼼하게 살펴야 한다. 세부사항을 무시하면 자기 손으로 협상의 기회를 버리는 셈이다.

강조하건대 협상가라면 반드시 현상이 아니라 문제의 본질을 알아보고 모든 정보를 종합해서 이성적이고 객관적으로 정보의 진위를 가릴 줄 알아야 한다.

니렌버그의 역발상 협상

제라드 니렌버그(Gerard I. Nierenberg)는 미국 협상 연구소 (Negotiation Institute)의 설립자이자 현대 협상법을 창시한 사람이다. 한 번은 그가 동료 프레드와 비행기 제조업체의 매각 경매에 참여했다. 두 사람은 원래 정부 소유였던 이 업체의 가치를 따져보고 인수가로 37만 5,000달러면 적당하겠다고 결론 내렸다.

그들 외에도 100명이 넘는 사람이 경매에 참여했다. 드디어 경매가 시작되었다. 니렌버그와 프레드가 먼저 10만 달러를 부르자 누군가가 12만 5,000달러를 불렀다. 두 사람이 다시 15만 달러를 부르자 이번에는 22만 5,000달러를 부르는 사람이 나왔다.

하지만 프레드는 가격을 더 올리지 않고 니렌버그를 끌고 나왔다. 37만 5,000달러까지는 계속 경매에 참여할 생각이었던 니렌버그는 영문을 몰라 당황했다.

"프레드! 왜 이래? 아직 더 해봐도 되잖아!"

프레드는 경매장 밖으로 나와서야 자초지종을 설명했다.

"내가 아까 이번 경매 안내문을 읽었는데 낙찰이 되어도 가격이 낮으면 정부가 매각을 거부할 수도 있다는 군. 22만 5,000달러는 실제 가치보다 훨씬 낮은 가격이니까 분명히 그렇게 매각하지는 않을 거야. 그

렁지? 그럼 두 번째로 높은 가격을 부른 우리를 찾아와서 가격을 좀 더 높여서 인수할 생각이 있는지 묻겠지. 그러면 협상하면서 정부가 다급해질 때까지 시간을 좀 끄는 거야. 그렇게 인수도 하고, 이런저런 조건도 좀 더 유리하게 불러보자고!"

프레드의 예측은 완벽하게 적중했다. 일주일도 지나지 않아 그가 말한 모든 일이 발생했으며 두 사람은 매우 만족할 만한 가격과 조건으로 이 회사를 인수했다.

사례분석 프레드의 역발상 사고는 매우 효과적이었다. 만약 그가 경매장에서 승부를 내려고 했다면 인수 가격이 예상했던 37만 5,000달러를 넘었을 가능성이 크다. 아예 인수에 실패했을 수도 있다. 하지만 프레드는 주어진 정보를 분석해 역발상을 통해 협상의 주도권을 잡았다.

여섯 번째 수업

◆

심리적 방어 무너뜨리기

◆

심리전을 이겨내야 협상을 원하는 방향으로 끌고 나갈 수 있다.

그래서 심리학은 협상에서 더할 나위 없이 중요한 요소다. 특히 비즈니스 협상에서는

상대방의 심리 변화를 연구하는 일이 점점 더 중요해지고 있다. 심리학은 상대방을

제압하는 기술이자 당신에게 통쾌한 승리를 가져다 줄 무기다.

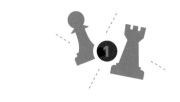

여러 개의 작은 이익과
하나의 커다란 손실

하버드의 협상 전문가들에 따르면 효과적으로 설계된 심리 게임으로 상대방을 자극해 그의 심리를 제어하고 협상의 주도권을 차지할 수 있다.

한 에너지 공급업체가 어느 지역에서 집집마다 방문해 무료로 난방 점검 서비스를 제공했다. 얼마 후, 이번에는 영업사원들이 다시 방문해서 기존보다 비용이 훨씬 저렴한 자사 상품을 구매하라고 제안했다.

이 실험에서 영업사원들은 잠재 고객의 절반에게 "저희 상품으로 난방하면 매일 몇 센트씩을 절약하는 셈입니다."라고 말했다. 그리고 남은 절반에게는 "저희 상품을 이용하지 않으면 매일 몇 센트씩 손해입니다."라고 말했다.

이미 알고 있겠지만 결국 같은 뜻이다. 하지만 실험 결과, 손해라는 이야기를 들은 사람들의 구매율이 절약한다는 이야기를 들은 사람보다 훨씬 높았다. 왜일까? 영업사원들이 단순한 심리 게임으로 잠재 고객을 자극했기 때문이다. 협상 중에는 이처럼 단순한 심리 게임이 반드시 필요하다. 하버드의 협상 전문가들은 각종 이론과 다양한 사례를 분석해서 협상에서 유용하게 쓸 수 있는 심리 게임을 제안했다.

첫째, 이익을 여러 개로 나누고 하나씩 건네자. 그러면 한꺼번에 줄 때보다 더 큰 기쁨을 느낄 것이다. 반대로 손실은 최대한 하나로 뭉뚱그려서 한 번에 줘야 한다. 고통은 한 번이면 충분하다.

둘째, 요구사항이 있으면 진짜 원하는 정도보다 더 크게 말하자. 당연히 상대방은 단칼에 거절할 것이다. 이어서 조금 양보한 것처럼 보이나 사실은 진짜 바라는 요구사항을 내놓으면 이번만큼은 단칼에 거절당할 리 없다. 당신이 먼저 거절당하고 양보까지 했으니 이제는 상대방의 차례이기 때문이다. 양보할 의무가 생긴 그는 두 번째 협상안이 첫 번째 보다는 낮다고 생각하며 긍정적으로 고려한다.

셋째, 모든 일은 상대적이어서 사람들은 늘 처한 상황을 바탕으로 대상의 크기를 판단한다. 첫 번째 제안이 거대했다면 두 번째 제안은 진짜 크기와 상관없이 작아 보일 수밖에 없다.

첫 번째 협상안이 거절당하자마자 즉각 두 번째 협상안을 내놓아야 한다. 시간이 지체되면 대비 효과가 크지 않아서 양보했다는 느낌 없이 별개의 협상안처럼 보이기 때문이다.

넷째, 여기서 문지방이란 '작은 합의'를 의미한다. 먼저 작은 합의를 도출해서 분위기를 좋게 한 후에 또 다른 합의를 향해 가면 된다. 작든 크든 일단 합의하면 합작 관계가 만들어 진다. 그렇게 우호적인 분위기를 조성해 놓고, 한참 시간이 흐른 후에 더 중요한 문제를 제기하면 생각보다 수월하게 합의를 이끌어낼 수 있다.

다섯째, 무언가를 요구하려면 이를 뒷받침할 만한 합리적인 근거를 찾자. 협상안을 대변하는 변호사라도 된 양, 열정적으로 설명할수록 상대방이 받아들일 가능성이 커진다. 적어도 당신의 요구사항이 말도 안 되는, 전혀 근거 없는 위험 요소로 보이지는 않을 것이다. 그러므로 요구사항을 말하고 바로 "왜냐하면……"을 덧붙여 뒷받침하자.

여섯째, 대중으로부터 인정받은 사실은 당신의 협상안에 더 큰 힘을 실어준다. 이 점을 강조하면 상대방의 의사 결정에 영향을 미칠 수 있다.

일곱째, 심리학 연구에 따르면 사람들이 받은 선물에 보답할 때 선물의 가격은 크게 관련이 없다고 한다. 이를 협상에 적용해보자. 당신이 먼저 양보하면 상대방은 반드시 합의 혹은 협력으로 보답할 것이다. 양보의 크기가 아니라 양보했다는 사실이 중요하므로 작은 것이어도 좋다. 대신 작더라도 명확해야 상대방이 보답해야겠다고 느낀다.

여덟째, 비용 평가는 주관적일 수밖에 없다. 그리고 이 주관적 판단은 참고사항의 가치로 결정된다. 예를 들어 20달러를 아끼려고 도시 반대편까지 가서 컴퓨터나 자동차 같은 고가 제품을 사는 일은 바보 같다. 하지만 사람들은 컵이나 휴지를 20달러 저렴하게 판다는 정보를 들으면 도시 반대편이라도 별 고민 없이 간다. 그러므로 비용이 문제인 경우에는 유리한 참고사항까지 함께 제공해서 상대적으로 저렴해 보이도록 하자.

주도권을 결정하는
정보력

하버드의 협상 전문가들은 협상에서 시간을 끌수록 유리하다는 생각은 오산이라고 경고한다. 협상은 인내력을 겨루는 경기가 아니다. 특히 비즈니스 협상은 반드시 '빠르고, 정확하고, 냉정하게' 진행되어야 한다. 종종 양측의 시간 개념이 달라 전혀 예상하지 못한 상황이 발생하기도 한다. 예를 들어 준비한 내용을 다 이야기하지도 못했는데 상대방은 협상을 마무리하려고 할 수도 있다. 당신이 일장연설을 준비했다고 해서 그걸 잠자코 들어줄 사람은 없다. 활이 시위를 떠났다 싶으면 그만 포기하고 제한된 시간 안에서 어떻게든 상대방을 설득할 생각을 하자.

미국의 유명한 협상 전략 전문가 허브 코헨(Herb Cohen)은 한 대기업으로부터 탄광 인수 협상을 의뢰받았다. 회사는 2,400만 달러 이하로 인수할 예정이라고 했지만 탄광주는 2,600만 달러를 원했다. 첫 협상에서 코헨이 1,500만 달러를 부르자 탄광주는 끓어오르는 화를 간신히 억누르면서 천천히 말했다.

"젊은 친구가 농담을 좋아하는군!"

"아닙니다. 정말로 1,500만 달러면 충분하다고 생각합니다. 그러지 말고 사장님, 그냥 진짜 원하는 가격을 말해 보세요. 그럼 저희가 한번 고려해 보겠습니다."

탄광주는 차라리 안 팔겠다며 2,600만 달러에서 꿈쩍도 하지 않았다. 이후 몇 개월 동안 이어진 협상에서 코헨은 1,800만 달러, 2,000만 달러, 2,100만 달러, 2,150만 달러로 가격을 계속 조금씩 올렸다. 하지만 탄광주는 여전히 조금도 양보할 생각이 없었다.

결국 2,150만 달러와 2,600만 달러가 대치하면서 협상은 교착상태에 빠졌다. 이때 코헨이 계속 돈 이야기만 하고 탄광주가 정말 원하는 바가 무엇인지 생각해보지 않았다면 협상은 그대로 결렬되고 말았을 것이다. 코헨은 탄광주가 왜 그렇게 2,600만 달러에 집착하는지부터 알아봐야겠다고 생각했다.

어느 날 저녁 식사자리에서 코헨은 탄광주에게 왜 반드시 2,600만 달러여야 하는지 물었다.

"내 친구도 탄광을 하나 가지고 있었는데 얼마 전에 2,550만 달러에 팔았어요. 돈 말고도 이런저런 거를 많이 받았더라고……."

그제야 상황을 이해한 코헨은 즉각 회사의 최고 정책결정자에게 전화를 걸었다.

"우선 그 친구가 정확히 뭐를 얼마나 받았는지 확인해야 합니다. 그런 뒤에 전략을 다시 조정합시다. 탄광주가 진짜 원하는 바를 알아야 합니다. 시장가격은 중요하지 않아요."

회사는 코헨의 의견에 동의하고 여기저기 수소문해서 필요한 정보를 수집했다.

우선 이 탄광주는 오랫동안 직접 경영하면서 탄광을 자식처럼 여기는 사람으로 매각과 동시에 탄광과 완전히 인연이 끊어질까 봐 두려워했다. 이는 그의 오랜 친구로부터 얻어낸 정보였다.

또 한 늙은 광부는 탄광 노동자 대부분이 오랫동안 이곳에서 일했기 때문에 탄광주와 거의 가족과 같은 관계라고 했다. 그는 탄광주가 노동자들의 생계에 지장이 생길까 봐 걱정한다고 전했다.

마지막으로 탄광주가 말한 그 친구는 친구인 동시에 동종 업계에서 오랫동안 경쟁해 온 사람이었다. 탄광주는 그에게만큼은 지고 싶지 않았다. 이 정보는 코헨이 탄광주와 식사하면서 얻어낸 내용이다.

이런 정보들을 종합한 후, 코헨은 가격 외에 다음의 몇 가지 조건을 더 제시해서 합의에 성공했다.

첫째, 매각 후에도 탄광의 명칭을 바꾸지 않고 탄광주를 기술 고문으로 모신다. 사실 회사 입장에서도 경험이 풍부한 관리자가 필요했기 때문에 양측 모두 이견이 없었다. 둘째, 탄광 노동자의 80% 이상을 고용 유지한다. 회사도 어차피 일할 사람이 필요하니 매우 순조롭게 동의했다. 셋째, 인수 대금을 한꺼번에 지급한다. 이렇게 하면 2,550만 달러를 5년에 나눠 받는 그 친구보다 훨씬 이익이다.

코헨과 탄광주는 2,250만 달러로 거래를 마무리했다. 협상을 통해 회사는 예산을 넘기지 않았고, 탄광주는 친구보다 더 좋은 부가조건을 획득했다. 특히 탄광주에게 심리적 만족을 제공한 부가조건들에 따로 비용이 들어가지 않으니 회사 입장에서는 더할 나위 없이 좋은 결과였다.

하버드의 협상 전문가들은 의견을 절충하려면 반드시 사전에 정보를 충분히 수집해야 한다고 조언한다. 정보가 빈약하면 협상의 주도권을 잡을 수 없는데 무슨 절충이 되겠는가? 의견 절충은 충분한 정보를 확보한 협상가의 몫이고, 그만이 협상을 자기 쪽으로 끌어올 수 있다. 그러므로 협상가라면 사전 정보 수집을 가벼이 생각해서는 안 된다. 이는 곧 협상 전체를 무시하는 태도와 마찬가지다.

유머로 상대를
제압하라

유머는 지혜이자 여유다. 특히 비즈니스 협상에서 유머는 매우 중요한 역할을 발휘해 합의를 만드는 기폭제가 된다. 하버드의 협상 전문가들 역시 비즈니스 협상에서 품격을 잃지 않으면서도 긴장을 풀고 부드러운 분위기를 만드는 데는 유머만 한 것이 없다고 단언한다. 유머는 양측의 거리를 좁히고 대립과 경계의 감정을 없앨 뿐 아니라 신뢰도를 높인다.

링컨은 미국인들이 가장 사랑하는 대통령이다. 워싱턴에 있는 링컨 기념관은 미국인들이 얼마나 그를 존경하고 사랑하는지 잘 보여준다.

모두 알다시피 링컨은 결코 미남이 아니다. 그는 늘 자신의 외모를 소재로 한 유머를 구사해 상대방의 거리를 좁히고 친근하게 다가섰다.

민주당 대통령 경선에서 경쟁자 더글러스는 링컨이 양면의 얼굴을 가지고 있다고 맹비난했다. 그러자 링컨은 "그런가요? 여기 계신 분들에게 판단을 부탁드리죠. 여러분, 제가 얼굴이 두 개면 이 얼굴로 다니겠습니까?"

청중들은 링컨의 재미있는 말투와 미소에 박수를 보냈다. 경선 결과는 당연히 링컨의 승리였다.

링컨이 '미국의 가장 위대한 대통령'으로 불리는 이유는 자신의 인품과 학식을 억지스럽지 않고 자연스럽게, 무엇보다 유머러스하게 표현할 줄 알았기 때문이다. 그는 자조 섞인 비유나 가벼운 사례를 이용해서 그 안에 담긴 깊은 뜻을 전달할 줄 알았다. 미국인들은 그의 이런 매력에 푹 빠졌고 열렬히 지지했다.

협상 테이블에서도 유머를 능숙하게 구사하면 상대방의 신뢰를 얻기 쉽다. 하지만 유머감각이란 하루아침에 만들어지지 않으니 반드시 시간과 에너지를 투자해 훈련해야 한다.

협상 중에 의견이 대립해서 합의에 도달하기 어려울 것 같아도 절대 급하게 덤비지 말고 인내심을 발휘해야 한다. 인내는 '일보 후퇴, 이보 전진' 전략이다. 뛰어난 협상가는 인내하면서 유머까지 구사해서 경색된 분위기를 완화시킬 줄 안다. 미국의 전 대통령 지미 카터(Jimmy Carter) 역시 인내와 유머를 두루 갖춘 인물이었다.

1978년, 미국 대통령 지미 카터는 이스라엘과 이집트의 평화 회담을 열기 위해 이스라엘 총리 메나헴 베긴(Menachem Wolfovitch Begin)과 이집트 대통령 안와르 사다트(Muhammad Anwar Sadat)를 캠프데이비드(Camp David)로 초대했다.

그들은 이곳에서 매일 10시간씩 협상했다. 단조롭고 지겨운 생활이었지만 베긴과 사다트는 매일 아침 문 두드리는 소리를 듣고 미소를 지었다. 방문을 두드리는 사람은 다름 아닌 지미 카터였다.

그는 늘 유머러스한 말투로 "잘 주무셨나요? 아시겠지만 지미 카터입니다. 자, 이제 지겨움을 준비하세요! 장장 10시간의 협상이 기다리고 있으니까요!"라고 말했다.

이렇게 꼬박 13일을 협상한 끝에 이스라엘과 이집트는 마침내 캠프데이비드 협정(Camp David Accords)에 서명했다.

첨예하게 대립하는 상황에서도 협상을 중단하지 않고 합의를 도출했는데 여기에는 카터의 유머도 중요한 역할을 했다. 그의 유머는 협상이 계속되고 발전할 수 있는 토양과 같은 역할을 했다.

유머는 협상 테이블에서 큰 역할을 한다. 유머러스한 사람은 여유롭고 온화한 분위기를 만들며 흥미진진한 이야기를 전한다. 무겁고 엄숙한 분위기가 아니라 가볍고 유쾌한 분위기에서 목적을 이룰 수 있는 확률이 더 커진다. 협상에서 유머는 신비로우면서도 거대한 힘을 지닌 무기가 되며 그 감염력은 매우 비범하다.

설득의 고수가
되는 법

　한 번이라도 협상해 본 사람이라면 상대방을 설득하는 일이 얼마나 어려운지 잘 안다. 설득이 쉽다면 애초에 협상이라는 행위가 존재하지도 않았을 것이다. 설득은 왜 그렇게 어려울까? 이익과 손해를 마주하면 감성이나 충동이 아니라 이성이 더 활발하게 작용하기 때문이다. 이럴 때는 아무리 언변이 좋아도 세 치 혀만으로는 부족하다. 협상은 결국 상대방을 설득하는 과정이므로 '어떻게 설득할 것인가?'를 중요하게 고려해야 한다. 하버드의 협상학 강의는 효과적인 설득을 위한 세 가지 방법을 학생들에게 전수한다.

　첫째, 공동의 이익은 양측을 잇는 중요한 연결고리다. 공동의 이익이 없는 협상은 진정한 협상이라고 할 수도 없다. 어떤 협상이든 초기에는 의견 차이가 크다. 이때 상대방의 입장에서 그들이 원하는 바를 생각해 보자. 그리고 양측의 공통점을 찾아 이를 위해 합의를 도출해야 한다.

1827년 프랑스의 수학자이자 물리학자인 J.B.J. 푸리에(Jean Baptiste Joseph Fourier)가 인류 역사상 최초로 '온실효과'라는 말을 사용했다. 시간이 흘러 '기후변화'는 세계인의 공통 관심사가 되었고, 각국 정부는 대책을 마련하기 위해 고심했다. 현재 기후변화 및 온실효과는 거의 모든 국제회의에서 언급되며 각종 문건, 전문 서적, 연구 논문 등에서도 자주 등장하는 주제가 되었다. 그만큼 전 인류에게 무척 중요한 문제라는 의미다.

교토의정서(Kyoto protocol)에서 참여국들은 제1차 감축공약기간(2008년~2012년)에 온실가스 총배출량을 평균 5.2% 감축하기로 했다. 교토의정서에 따르면 제1차 감축공약기간이 끝나기 전에 다음 협약을 채택해야 했기 때문에 2012년이 가까워지면서 기후 변화는 다시 중요한 이슈로 떠올랐다.

2009년 12월, 코펜하겐에서 열린 기후변화회의에서 참여 국가들은 코펜하겐 협정(Copenhagen Accord)을 채택했다. 여러 차례 협상을 거친 후 각국은 기후 변화 문제의 심각성에 동의하고 협력해서 단계적으로 해결해나가자는 데 합의했다. 이후 2010년 11월, 칸쿤에서 열린 유엔 국제기후변화회의에서 참가국들은 마침내 법적 구속력이 있는 합의를 달성했다.

각국의 경제, 사회 상황이 모두 다르다보니 기후변화회의가 순조롭지만은 않았다. 하지만 각국은 환경보호라는 공동의 이익을 위해 협력하고 서로 설득해서 실질적인 합의를 도출했다.

둘째, 반대 의견을 꼭 방해 요소라고 볼 필요는 없다. 상대방이 강경한 태도로 반대 의견을 밀어 붙인다고 해서 합의에 실패할 거라고 단정하지 말자. 오히려 그 반대로 협상의 기폭제 역할을 할 수도 있다. 그러므로 반대 의견을 마주하더라도 감정에 흔들리지 말고 냉철하게 대하면 양측이 모두 수용할 수 있는 공동 인식에 도달할 수 있다.

우선 마음을 비우고 상대방의 의견을 들은 후, 필요한 부분을 보완하자. 당신이 협상에 얼마나 성의가 있는지 보이는 동시에 공동 인식을 달성하는 데 방해가 되는 요소를 제거하는 과정이다. 또 만약 이익 분배 문제에서 의견이 다르다면 상대방에게 충분한 정보와 자료를 제공해서 실제 상황을 파악하도록 돕자. 그런 후에 객관적인 상황에 근거해 상대방을 설득하면 된다.

셋째, 설득에도 기술이 있다. 상대방이 전혀 양보하지 않을 때는 설득의 기술을 시도해서 양보하지 않을 수 없게 만들어라.

(1) 초반에 우선 쉬운 의제부터 이야기하고 나중에 어려운 의제를 이야기하라.

(2) 상대방의 기대를 확인하고, 당신의 기대도 전달해서 타협하라.

(3) 적당한 기회에 정보를 전달하라.

(4) 특정 정보를 거듭 강조해서 이를 근거로 결정하도록 유도하라.

(5) 하나의 문제를 두 가지 방향으로 접근해서 토론하라.

(6) 흥미와 호기심을 일으킬 수 있는 문제부터 이야기하라.

(7) 양측이 같은 상황임을 강조해서 동질감을 형성하라.

정보가 말발보다
중요하다

사람의 몸에서 눈이 9할이라면 협상에서는 정보가 9할이다. 정보가 없는 협상가는 검은 천으로 눈을 가린 사냥꾼과 마찬가지다. 이래가지고는 자기 몸 하나 지키기 어려울 텐데 무슨 사냥을 하겠는가?

비즈니스 협상에서는 치열하게 벌어지는 설전은 결국 잔혹하기 그지없는 '정보전'이다. 정보를 장악한 자만이 이 총성 없는 전쟁에서 주도권을 장악할 수 있다. 협상가라면 반드시 사전에 최대한 많은 정보를 획득하고 정리해야 한다. 정보 수집과 정리에 예외란 없다. 정보는 '말발'보다 더 중요하다!

한 부부가 텔레비전을 사러 가서 사장에게 물었다.

"이 상품은 얼마죠?"

"300달러입니다!"

"네? 300달러요? 지난주에 다른 가게 두 곳에 가봤는데 같은 제품을 훨씬 저렴하게 팔던데요. 여기가 제일 비싸네요. 다른 곳은 거의 250 달러면 살 수 있던데."

상황1

아마도 사장은 '이 사람들이 이미 가격을 알아보러 다녔군. 300달러에는 못 팔겠는데……'라고 생각하고 250달러에 판매할 것이다. 이 부부는 정보를 이용해 사장이 가격을 양보하도록 압박했다. 그들은 정말 지난주에 다른 가게를 다니며 가격을 조사했을까? 다른 가게는 정말 250달러에 팔았을까? 모르는 일이다. 명심하자. 정보가 정확하지 않아도 상대방을 압박하는 데는 지장이 없다.

상황2

부부의 이야기를 들은 사장은 애써 담담하게 말했다.

"이미 가격까지 조사하셨다니 정말 꼼꼼하시네요. 하지만 이 이야기를 안 할 수 없군요. 두 분이 보신 건 아마 전시상품일 겁니다. 원래 매장에 전시했던 상품은 보통 조금 저렴하게 파니까요. 그쪽에서 250 달러를 불렀다면 전시상품이 확실합니다. 절대 새 상품일 리 없어요. 저희 가전 업계에 룰이 하나 있거든요. 최저 가격 이하로 팔면 벌금 500달러를 내야 해요. 250달러 벌겠다고 벌금 500달러를 내는 위험을 감수할 사람은 없죠."

부부는 사장의 말을 듣고 잠시 고민하다가 결국 300달러를 내고 텔레비전을 구매했다.

상황2에서 사장은 정보로 압박하는 고객을 또 다른 정보로 반격해서 설득에 성공했다. 물론 부부도 모델번호를 조회해보자는 제안으로 다시 협상을 시도할 수 있다. 결국 정보를 많이 차지하고 잘 활용하는 사람이 협상의 주도권을 차지한다는 이야기다.

정보가 많다고 해서 무조건 승리한다는 말은 아니다. 정보 활용은 정보의 수집과 정리보다 훨씬 중요하다. 하버드 협상 전문가들은 정보가 반드시 적시에 이용되어야지 그렇지 않으면 효용이 떨어진다고 지적했다. 어쩌면 협상 상대가 정보 활용 분야의 고수여서 당신이 무슨 말만 하면 또 다른 정보를 들고 나와 반격할지도 모른다. 그러므로 정보를 수집, 정리하는 동시에 매우 성실하게 분석해서 활용 방법을 연구해야 협상을 장악할 수 있다.

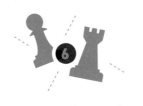

성공의 청사진을
제시하라

협상 양측이 함께 미래를 전망하고 청사진을 계획하면 더 순조롭게 합의를 도출할 수 있다. 이는 하버드의 협상 전문가들 역시 오랜 협상 경험을 바탕으로 내린 결론이기도 하다.

우리는 모두 희망 속에서 산다. 희망이 있기에 삶이 계속된다고 해도 과언이 아니다. 스스로 정한 목표를 향해 최선을 다해 전진하면서 머릿속으로는 아름다운 미래를 꿈꾼다. 미래의 청사진은 삶의 동력과 같다. 이 동력 덕분에 어려움이 닥쳐도 용기를 내고 다시 앞으로 나아가며 무너지지 않을 수 있다. 협상가라면 이러한 보편적인 심리를 이용해서 협상을 더 유리하게 끌고 나가야 한다.

하버드의 협상 전문가들은 아름다운 미래를 기대하고 희망하는 심리를 이용해서 상대방을 설득하는 방법을 '미래묘사법'이라고 부른다. 미래묘사법을 효과적으로 사용한다면 당신의 협상 실력이 한 단계 더

업그레이드될 것이다.

풀러는 미국 루이지애나 주에서 흑인 소작농의 아들로 태어났다. 다섯 살이 되던 해부터 농사일을 도왔던 그는 아홉 살 때 이미 노새를 능숙하게 몰았다. 당시 흑인 소작농의 자녀는 대부분 그와 같았다. 하지만 풀러는 평생 이렇게 살고 싶지 않았다. 그랬다가는 그뿐 아니라 그의 아들, 손자까지도 소작농의 운명을 벗어날 수 없기 때문이다. 그래서 다른 아이들이 아버지에게 농사를 배울 때 그는 근처의 비누 회사를 찾아갔다.

이후 풀러는 방문판매 사원이 되어 집집마다 다니며 열심히 비누를 팔았다. 12년 후, 사장이 비누 회사를 매각하기로 했다. 매각 가격은 15만 달러였다. 풀러는 사장을 찾아가 보증금으로 2만 5,000달러를 내고, 나머지 12만 5,000달러는 열흘 안에 정산하겠다고 말했다. 보증금은 풀러가 12년 동안 고생해서 번 돈이었다. 이 돈을 날리지 않으려면 반드시 기한 안에 잔금을 치러야 했다. 이후 풀러는 사방을 다니며 9일째 밤까지 11만 5,000달러를 융통했다. 이제 남은 하루 안에 1만 달러를 반드시 구해야 했다.

풀러는 당시 상황을 이렇게 설명했다.

"그 며칠 동안 나는 돈을 구할 수 있는 방법을 생각하고 또 생각했습니다. 돈이 나올 만한 곳은 안 가본 데가 없었죠. 그랬는데도 1만 달러가 부족하더군요. 9일째 밤에 나는 어두운 방 안에서 무릎을 꿇고 앉아 1만 달러를 빌려줄 사람을 보내달라고 간절히 기도했어요. 그리고 차를 몰고 61번가를 헤맸죠. 미칠 것 같았어요. 돈을 빌리지 못하면 그동안 모은 2만 5,000달러가 사라지니까요. 그렇게 거리를 헤매다가

한 커다란 건물에 불이 켜진 걸 보고 무작정 들어갔습니다."

풀러는 천천히 불빛을 향해 갔다. 가만히 보니 사무용 책상 앞에 앉은 사람은 안면이 있는 상인이었다. 풀러는 체면이고 뭐고 밑져야 본전이라는 마음으로 그에게 다가갔다.

"혹시 1,000달러 벌고 싶으신가요?"

늦은 밤까지 일한 상인은 피곤이 확 달아난 듯 눈을 뜨며 말했다.

"당연하죠! 돈 벌기 싫은 사람이 어디 있겠습니까?"

"좋습니다. 그러면 1만 달러짜리 수표 한 장 써 주십시오. 곧 1만 1,000달러로 갚겠습니다."

그제야 풀러는 상인에게 1만 달러가 필요한 이유를 이야기했다. 이미 자신에게 돈을 빌려준 사람들을 이야기하고 앞으로 비누 사업을 어떻게 꾸릴지도 설명했다. 상인은 10년 넘게 비누를 판 성실한 풀러가 이제 사업을 더 크게 벌린다니 1,000달러 정도는 쉽게 벌 수 있을 거라고 생각했다.

잠시 후, 건물을 나온 풀러의 주머니에는 1만 달러짜리 수표 한 장이 있었다. 이렇게 해서 그는 잔금 12만 5,000달러를 모두 모아 자기 사업을 시작했다. 그리고 이후 몇 년 간 밤낮없이 일하면서 화장품 공장, 양말 공장, 라벨 제조업체, 신문사까지 인수하며 승승장구했다. 이전에 꿈 꿨던 일들이 모두 현실이 되었다.

하버드의 협상 전문가들에 따르면 협상안을 제시했으면 이것이 상대방에게 어떻게 이익을 가져다줄지 설명해야 한다. 상대방에게 성공의 청사진을 그려주거나, 직접 그리도록 유도하기 위해서다. 여기에 성공하면 협상은 절반 이상 성공한 셈이다.

루스벨트를 설득한 삭스

알렉산더 삭스(Alexander Sachs)는 미국의 경제학자이자 루스벨트 대통령의 고문이다. 어느 날 그는 아인슈타인(Albert Einstein) 등 몇몇 과학자로부터 정부 주도로 원자력을 연구해야 한다고 대통령을 설득해 달라는 부탁을 받았다.

1939년 10월 11일, 삭스는 루스벨트를 만난 자리에서 아인슈타인의 편지를 직접 낭독하며 설득했다. 하지만 치밀한 논리에 간곡한 부탁까지 더한 편지 내용을 듣고도 루스벨트의 반응은 기대와 달리 시큰둥하기만 했다.

"재미있는 이야기군. 하지만 정부가 개입하기에는 아직 시기가 좀 이른 것 같아."

하지만 결코 이른 때가 아니었다! 나치 독일은 이미 1939년 봄부터 원자력 과학자 회의를 여러 차례 열어 우라늄 설비를 건설 중이었다. 첩보에 따르면 독일은 점령국 체코슬로바키아에서 우라늄광 수출까지 금지했다. 만약 수백만 나치 철갑부대가 핵무기까지 갖춘다면 유럽 전장은 그냥 내줄 수밖에 없다. 이렇게 긴박한 상황에 그냥 물러날 수는 없었다.

며칠 후, 루스벨트 대통령이 조찬에 초대하자 삭스는 이 기회에 반드시 설득하겠다고 마음먹었다. 식사 중 말할 기회를 계속 엿보는데 루스벨트가 마치 다 알고 있다는 듯이 이렇게 말했다.

"또 무슨 작전을 꾸미는 건가? 그냥 식사만 하세. 아인슈타인의 편지 이야기는 금지야. 단 한 마디도 허락할 수 없네. 알겠지?"

삭스는 살짝 당황했지만 곧 부드럽게 미소 지으며 이야기했다.

"저는 오늘 핵무기가 아니라 역사 이야기를 하고 싶습니다. 19세기 초에 유럽에 거만한 나폴레옹이 있었지요. 땅에서는 승승장구했지만 어찌된 일인지 바다에서는 연전연패였어요. 그때 미국의 발명가 로버트 풀턴(Robert Fulton)이 나폴레옹을 찾아와 전함을 개조해야 한다고 말했습니다. 돛을 없애고 대신 증기기관을 달고, 나무판은 철판으로 바꾸라고요. 하지만 나폴레옹은 돛이 없으면 나아가지 않고, 철판을 깔면 침몰할 거라고 생각했어요. 그래서 말도 안 되는 소리를 하는 풀턴을 내쫓았습니다. 나중에 한 역사학자는 그때 나폴레옹이 풀턴의 말을 들었다면 19세기의 역사가 완전히 바뀌었을 거라고 말했습니다."

삭스의 이야기가 끝난 후, 루스벨트는 잠시 아무 말도 하지 않았다. 그리고 몇 분 후, 나폴레옹 시대에 만든 오래된 프랑스산 브랜디를 삭스에게 따라주며 이렇게 말했다.

"자네가 이겼네!"

삭스는 뜨거운 눈물을 흘렸고, 이날 이후 미국은 원자폭탄 연구를 시작했다.

 사례 분석 삭스는 정말 뛰어난 협상가다. 협상할 때 상대방의 심리적 방어를 무너뜨리려면 마음속 깊은 곳의 정곡을 찔러야 한다. 그래야만 상대방을 당신 뜻대로 움직여 큰 문제없이 동의를 이끌어낼 수 있다. 쉬지 않고 계속 말하는 방법으로는 협상에서 승리할 수 없다. 협상 중에 나오는 모든 말은 효과적인 설득을 위한 요소여야 하고 그래야만 최고의 결과를 얻을 수 있다.

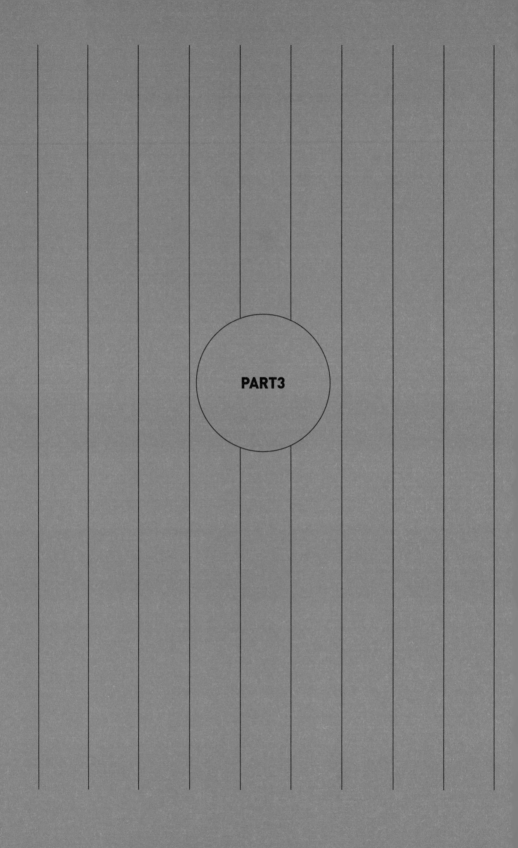

PART3

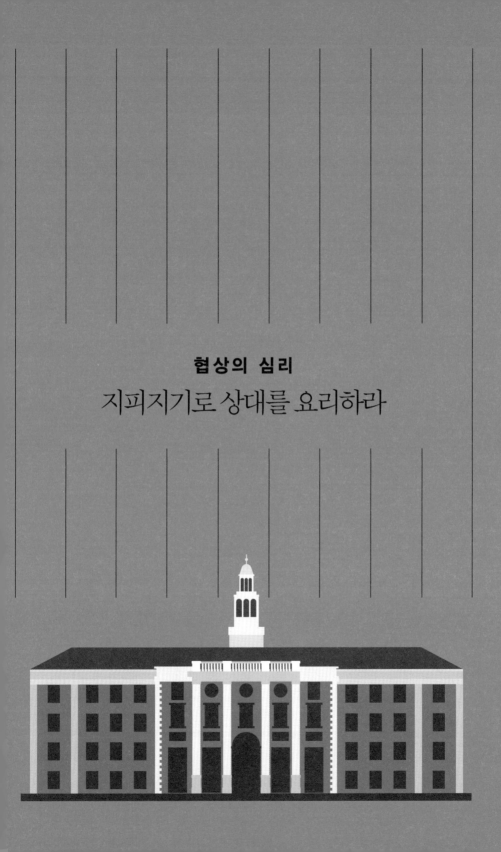

협상의 심리

지피지기로 상대를 요리하라

일곱번째수업

◆

꿰뚫어보기

◆

비즈니스 현장은 전쟁터고, 협상은 예리한 말과 혀로 겨루는 전투다.

이 전투에서 승리를 거두려면 지피지기로 승기를 잡아야 한다. 그러려면 상대방의

의도를 꿰뚫어 보고 이를 대량의 정보와 결합해 분석해야 한다.

나를 알고, 상대를 알면 최후의 승리는 당신의 것이다.

협상의 승패는
디테일에 있다

협상은 양측의 실력을 겨뤄 목적을 실현하는 행위로 종종 전쟁처럼 치열하고 잔혹하다. 이 전쟁 같은 협상에서 승리를 거머쥐고 싶다면 지피지기(知彼知己), 즉 '나를 알고 상대를 알아야' 한다. 지피지기만 잘 해내면 주도권을 잡아 상대를 원하는 대로 요리하고 최후의 승리를 거둘 수 있다.

명화 수집가인 미국인 사업가가 인도 그림 판매상이 소장한 유화 세 작품에 마음을 뺏겼다. 꼭 구매하고 싶다고 말하며 가격을 묻자 인도인은 한 작품에 250달러이며 여기서 한 푼도 깎아줄 수 없다고 했다. 이 돈은 통상 인도에서 거래되는 유화 한 작품 가격의 수십 배에 달한다. 미국인이 말도 안 되는 가격이라며 협상을 시도했지만 인도인의 태도는 강경했다.

점점 감정이 상해 논쟁을 벌이는 중에 갑자기 인도인이 벌떡 일어나 그중 한 작품을 불에 태웠다. 눈앞에서 벌어진 광경을 보고 큰 충격을 받은 미국인은 속으로 생각했다.

'이 사람은 미친 게 분명해. 하지만 이렇게 멋진 작품이 재가 되는 걸 두고 볼 수만은 없어!'

놀라서 입을 다물지 못하는 미국인과 달리 인도인은 평온했다. 그는 미국인이 이 작품들을 무척 좋아하는 사실을 알고 있었기에 물러서기는커녕 도리어 이렇게 말했다.

"이제 두 작품 남았군요. 물건이 적으면 가격이 오르는 법이죠. 지금부터는 한 작품에 300달러입니다."

미국인은 너무 속상했다. 정말 마음에 드는 작품이지만 300달러라니! 절대 이 가격에 살 수는 없었기에 정신을 가다듬고 다시 한 번 가격 협상을 시도했다. 하지만 그가 말을 다 마치기도 전에 인도인은 또 한 작품을 들어 올리더니 전혀 주저하지 않고 불을 붙였다!

미국인은 더 이상 화를 참지 못하고 소리 질렀다.

"지금 제정신입니까? 내가 남은 작품을 사지 않으면 그것도 태울 생각이오? 대체 왜 이런 짓을 하는 겁니까?"

"나는 당신이 남은 한 작품을 분명히 살 거라고 생각해요. 마음에 들었으니까. 말도 안 되게 비싼 가격이라도 분명히 살 겁니다."

이 인도인은 협상의 고수가 분명하다. 그는 시작부터 미국인의 약점을 간파하고 어차피 살 거라고 확신했다. 그리고 협상 중에 유화를 태워서 기선을 제압하더니 자신이 정한 원칙에서 물러서지 않고 결국 승리를 거두었다. 반면에 미국인은 처음부터 그림이 정말 마음에 든다는 이야기를 한 바람에 주도권을 잃고 협상에 실패했다.

협상의 성공과 실패는 아주 작은 디테일에서 결정된다. 협상을 잘하는 사람은 절대 희로애락을 드러내지 않는다. 이런 사람과 협상하려면 그 내면을 꿰뚫어 볼 줄 알아야 하는데 이때 관건은 정보 수집과 분석이다.

한 유명 변호사가 기업의 의뢰를 받아 무역 협상을 했다. 그는 상대 회사의 회장이 협상단 대표로 나온다는 이야기를 듣고 회장을 조사하기 시작했다. 그중 가장 눈에 띄는 정보는 '일몰 증후군(sundown syndrome)'이었다. 정보에 따르면 이 회장은 매일 오후 해가 지기 시작하면 심리가 불안하고 집중력이 떨어져 어쩔 줄 모르는 사람이었다.

이렇게 귀중한 정보를 얻었는데 어찌 그냥 버리겠는가? 변호사는 아주 교묘하게 협상 시간을 일몰 즈음으로 맞추었고, 원하는 결과를 얻었다.

이 변호사는 매우 꼼꼼하게 정보를 수집하고 분석했다. 알다시피 비즈니스 협상은 커다란 경제적 이익과 손해를 결정한다. 그러므로 아주 사소한 디테일 하나도 그냥 지나쳐서는 안 된다. 반드시 정보를 수집하고 선별해서 분석, 또 분석함으로써 상대를 이해하고 이를 바탕으로 주도권을 잡아야 한다.

미국의 한 협상 전문가는 국제 비즈니스 협상에서 사전 준비 작업이 협상 전체의 3분의 1에 해당한다고 강조했다. 과장이 아니다. 비즈니스 협상 결과가 미치는 영향은 매우 광범위하고 복잡하므로 단순히 협상 의제뿐 아니라 상대방의 풍속, 습관, 문화에 대해서까지 모두 성실하고 철저한 연구가 필요하다.

트집을 잡아라
....

협상에서 승기를 잡으려면 상대의 심리를 꿰뚫어볼 줄 알아야 한다. 어떻게 해야 말한 내용과 속뜻의 차이를 알아차리고 상대방의 진짜 생각과 목적을 파악할 수 있을까? 하버드의 협상 전문가들은 협상가가 상대의 심리를 꿰뚫어 보려면 말과 표정, 행동 등을 모두 종합적으로 분석하고 신중하게 판단해야 한다고 조언한다. 여기에 성공해서 상대의 심리와 그 변화를 꿰뚫어보기만 해도 협상은 이미 절반 이상 성공한 셈이다.

브라질 기업과 미국 기업이 설비 구매 협상을 했다. 미국에 처음 온 브라질 협상단은 들떠서 쇼핑하느라 약속한 협상 시간에 지각했다. 미국 협상단은 크게 기분이 상해 한참이나 그들을 비난했다. 브라질 협상단은 잘못을 인정했다. 그들은 진심어린 태도로 미국인들이 그렇게 화가 나는 일이 당연하고, 지각에는 변명의 여지가 없다며 모든 비난을 받아들인다고 거듭 사과했다.

이 모습을 본 미국 협상단은 지각을 더 큰 일로 만들어서 브라질 협상단을 뒤흔들어 심리전을 펼치기로 했다. 그들은 협상 내내 지각 이야기를 꺼냈다. 이렇게 시간 개념이 없는 사람들하고 얼마나 계속 일할 수 있을지 모르겠다는 둥, 시간 낭비는 자원 낭비이자 돈 낭비라는 둥 계속 브라질 협상단을 '부끄럽고 미안하게' 만들었다.

비아냥과 질책에 손발이 묶인 브라질 협상단은 주눅이 들어 의견 한 번 제대로 내놓지 못했다. 협상단장마저 집중력이 흐트러져서 중요한 문제에서 힘 한 번 쓰지 못하고 뒤로 한 발씩 물러났다. 나중에는 협상이고 뭐고 그냥 빨리 이 난처한 상황이 끝나기 바라며 미국 협상단의 수많은 요구사항에 아무 말 없이 서둘러 서명했다.

브라질 협상단이 정신을 차린 때는 이미 계약이 효력을 발휘한 후였다. 협상단장은 그제야 미국 협상단에게 당한 사실을 알았지만 이미 늦었다.

이 사례에서 미국 협상단장은 '트집 잡기' 전략으로 브라질 협상단을 옴짝달싹하지 못하게 만들었다. 브라질 협상단장은 깊이 생각해 볼 여유도 없이 상대가 내민 계약서에 서명했다. 실제로 트집 잡기는 비즈니스 협상에서 자주 쓰이는 전략으로 상대방의 사소한 잘못이나 실수를 빌미 삼아 비난함으로써 협상의 방향과 리듬을 장악하는 방식이다. 경험이 많아 아주 노련하지 않은 다음에야 이런 상황에 몰렸을 때 침착함을 유지할 수 있는 협상가는 많지 않다. 대부분은 자기도 모르게 양보하고 상대방이 원하는 대로 끌려간다.

협상가라면 상대방의 트집 잡기에 대비해 사전에 만반의 준비를 해야 한다. 특히 국제 비즈니스 협상에서는 상대 국가의 문화, 생활습관, 풍습, 환경까지 꼼꼼히 분석해서 대비하자. 다음 사례는 앞의 사례와는 반대되는 이야기이다.

일본의 유명 자동차 기업이 미국 시장에서 판매를 담당해줄 대리상을 찾았다. 협상 당일, 일본 협상단은 교통 체증 탓에 지각했고 정중히 사과했다. 미국 측에서 협상 시간의 대부분을 지각을 비난하는 일에 썼다. 이를 빌미로 초반에 기세를 꺾어서 주도권을 차지하려는 심산이었다. 하지만 일본 협상단은 전혀 말려들지 않으며 중요한 문제에서 한 발도 양보하지 않았다. 미국 측이 장편 대하소설이라도 읽는 양 한 이야기를 계속 반복하자 일본 협상단장이 벌떡 일어났다.

"약속 시간에 늦은 일은 정말 죄송하지만 일부러 그런 것도 아닙니다. 이곳 교통상황을 잘 알지 못해 시간을 지체했습니다. 하지만 협상과 아무 관련이 없는 이야기로 시간을 더 지체해서야 되겠습니까? 우리가 지각해서 계약할 생각이 없다면 당장 협상을 끝내는 편이 낫겠습니다. 우리 조건이면 미국에서 다른 파트너를 찾는 일이 어렵지도 않으니까요."

이 말을 들은 미국 협상단은 멍하니 바라보며 아무 말도 못했다. 이렇게 해서 협상 상황이 극적으로 역전되었다. 그들은 중요 문제에서 조금씩 양보하기 시작했고, 일본 협상단은 때를 놓치지 않고 반격해서 원하는 대로 비용을 크게 줄였다.

이 사례에서 일본 협상단장은 반격을 통해 덫에 빠지지 않았다. 그는 협상의 우위를 이용해서 자신의 잘못을 덮고 거꾸로 질책함으로써 주도권을 잡아 상대의 양보를 이끌어냈다.

'심리 공격'은 상대방의 단점이나 결점을 드러내서 협상의 주도권을 차지하는 방식이다. 하버드 협상학에 따르면 협상 중 심리 활동에는 다음과 같은 몇 가지 특징이 있다. 이 특징들을 잘 파악하고 이용하면 협상에서 우위를 점할 수 있다.

첫째는 암묵성이다. 협상 중에 일어나는 심리 활동은 겉으로 잘 드러나지 않기 때문에 상대방의 심리를 알고 싶다면 그의 행동을 근거로 추측해야 한다. 예를 들어 상품의 가격, 품질, 애프터서비스 등에 만족한 구매자는 부드럽고 우호적이며 예의 바르게 행동한다. 반면에 만족하지 못하면 냉담, 의심, 비우호, 심지어 공격적인 행동까지 보인다. 행동으로부터 심리를 추측하려면 기본적인 심리학 소양이 필요하다.

둘째는 안정성이다. 당신이 초보 협상가라면 비즈니스 협상 중에 다양한 심리 변화를 겪을 것이다. 하지만 이는 경험이 쌓이면서 곧 안정되어 당신만의 협상 스타일로 굳어진다. 상대방의 굳어진 심리를 예리한 관찰로 찾아내서 협상 전개에 유리하게 이용할 수 있다.

셋째는 차별성이다. 각 협상가의 환경과 상황이 모두 다르기 때문에 같은 문제에서도 서로 다른 심리 반응을 보일 수 있다. 그러므로 상대측 협상단의 공통 심리를 파악하는 동시에 협상가 개개인의 심리적 특이성을 주목해서 유리하게 활용해야 한다.

하버드의 협상 전문가들은 비즈니스 협상은 일종의 '심리 역량 겨루기'라고 단언한다. 해당 사업의 실제 조건뿐 아니라 협상가의 심리 변화로부터 영향을 받기 때문이다. 비즈니스 협상에서는 모든 조건이 같을 때 심리를 잘 알고 다루는 사람이 훨씬 유리하다. 이런 사람만이 탁월한 협상 기술로 복잡한 문제를 해결할 수 있다.

말이 생각을 만든다

하버드 협상학에 따르면 화술은 협상의 기본기이고, 이 기본기의 수준이 협상가의 능력을 결정한다. 협상은 말로 상대방을 원하는 방향으로 인도하는 과정이므로 말은 협상의 기초다. 다음의 이야기는 말하는 방식이 얼마나 중요한지 잘 보여준다.

골목에 국숫집 두 개가 나란히 있다. 메뉴와 가격도 거의 같고, 손님수도 비슷하다. 하지만 매일 밤, 매상을 계산해보면 차이가 컸다. 왜 그럴까?

차이는 바로 종업원의 '말하는 방식', 엄밀히 말하면 손님을 인도하는 방식이 달랐다. 총매출이 적은 국숫집의 종업원은 주문을 받으면 항상 "계란 추가 하시겠어요?"라고 물었다. 이렇게 하면 계란을 추가할 권리는 손님에게 넘어간다. 손님은 계란을 추가할 수도 있고, 안 할 수도 있다.

반면에 총매출이 많은 국숫집 종업원은 주문을 받으면 "계란은 하나 넣을까요, 두 개 넣을까요?"라고 질문했다. 이 역시 손님에게 선택권을 준 질문이다. 다른 점이 있다면 손님이 어느 쪽을 선택하든 반드시 계란 하나 값은 더 번다는 사실이다. 물론 계란을 넣지 않겠다는 손님도 있었지만 극히 드물었다. 종업원이 '국수에는 반드시 계란이 추가되어야 한다'는 정보를 암묵적으로 전달해서 고객이 계란을 몇 개 넣을지 고민하도록 인도했기 때문이다.

바로 이러한 말하는 방식 탓에 두 국숫집의 총매출이 그렇게 큰 차이를 보였다.

이 사례에서 두 번째 국숫집의 종업원은 말로 손님의 소비를 유도했다. 아주 단순해 보이는 방식으로 손님의 사고를 자신에게 유리하게 만든 셈이다. 비즈니스 협상에서도 화술을 잘 이용하는 쪽이 상대방의 생각을 교묘하게 움직여 자신이 원하는 결정을 내리도록 만든다.

협상은 말싸움이 아니다. 이는 협업, 합작의 기초 위에서 이익이라는 목적을 달성하려는 행위다. 그러므로 협상 중에 오가는 말은 반드시 합의를 이끌어내는 방향으로 해야 한다. 어떻게 해야 돈 한 푼 들이지 않고 화술만으로 협상에 성공할 수 있는가는 하버드의 협상 전문가들이 가장 중요하게 생각하는 문제이기도 하다.

경험이 많은 협상가들은 언어 공세, 즉 질문, 화제 전환, 반문 등의 화술을 능수능란하게 사용해서 상대방을 '매복 장소'로 유인한다. 그리고 사정권 안에 들어왔다 싶으면 허를 찌르는 화술을 통해 그의 사고를 완전히 장악해서 목적을 달성한다.

상대를
불편하게 하라

하버드의 협상학 강의에는 "상대방 뱃속의 '회충'이 될 수 있다면 졸업해도 좋다."라는 우스갯소리가 자주 등장한다. 상대방의 입장에서 문제를 바라보고 충분히 이용할 줄 알면 이미 훌륭한 협상가라는 의미다. 이는 상대방의 입장에서 득과 실을 분석해서 역으로 허점을 공격하는 전략과는 다소 차이가 있다.

한 수감자가 독방에 갇혔다. 교도관은 그가 자해라도 할까 봐 벨트, 신발끈 등 조금이라도 위험해 보이는 물건을 모조리 압수했다. 또 문앞에는 경비병 한 명을 배치해 24시간 감시했다.

수감자는 줄줄 흘러내리는 바지를 끌어올리며 하루 종일 힘없이 침대에 앉아있기만 했다. 어느 날 멍하니 있는데 어디선가 담배 냄새가 났다. 철문 위의 작은 창문을 통해서 보니 복도의 경비병이 담배 한 대를 피우고 있었다. 담배 생각이 간절해진 그는 더 참지 못하고 오른손으로 문을 두드렸다. 크지도 작지도 않은 소리로 아주 예의바르게. 똑 똑 소리에 깜짝 놀란 경비병은 본능적으로 총을 집어 들고 경계 자세를 취했다. 사방을 살피던 그는 창에 얼굴을 대고 있는 수감자를 보고 거만하게 물었다.

"왜? 뭐가 필요합니까?"

수감자는 간절한 표정으로 말했다.

"죄송합니다. 담배 한 대만 주시면 안 될까요? 제발 한 대만 주세요!"

"안 됩니다. 아예 생각을 접는 게 좋을 겁니다. 정신 차려요. 당신은 범죄를 저질러서 여기 들어온 수감자입니다!"

말을 마친 그는 몸을 돌려 계속 담배를 피웠다.

수감자는 화가 머리끝까지 났지만 곧 냉정을 찾고 생각했다.

'그의 말처럼 나는 감옥에 갇힌 수감자야. 이래서는 협상이 안 돼. 하지만 나는 특별한 감시를 받는 수감자고, 저 경비병은 나를 감시할 임무가 있지. 거꾸로 생각해보면 내가 더 유리해⋯⋯.'

생각을 마친 그는 다시 한 번 모험하기로 하고 다시 오른손으로 문을 두드렸다. 역시 크지도 작지도 않은 소리지만 이번에는 아주 묵직하게. 경비병은 짜증스러운 표정으로 고개를 돌리더니 여전히 거만한 말투로 물었다.

"왜 또? 뭐가 필요합니까?"

"30초 드리죠. 가지고 있는 담배를 전부 내놔요. 거부하면 나는 벽에 머리를 받겠습니다. 피가 흥건해지고 의식을 잃을 때까지 계속⋯⋯, 당신 말대로 나는 어차피 죄를 저지른 수감자니까 여기서 몇 년 더 살아도 상관없어요. 차라리 죽는 편이 나을 지도 모르죠. 하지만 당신은 직장을 잃을 겁니다. 만약 죽지 않고 살아나면 당신이 이렇게 만들었다고 증언하겠습니다. 사람들이 내 말을 믿든 말든 그렇게 되면 당신은 여기저기 불려 다니면서 조사 받고, 보고서를 작성하면서 결백을 증명해야 합니다. 왜 이러냐고요? 아까 그 싸구려 담배 한 대를 그냥 줬으면 아무 일도 없었을 거예요. 이보쇼, 생각할 시간 없어요. 얼른 결정해요"

그는 말을 마치고 금방이라도 일을 낼 것처럼 성큼성큼 벽을 향해 갔다. 경비병은 급하게 득실을 따져보고서 허둥지둥 가지고 있는 담배를 모두 건넸다.

물론 협박이라는 좋지 않은 방법을 썼지만 수감자는 상대방의 각도에서 문제를 바라보는 데 능한 덕분에 불리한 상황을 유리하게 바꾸고 경비병의 약점을 노려서 원하는 바를 이루었다. 그러지 않았다면 애초부터 유리한 위치에 있는 경비병을 설득하는 일은 불가능했을 것이다.

협상을 하다보면 분명히 계속 이야기하고 있는데 좀처럼 문제가 해결되지 않는 상황이 자주 발생한다. 협상가는 언제나 이익을 생각하고, 오직 이익을 추구하며 합작을 도모해야 하는데 말이 쉽지 참으로 어려운 일이다. 이런 상황에는 마치 상대의 뱃속에 들어앉은 '회충'처럼 그의 각도에서 문제를 바라보고 그 안에서 허점을 노려야 문제 해결이 빨라진다. 이는 협상에서 절대 무시할 수 없는 묘수다.

조바심
유발 전략

　조바심 내기는 협상에서 중요한 작용을 하는 기법이다. 하버드의 협상 전문가들은 조바심 내기로 상대방의 심리를 흔들 수 있으므로 효과적으로 사용할 필요가 있다고 조언한다. 하지만 조바심 유발하기는 너무 과할 경우, 상대방의 반감을 일으킬 수 있으므로 매우 신중하게 사용해야 한다. 특히 베테랑 협상가가 포진한 비즈니스 협상에서는 자칫 역효과가 나기 쉬우니 조심하자. 반대로 너무 약하면 헛다리만 긁다가 허무하게 끝난다. 또한 조바심 유발하기는 시기가 중요하다. 적당한 시기에 실제 사실과 부합해야만 상대방의 구미를 당길 수 있다. 정리하자면 적당한 정도로, 적시에 사용해야만 조바심 내기로 협상력을 키울 수 있다.

　미국의 한 부동산업자는 땅을 사고 가격이 오르기를 기다렸다가 다시 파는 방식으로 돈을 벌었다. 사람들이 성공 비결을 물으면 그는 웃으며 '조바심 유발하기'라고 말한다. 그는 시세와 상관없이 상대방의 구미를 자극해서 좋은 가격으로 땅을 팔았다.

그는 자신이 원하는 가격을 시원스레 말한 적이 없다. 그러면서 상대방이 원하는 가격을 간파하고 몇 가지 간단한 '연기'를 선보인다. 예를 들어 미안한 표정으로 상대방을 바라보거나, 귀를 만지작거리며 어떻게 말해야 할지 모르겠다는 표정을 짓는 식이다. 상대방이 이 연기를 보고 불안해하면 그제야 입을 열어 말했다.

"솔직히 말하죠. 사실 개인적으로 특별한 땅이라서요. 원래 팔지 않고 딸에게 졸업 선물로 줄 생각이었습니다. 아시겠지만 사업을 하니 가족과 함께 지내는 시간이 별로 없어서 공들여 고른 땅을 주려고 했죠."

여기까지 말한 그는 일부러 잠깐 멈추고 다시 말했다.

"그래서 처음에 살 때도 딸이 성장했을 때 도움이 되어야 하니까 지금보다 미래 가치를 더 따져서 샀습니다. 그걸 생각하면 사실 시세는 중요하지 않죠. 서로 시간 낭비하지 않게 그냥 바로 여쭙겠습니다. 최대 얼마까지 생각하십니까?"

못이기는 척 하는 그의 말에 상대방은 이 땅이 매우 투자 가치 있다고 생각했다. 먼 미래에 발생할 경제적 가치는 물론이거니와 부동산업자의 감정적 부가가치까지 더해졌으니 가격이 높아도 전혀 의심하지 않았다. 오히려 이렇게 좋은 땅을 사지 못할까 봐 걱정이었다. 이 부동산업자는 언제나 이 방법을 이용해서 단기간에 많은 돈을 벌었다.

이 부동산업자는 조바심 유발하기를 잘하는 협상 전문가다. 말 뿐 아니라 몇 가지 연기 동작까지 더해 효과를 극대화시킬 줄 안다. 마치

협상의 심리

진실인 양 애틋한 부성까지 더해서 상대방으로 하여금 반드시 이 땅을 사고 싶다는 생각이 들게 했다. 이처럼 조바심 유발하기는 비즈니스 협상에 매우 효과적인 전략이다.

방법은 무척 다양하다. 침묵, 못 이기는 척, 참말과 거짓말 뒤섞기, 한 발 물러나기 등등 정해진 방식도 규율도 없다. 그래서 협상 경험이 중요하다. 경험이 많은 협상가만이 자연스럽게 구사할 수 있는 기술이다. 반드시 적당한 정도로 적시에, 능숙하게 사용해야 원하는 효과가 생겨나므로 초보 협상가에게는 권하지 않는다. 괜히 상대방의 속만 뒤집어 놓는 바람에 빈손으로 협상장을 나와야 할 수도 있기 때문이다.

하버드의 협상 전문가들은 조바심 유발하기를 능숙하게 사용하려면 반드시 장시간 학습과 훈련이 필요하다고 지적한다. 잘 활용하면 상대방의 주의를 끌고 구미를 당겨 일을 성사시키고 싶다는 욕구를 키울 수 있다. 쉽게 말해 조바심 유발하기는 일종의 '낚시 미끼'다. 상대방을 낚는 데 성공하면 협상의 리듬과 속도를 장악해서 원하는 바를 이룰 수 있다.

조바심 유발 전략으로 낡은 차 팔기

하버드 경영대학원을 졸업하고 IT 분야에서 활약하는 사업가가 커다란 지프차를 샀다. 이 차가 무척 마음에 든 그는 시간만 나면 해변이나 농장을 달리며 스트레스를 풀었다. 하지만 얼마 지나지 않아 곧 후회하기 시작했다. 시원스레 잘 달리고 여행할 때 무척 편리하기는 하지만 출근용으로는 너무 불편했기 때문이다. 몸집이 워낙 크고 엔진 소리도 어마어마했으며 연비도 낮아 유지비용이 입이 떡 벌어 질 정도로 많이 들었다. 결국 몇 달 못가서 그는 차를 팔아야겠다고 결심했다.

어느 날 그는 동네 세차장에서 차를 닦으며 속으로 대체 언제쯤 이 애물단지를 팔 수 있을지 생각했다. 바로 그때, 교양 있어 보이는 부부가 그에게 다가왔다. 그들은 매우 멋진 차라고 칭찬하며 자세히 봐도 될 지 물었다.

'잘하면 오늘 차를 팔아치울 수 있겠는데!'

그는 밝게 웃으며 운전석에 앉아서 넓은 내부 공간과 확 트인 시야를 느껴 보라고 제안한 후, 자랑하듯 말했다.

"흔한 차가 아니랍니다. 아주 신경 써서 튜닝했죠. 쉬운 일이 아니었지만 지금은 성능, 외관 모두 만족해요. 꼭 친구 같아요. 같이 여행하면 그렇게 기분이 좋을 수 없답니다!"

그의 말을 들은 부부는 차에 완전히 매료되었다. 남편은 "정말 아름답고 멋지군요!"라고 감탄했고, 아내는 남편에게 "이런 차를 몰고 여행한다면 얼마나 좋을까요?"라고 말했다. 잠시 고민하던 남편은 간곡한 표정으로 물었다.

"저……, 혹시 이 차를 파실 생각은 없나요?"

사업가는 이 말을 듣고 뛸 듯이 기뻤지만 아닌 척 말도 안 된다는 표정으로 말했다.

"오! 정말 죄송합니다. 차를 팔 생각은 없답니다. 아마 이 차는 두 분께 맞지 않을 거예요. 아내를 사랑하면 처갓집 말뚝에 절을 한다지 않습니까? 저는 땅을 울리는 어마어마한 엔진 소리까지 사랑하거든요. 이렇게 하죠. 지금 같이 드라이브를 갑시다. 지금 이렇게 보시는 것보다 한 번 타보시면 느낌이 또 다를 테니까요."

부부는 환하게 웃으며 제안을 받아들였다. 유머러스한 그가 정말 좋은 사람이라고 생각하면서. 그들은 차를 타고 함께 가까운 해안의 모래사장으로 갔다. 부부는 시원한 바닷바람을 맞으면서 파도를 바라보며 행복한 시간을 보냈다. 사업가는 자동차 여행을 하면서 있었던 일을 재미있게 이야기했다. 부부는 엔진소리가 너무 크다고는 전혀 생각하지 못했다.

드라이브가 끝나고 부부는 다시 한 번 차를 사고 싶다고 말했다. 사업가는 매우 곤란하다는 표정을 지으며 마음 아프다는 듯이 말했다.

"제 예상과 달리 이 차가 두 분께 잘 맞나 보네요. 나만큼이나 차를 좋아하시는군요. 이런 차가 한 대 있으면 매일이 정말 즐겁죠. 하지만 저는 아직 결정을 내리지 못하겠어요. 그래도 두 분과 즐거운 대화를 나누었으니 한 번 여쭤 보죠. 가격은 얼마 정도로 생각하시나요?"
사업가는 몇 시간에 걸쳐 부부를 조바심 나게 해서 구미를 당겼다. 부부가 제안한 가격도 나쁘지 않았지만 상황을 보니 더 올릴 여지가 있어 보이고, 팔고 싶지 않다는 말에 신빙성을 더하려고 가격을 조금씩 올렸다. 이후에도 그는 몇 차례 더 고민하는 연기로 조바심 내기 전략을 시도했다. 그리고 결국 28만 달러를 받고 '애물단지'를 팔았다. 물론 예상보다 훨씬 높은 가격이었다.

사례 분석 이 사업가는 조바심 내기 전략의 전문가로 보인다. 그는 차를 팔 생각이었지만 구매 의사가 있는 부부 앞에서는 절대 그런 마음을 드러내지 않았다. 대신 차가 얼마나 멋진지 이야기해서 부부의 구미를 당겼고, 시승과 자동차 여행 경험까지 제공해서 구매욕을 키웠다. 본격적인 거래가 시작된 후에도 곤란하다는 태도로 조금씩 가격을 올렸다.

그가 조바심 유발하기 전략을 활용해서 목적을 달성하는 과정은 초보 협상가들이 배우고 활용할 만한 가치가 있다.

협상의 심리

여│덟│번│째│수│업

◆

카리스마로 압도하라

◆

인격은 성경, 기질, 능력, 도덕적 품성 등의 방면에서 주변 사람을 끌어당기는 힘이다.

협상가가 훌륭한 인격을 갖추었으면 설득은 물론이거니와 상대를 감화시켜

커다란 영향을 줄 수 있다.

일과 사람을
분리하라

협상은 사람이 아니라 일을 이야기하는 자리다. 비즈니스 협상에서 양측은 사업의 목적에 대한 입장과 생각을 말해야지 물불 가리지 않고 맞은편에 앉은 협상가를 깔아뭉개려고 해서는 안 된다.

협상을 잘 하려면 개인감정을 누르고 객관적이고 공정한 자세를 유지해서 입장차가 개인의 대립이 되지 않도록 해야 한다.

우선 일과 사람을 분리하는 법에 대해 이야기해보자.

하버드의 협상 전문가들은 양측이 모두 일과 사람을 분리한다는 원칙을 인정하고 노력해야 한다고 조언한다. 여기에는 다음의 세 가지 방면이 포함된다.

첫째, 협상 인식의 방면이다. 협상은 양측이 서로 다른 입장과 관점을 드러내서 모두가 만족할 만한 결과를 도출하는 행위다. 이는 비즈니스 협상의 기본 개념이지만 협상가들이 종종 일과 사람을 분리하지 못해 종종 협상이 중단 혹은 결렬되곤 한다. 협상 중의 의견 충돌은 대부분 양측이 객관적 사실이 아니라 감정적으로 대치한 탓에 생긴다. 협상을 통해 양측이 모두 만족하는 윈-윈의 결과를 내야 한다는 인식이 부족하면 감정을 조절하기 어렵고, 바른 방향으로 사고하지 못한다.

둘째, 효과적인 소통 방면이다. 효과적인 소통이란 정확한 표현, 협상 목적을 잊지 않은 표현을 의미한다. 협상 과정 중에 표현의 오류나 불명확성 탓에 오해가 생기고 심지어 협상 의제와 무관한 이야기까지 끌어와서 논쟁을 벌이는 경우가 잦다. 정확한 단어와 문장, 객관적인 자료로 말에 명확성을 더하자. 또 상대방이 너무 흥분했거나 조급해할 때는 일단 내버려 두는 편이 낫다. 당신이 아무리 이야기해봤자 그의 귀에 들어가지도 않기 때문이다. 상대의 감정에 말려들지 않으려면 사전에 무슨 이야기를, 어떻게 표현할지 생각하고 상대방이 어떻게 반응할지 또 이 반응에 어떻게 대응할지 등을 생각해야 한다. 협상의 목적을 잊지 말고 효과적으로 협상해야지 의제와 무관한 감정 섞인 말은 삼가야 한다.

셋째, 상대방 이해 방면이다. 비즈니스 협상 중에 상대방의 입장 혹은 각도에서 문제를 바라보고 생각하는 일은 사실 쉽지 않다. 하지만 협상을 더욱 순조롭게 진행하려면 반드시 해야 하는 일이다. 사람은 보고 싶은 일면만 보려는 경향이 있는데 협상 상대를 분석할 때는 그러면 안 된다. 주관적인 감정을 버리고 객관적인 자료를 통해 그의 협상 습관, 생각, 가치관 등을 파악하자. 이 작업이 잘 되어야 상대방의 입장이나 각도에서 사고할 수 있으며 양측의 거리를 단축하고 의견 차이를 줄여서 새로운 이익 목표에 가까이 갈 수 있다. 특히 상대방의 견해에 영향을 미치고 싶다면 반드시 해야 할 일이다.

이번에는 일과 사람을 분리하는 구체적인 방법에 대해서 이야기할 차례다.

앞에서도 말했듯이 비즈니스 협상에서는 일과 사람을 분리하기가 쉽지 않다. 차분하게 냉정을 유지했다가도 입만 열었다 하면 언제 그랬냐는 듯이 감정을 실어 마구 비난하고 질책하다가 협상이 중단되는 일이 비일비재하다. 하버드의 협상 전문가들은 수많은 협상 경험을 토대로 일과 사람을 분리하는 구체적인 방법을 제시했다.

감정 제어하기

안타깝게도 협상에는 양해나 협력보다 질책, 비난, 원망이 더 자주 등장한다. 특히 협상이 교착 상태에 빠지면 실망, 불만, 분노, 적대 같은 감정이 쉽게 발생한다. 감정을 제어하지 못하고 급기야 자존심 싸움으로 번지면 애초에 목적으로 삼았던 이익은 안중에도 없다. 협상가라면 감정을 제어하고 조절할 줄 알아야 이익을 손에 넣고 협상장을 떠날 수 있다.

넘겨짚지 않기

사람들은 종종 자신의 입장과 생각을 기초로 타인을 해석하곤 한다. 이런 해석은 대부분 잘못된 방향으로 흐르지만 아랑곳하지 않고 제3자에게 그가 얼마나 나쁜지 떠벌이기까지 한다. 협상에서도 편협한 생각과 고집으로 상대방의 올바른 제안마저 걷어차 버리고 외골수처럼 한 방향만 바라보는 사람이 있다. 이런 사람은 방향을 바꾸지도 못하고 바꿀 생각도 없다. 상대방의 생각과 감정이 어떠할 거라고 섣불리 넘겨짚지 말고 설령 다르다고 해도 비난해서는 안 된다. 이렇게 잘못된 자세로 타인을 마주해서는 그 어떠한 합의도 이루어낼 수 없다.

감정을 이끌어내기

상대방에게 분노, 슬픔, 원망 등의 부정적인 감정이 보이면 아예 배출하도록 유도하자. 부정적인 감정을 단순히 쏟아내기만 해도 마음이 훨씬 가벼워진다.

협상 중에 상대방이 화를 내고 성질을 부린다고 같이 고성을 지르며 싸우거나 문을 박차고 나가서는 안 된다. 화가 끓어올라도 일단 꾹 참고 불만을 전부 토해내도록 내버려 두어야 한다. 가끔 협상가가 아니라 협상을 의뢰한 실제 이해 당사자가 느닷없이 나타나 화를 내며 현장을 엉망진창으로 만들기도 한다. 이런 경우에도 그가 하고 싶은 말을 다 할 때까지 기다리자. 이때 한 마디라도 반박하면 상황이 악화될 뿐이다. 다시는 안 볼 것 같이 소리치고 화를 내도 감정을 전부 쏟아내면 언제 그랬냐는 듯이 온순하게 다시 협상 테이블에 앉을 것이다.

입장 바꾸어 생각하기

갈등은 문제를 바라보는 시각이 달라 발생한다. 그러니까 갈등의 원인은 객관적 사실이 아니고 주관적 인식인 셈이다. 이 갈등을 해결하려면 당연히 상대방의 각도에서 문제를 바라보아야 한다. 선입견과 편견을 없애고 문제를 바라보는 각도를 바꾸어보자. 상대방의 의견에 동조하라는 말이 아니다. 새로운 각도에서 문제를 보면 당신의 의견을 보완해서 더 좋게 만들 수 있다. 그러다보면 새로운 이익 포인트가 생기고 원-윈의 기회가 온다.

토론하기

각자의 생각을 과감 없이 드러내고 솔직한 자세로 토론해서 의견 차이를 해결해야 한다. 당신의 생각을 명확하게 알리고 상대방의 생각도 듣자. 물론 상대방이 아예 들으려고 하지 않을 수도 있지만 포기하지 말고 그를 토론으로 이끌어내야 한다. 그러려면 해당 협상의 결과가 양측 모두에게 얼마나 중요한지, 상대방에게 어떠한 이해관계가 있는지 명확하게 보여줘야 한다. 깊은 토론 없이 협상을 마무리하면 상대방은 설령 자신에게 유리한 결과여도 의심하고 거부할 수 있다. 반면에 협상 과정 중에 의견을 충분히 교환하고 토론하면 공동 인식을 달성하기가 훨씬 쉽다. 양측의 의견과 제안을 모두 고려한 결과여야 성취감을 느낄 수 있기 때문이다.

존중하기

열세라고 느끼면 심리적으로 위축되기 마련이다. 그러므로 협상할 때는 상대방이 이러한 감정이 들지 않도록 주의해야 한다. 그를 존중한다는 의미로 크게 중요하지 않은 문제에서는 적당히 양보하는 자세를 취하자. 또 반박할 때는 우선 그의 의견도 일리가 있다고 언급한 후, 또 다른 정보를 제공해서 그가 생각을 바꾸도록 유도해야 한다. 또 상대방이 상급자에게 보고할 때 필요한 자료를 수집, 정리하는 일을 도와서 그의 체면을 세워주자.

감정을 드러내기

당신의 감정을 솔직하게 드러내자. 예를 들어 "불공정한 대우여서 매우 혼란스럽습니다.", "이 자리에서 합의하더라도 실제로 집행될지 의심스럽습니다.", "아직 조금 부족하지만 반드시 고려해야 할 부분입니다." 등을 말할 수 있다. 감정을 솔직히 표현하면 문제의 중요성과 심각성을 드러낼 수 있고, 좀 더 주동적으로 협상을 이끌어나갈 수 있다. 문제가 있으면 정중한 태도와 정확한 표현으로 자신의 감정을 드러내야 협상에 더 집중할 수 있다.

에둘러 표현하기

상대방의 제안을 받아들이기 어려워서가 아니라 지고 싶지 않아서 절대 양보하지 않는 사람이 있다. 이런 사람을 만나면 같은 의미지만 단어와 말투를 바꾸어 표현해보자. 인정받았다고 느끼면 상대는 기꺼이 다시 협상에 임할 것이다. 인내와 경청을 통해 적대감을 없애고 윈-윈을 이룰 수 있도록 노력해야 한다.

상징적 언행을 이용하기

상징적인 인사나 말투, 작은 동작이 전체 분위기를 바꾸고 부드럽게 만들 수 있다. 절대 풀리지 않을 것 같은 긴장 상황도 종종 사과 한 마디에 부드러워진다. 상대방에게 일부러 상처를 주거나 책임을 떠넘기려 하지 않았더라도 먼저 사과하면 오히려 상대방이 미안해할 것이다. 사과는 저비용 고수익을 실현하는 최고의 투자다. 상징적 언행으로 의외의 효과를 낼 수 있음을 명심하자.

의심하지 않기

사람들은 선입견으로 생겨난 의심을 바탕으로 상대방의 의도를 추측하곤 한다. 이런 태도는 협상에 유리할 게 없다. 돌다리도 두드려가며 건너는 심정으로 안전을 위해 꼼꼼히 살피는 거라고 반박할지도 모르겠다. 하지만 협상 내내 이런 식이면 상대방의 협상안을 제대로 보지도 않고 아예 한쪽으로 치워놓거나 거절하는 문제를 낳는다. 설령 자신에게 유리하더라도 말이다.

도발에 응하지 않기

당신의 판단이 사실과 다르다고 여기면 상대방은 당신에게 화풀이를 하거나 무시할 것이다. 아니 어쩌면 당신의 문제에 더 이상 주목하지 않을 수도 있다. 상대방이 자신의 감정을 드러낸다고 그를 질책할 필요 없다. 그냥 두면 나중에 같은 정보를 전달해도 방어적인 태도로 당신의 의견을 거부하지 않을 것이다.

객관적 사실로 대응하기

서로 각자의 의견만 내세우고 양보하지 않으면 협상에 진전이 없다. 이때 양측은 갈등이 발생한 지점을 상세하게 조사, 분석해야 한다.

협상의 심리

이때 객관적 사실은 무엇보다 중요하다. 양측이 논쟁하는 부분을 판가름 내줄 중요한 근거가 되기 때문이다. 갈등이 생기면 논쟁이나 감정싸움으로 시간 낭비하지 말고 객관적 사실로 해결하라.

좋은 관계를 맺기

호감은 협상에 분명히 도움이 된다. 사람들은 원래 낯설고 구체화되지 않은 상대방에게 반감을 보인다. 그러므로 상대방에게 익숙한 존재가 되면 협상에 더 힘이 실리고 꽤 유의미한 정보도 얻을 수 있다. 어렵고 고통스러운 협상 과정은 신뢰를 바탕으로 가볍고 자유롭게 바뀔 테고, 양측이 시원스레 의견을 말하면서 긴장된 분위기가 없어진다. 벤저민 프랭클린(Benjamin Franklin)의 비법은 '책 빌려주기'였다. 상대방은 이를 영광으로 여기고 매우 기뻐했다.

주관적 판단과 감정을 억누르고 일과 사람을 분리하더라도 치열하게 전개되는 협상에서 갈등을 완전히 해결하지 못할 수도 있다. 혼자 해봤자 아무 의미도 없고, 결국 사람이 하는 일이라 양측의 관계가 아주 미묘하게 협상에 영향을 미칠 수밖에 없다.

그렇다면 지금까지 한 이야기가 무용지물인가? 그렇지 않다. 우리는 최대한 주관적 감정을 버리고 양측의 이익을 위해 최선을 다하는 기본 틀 안에서 대립 관계를 공동 우호, 합작의 관계로 조정해야 한다. 그래야만 순조롭게 합의에 도달할 수 있다.

훌륭한 인격은
협상 그 자체다

인격은 성격, 기질, 능력, 도덕적 품성 등의 방면에서 주변 사람을 끌어당기는 힘이다. 하버드의 협상 전문가들은 수년에 걸친 연구를 통해 협상가가 훌륭한 인격을 갖추었으면 설득은 물론이거니와 상대를 감화시켜 커다란 영향을 줄 수 있다고 결론지었다.

사람 사이의 소통과 교류는 감정이 형성되는 과정이고 그 안에는 수많은 결정 요소가 있어서 제어가 쉽지 않을 수도 있다. 이 과정을 좀 더 효과적이고 빠르게 만들려면 훌륭한 인격이 꼭 필요하다. 이런 이유로 훌륭한 인격은 협상 뿐 아니라 일상생활에서도 매우 중요한 요소다.

일본의 세일즈맨으로 '보험의 신'이라 불리는 하라 잇페이(原一平)는 결코 호감 가는 외모가 아니다. 외모로 사람을 판단해서는 안 되지만 키가 145센티미터인 그가 무슨 대단한 능력을 지녔다고는 생각하기 어려웠다. 그 역시 작고 왜소한 신체조건 때문에 고민이 컸지만 불굴의 의지로 해보겠다고 마음먹었다. 하지만 알다시피 세상은 그렇게 호락호락하지 않다. 흔히 성공에는 100배의 노력이 필요하다는 말을 믿고 열심히 살았지만 성공은 멀기만 했다. 그 일이 있기 전까지는.

어느 날, 하라는 보험 영업차 한 사찰을 찾았다. 노스님을 만난 그는 공손하게 자기소개를 하고 보험의 장점을 쉬지 않고 이야기했다. 가만히 듣고 있던 스님은 부드럽게 말했다.

"이렇게 열심히 말하시는데도 보험을 들고 싶은 생각이 안 드네요."

꽤나 직접적인 말이었지만 거절당하는 데 이미 이력이 난 하라는 포기하지 않고 다시 새로운 전략으로 영업을 시도했다. 몇 마디 하지도 않았는데 노스님은 다시 이렇게 말했다.

"이렇게 마주하고 앉았을 때 상대방을 끌어당길 만한 인격을 먼저 갖추어야 합니다. 그렇지 않으면 앞으로 좋은 일이 일어나지 않을 겁니다."

느리지도 빠르지도 않은 노스님의 말을 들은 하라는 정신이 확 드는 느낌이었다. 이전에도 그를 격려하는 말이 여럿 들었지만 아무것도 기억나지 않았다. 그의 등에 식은땀이 흘렀다.

"처음 보험 세일즈맨이 되었을 때 나는 그야말로 불굴의 의지로 뛰어다녀 어느 정도 성적을 올렸습니다. 하지만 거기까지였죠. 노스님을 만나지 못했다면 더 이상 발전하지 못했을 겁니다. 스님의 말씀을 듣고 나서야 사람과 사람을 끌어당기는 힘은 인격이고, 영업에도 반드시 인격이 필요하다는 사실을 깨닫게 되었죠."

이전에는 영업에 실패하면 외모 탓이라고 생각했다. 다른 부족한 부분은 노력으로 해결할 수 있는데 외모는 아무리 노력해도 불가능했기 때문이다. 하지만 노스님의 말을 들은 후부터는 부족한 외모가 아니라 부족한 인격을 채울 방법을 생각했다. 보험 영업사원에게 가장 필요한 인격은 무엇일까? 바로 재미있고 친근한 말과 행동이다.

이날 이후, 하라는 이미지 트레이닝을 통해 행동이나 말투를 연습했다. 밝은 표정으로 크게 웃고 자신감 넘치는 목소리로 말해서 따뜻하고 친근하며 유머러스한 사람이라는 인상을 주었다. 예를 들어 생명보험을 팔 때는 이런 식으로 대화했다.

"안녕하십니까! 메이지 보험회사의 하라 잇페이입니다."

"아이고! 어제도 그 회사 영업사원이 왔다 갔어요. 얼마나 질긴지 내가 제일 싫어하는 회사요. 어제 그 사람도 내쫓았지!"

"아, 그렇군요. 그런데 제가 어제 그 사람보다는 조금 더 잘 생겼으니 한 번만 봐주시죠."

"뭐요? 어제 그 사람은 키가 훨씬 크고 호리호리한데 무슨 소리요?"

"키가 작다고 나쁜 사람은 아니지 않습니까? 작은 고추가 매운 법이라잖아요. 키 작은 남자일수록 여자들이 따른다는 말도 있죠. 물론 제가 만든 말이고요!"

"넉살도 좋구려! 재미있는 사람이구먼!"

이런 이야기를 나누다보면 두 사람 사이의 거리는 사라지고 어느새 웃음소리가 들렸다. 당장 보험을 팔지 못해도 이렇게 해서 깊은 인상을 남겨두면 가까운 미래에 하라의 고객이 되었다. 이후 그는 유머감각과 듣는 사람을 기분 좋게 하는 화술, 능수능란한 영업기술로 일본 보험업계에서 수년간 최고의 성적을 거두었다.

하라 잇페이는 직업상 필요한 인격을 갖춰 큰 성공을 거두었다. 영업사원으로서 가장 필요한 재미와 친근함을 모두 갖춘 그는 주변 사람들을 끌어당겨 협상에서 언제나 유리한 고지를 차지했다. 이런 인격은 진심이 담기지 않은 '가짜 언행'이나 아름다운 외모로 드러낼 수 없다. 간단히 말해서 인격은 개인의 '종합적 소질'이다. 가치 판단, 인생을 바라보는 눈, 감정, 선과 악, 학식, 수양, 도덕 수준, 경험 등이 모두 융합되어 의도하지 않아도 겉으로 드러난다.

비즈니스 협상에서 훌륭한 인격을 갖춘 협상가는 무슨 말을 해도 주목 받으며 내놓는 의견과 제안이 쉽게 수용된다. 하버드의 협상 전문가들은 인격이 상대방이 가장 쉽게 알아차리고 기꺼이 받아들이는 요소라고 여긴다. 그들은 협상장에서 효과를 발휘하는 인격을 갖추기 위한 몇 가지 방법을 제시했다.

리더십 기르기

리더는 관용, 진취성, 여유를 바탕으로 형성된 카리스마를 이용해 타인의 신뢰와 복종, 존경을 이끌어내는 사람이다. 알다시피 역사책에 등장하는 지도자들이 그 시대에 가장 재능 있는 사람은 아니었다. 물론 가장 재능 있는 사람들도 평범하지 않은 삶을 살았지만 지도자가 되지 못한 경우가 훨씬 더 많다. 지도자는 어떻게 수많은 사람 중에 두각을 드러내고 뛰어난 사람들이 자신을 위해 일하게 만들었을까? 답은 바로 '리더십'이다.

협상가는 전달하고자 하는 뜻이 분명하고 남들과 다른 기질이 있어야 한다. 깊은 사고와 수련 끝에 형성한 인격을 자신의 성격과 잘 결합시켜 긴박한 상황에서도 침착하게 일을 처리하는 담대함을 기르자. 리더십을 잘난 척 하며 안하무인으로 행동하라는 의미로 이해하면 곤란하다. 리더십 있는 사람은 항상 부드러운 미소와 유머로 사람을 대한다.

위신을 지키기

위신 역시 협상가가 꼭 갖춰야 하는 요소다. 지도자의 능력은 뛰어난데 그 수하는 오합지졸인 집단이 있고, 지도자의 능력은 특출하지 않은데 그 수하는 능력이 뛰어나고 응집력도 큰 집단이 있다. 왜 이런 차이가 발생할까? 바로 지도자의 위신이 다르기 때문이다.

이를 협상에 대입해 보자. 두서없이 말하고 마구잡이로 질문하며 관련도 없는 이야기를 떠들어대는 협상가를 반길 사람은 없다. 이야말로 위신이 떨어지는 행동이다. 발언할 때는 반드시 힘 있는 목소리로 늘어지지 않게 핵심을 찔러 이야기하자. 그래야만 당신이 문제를 얼마나 진지하게 생각하는지 전달해서 상대방도 더 신중하게 협상하도록 유도할 수 있다.

미소 배우기

논쟁을 거듭하다 일촉즉발의 상황까지 갔다면 우선 한 발 물러나서 미소로 긴장을 풀어야 한다. 인간의 가장 기본적인 동작인 미소는 그 사람의 인격을 잘 드러낸다. 여기서 말하는 미소는 박장대소나 비웃음이 아니라 가볍고 편안한 느낌을 주는 동작이어야 한다. 협상이 전쟁으로 확대되기 직전, 당신의 미소는 모두를 구할 수 있다.

모든 논쟁은 생각의 대립으로 발생한다. 이때 미소는 상대방을 이해한다는 의미를 전달해서 논쟁을 멈추고 과열된 분위기를 식힐 수 있다. 잠시 숨을 돌리고 다시 이성적으로 협상하면 다시 새로운 돌파구가 보일 것이다.

성실

훌륭한 인격을 갖춘 사람은 '습관적으로' 열심히 일한다. 협상에서 열심히 일한다의 의미는 상대방에게 동의한 내용, 약속한 일은 반드시 하는 자세다. 못할 바에야 차라리 아무런 동의도 약속도 하지 않는 편이 좋다. 협상에서 신뢰를 잃는 일은 자살행위와 마찬가지다. 협상 테이블에서 나온 모든 언행에 끝까지 책임지자. 훌륭한 협상가는 모두 성실한 사람이다.

감정을 제어하는
5가지 방법

실패하려고 작정하지 않은 이상, 부정적인 감정이 있는 채로 협상 테이블에 앉아서는 안 된다. 아무리 감추려고 해도 부정적인 감정은 말과 행동으로 드러나기 마련이다. 상대방은 금세 눈치 채고 당신이 이성적이지 않으며 협상 준비도 제대로 하지 않았다고 생각할 것이다. 사전에 감정을 조절하고 스트레스를 없애고, 긍정적인 마음가짐과 맑은 사고, 냉철한 이성을 유지해야 한다. 비즈니스 협상의 경우, 양측의 이익이 직접적으로 얽혀 있기 때문에 이야기를 하다보면 설전이 오가는 일을 피할 수 없다. 이럴 때는 앞에서 이야기한 대로 일과 사람을 분리하는 동시에 자신의 감정을 조절할 줄 알아야 한다. 이성을 발휘해 말과 행동에 감정을 담지 않고 내면의 심리 변화를 미세하게 조절해야 순조롭게 협상할 수 있다.

데이비드는 자신의 감정을 조절하는 데 능한 사람이다. 하버드 경

협상의 심리

영대학원을 졸업한 후, 그는 미국의 한 다국적 무역기업에서 해외마케팅 담당자로 일했다. 어느 날, 그는 독일의 거물 고객과 협상했고 회사에 상당한 이익을 가져올 수 있는 합의에 이르렀다.

하지만 세부사항을 상의하는 중에 뜻밖에도 독일 고객이 불만을 제기했다. 그는 핏대를 올리며 데이비드의 회사가 물류 시스템 수준이 낮아 효율이 떨어지고 전반적으로 수준이 떨어진다고 말했다.

"당신들은 독일 시장을 제대로 조사하지도 않았습니다. 내가 보기에 당신들은 뒷일은 생각하지 않고 이번만 어떻게 해보려는 식이에요. 막무가내로요. 정말 실망스럽군요!"

데이비드는 화가 머리끝까지 치솟았지만 완전히 틀린 말도 아니었다.

그 역시 이 문제를 알고 있었고, 어떻게 해결할지 설명할 자료도 가지고 있었다. 하지만 일단 독일 고객이 하고 싶은 말을 전부 할 때까지 내버려 뒀다. 그의 체면을 지켜주기 위해서였다. 데이비드가 잠자코 있어서인지 독일 고객은 더 길길이 뛰며 소리를 쳤다. 나중에는 회의실 문을 걷어차고 데이비드의 얼굴에 손가락질까지 했다.

"나는 이 계약에 불만이 많습니다! 오늘 독일에 있는 제 직원과 통화했는데 주문한 기계의 받침대만 왔다고 하더군요. 대체 어떻게 된 겁니까? 이런 식으로 성의 없이 하면 가만히 있지 않겠어요. 이 문제를 해결할 방법이 있기는 합니까?"

씩씩 거리며 말을 마친 그는 거칠게 의자를 당겨 앉더니 매섭게 쏘아 봤다. 데이비드는 이미 화를 참기가 어려웠다. 말도 안 되는 트집을 잡고 남의 말은 듣지도 않으면서 공격만 하려하니 이런 사람과 끝까지 거래할 수 있을까 싶었다. 하지만 그는 젖 먹던 힘까지 짜내서 분노를 억눌렀다.

'이렇게 미친 듯 날뛰는 사람에게 장단을 맞췄다가는 아무 일도 안 되지. 그냥 듣고 싶은 이야기를 해주면 돼.'

간신히 이성을 찾은 데이비드는 차분한 목소리로 말을 시작했다.

"정말 죄송합니다. 저희 쪽에서 독일 시장을 조사한 자료와 물류 시스템 보완 계획서를 미리 드릴 걸 그랬습니다. 말씀하시면 드렸을 텐데 너무 흥분하셔서요. 지금 드리는 자료를 보시면 막무가내라는 생각은 안 드실 겁니다. 우리 회사는 오랫동안 그쪽 회사와 함께 일하고 싶었어요. 뒷일은 생각하지 않고 계약에만 급급하다는 말씀은 수긍하기 어렵군요.

아, 그리고 말씀하신 대로 기계 받침대만 보냈습니다. 본체는 유리로 된 부분이 있어서 따로 분리해 특수 포장해서 오늘 오후에 발송할 계획입니다. 계약서 11페이지에 적힌 대로요. 아마 너무 바빠서 확인 못하신 것 같군요. 이해합니다."

독일 고객은 천천히 이성을 찾고 방금 전의 추태를 사과 했다. 또 오후에 기계가 발송되었음을 확인하고 일부러 데이비드의 사무실을 다시 방문해 앞으로 오랫동안 함께 일하고 싶다고 말했다. 데이비드의 '훌륭한 인격'을 칭찬하면서.

데이비드는 웃으면서 "제가 인격이 뛰어나서가 아닙니다. 단지 다른 사람이 화를 내도 잘 참고, 제 안의 화도 잘 제어하는 편이죠. 감정 조절도 제 일의 일부라고 생각하니까요."

데이비드는 감정 조절에 능한 협상 전문가로 일할 때 감정에 휩쓸리면 안 된다는 점을 잘 알고 있었다. 상대방이 화를 낼 때 이에 맞서 입과 혀를 놀려봤자 백해무익이다. 결국 자기 무덤을 파는 꼴임을 명심하자.

다음은 하버드의 협상 전문가들이 제안한 감정 조절법이다. 논쟁이 격해져서 감정이 파도처럼 요동칠 때 참고해보자.

주의 전환

당신을 화나게 만드는 요소에서 눈을 돌리면 분노와 원망을 가라앉히는 데 도움이 될 것이다. 협상 진행이 어려울 정도라면 아예 잠시 쉬고 가볍게 읽을 만한 책이나 재미있는 영화를 보는 방법도 추천한다.

자기 조절

자기조절은 감정을 조절하고 자제력을 키우는 가장 기본적인 방법이다. 협상 중에 피해의식이나 패배감이 들어 답답하고 짜증난다면 아무도 없는 곳에서 크게 소리 질러 마음을 풀거나 가까운 사람에게 이야기할 수도 있다. 단순히 크게 심호흡하는 것만으로도 도움이 될 것이다.

자기 위로

사람들은 하고 싶은 일을 못하면 실망감을 줄이기 위해 스스로 실패의 이유를 찾곤 한다. 여우가 먹고 싶은 포도를 못 먹으면 '저 포도는 분명히 실거야!'라고 생각하는 것처럼. 이런 심리를 좋은 방향으로 이용하면 실망감을 벗어나 다음 도전을 위한 에너지를 얻을 수 있다.

자기 암시

감정이 요동칠 때 머릿속으로 혹은 작은 목소리로 자신에게 주문을 외워보자. 예를 들어 '냉정해지자', '화내지 말자', '신경 쓰지 말고 목적만 달성하자' 등이 있다. 협상할 때, 끓어오르는 화를 참기 어려운 사람이라면 자기만 볼 수 있는 곳, 예를 들어 협상 자료 위에 '침착하게', '이성적으로' 같은 말을 써 놓는 방법도 좋다.

감정 컨트롤

감정의 발생과 그 정도를 의식적으로 결정하는 방법이다. 특별한 동작은 필요 없고 그저 자신의 내면 깊이 들어가 아무 의미 없는 논쟁에서 스스로 빠져나오면 된다. 매우 어려운 일이므로 정신적으로 성숙한 사람만이 가능하다.

기세 좋은 사람이
협상 기술도 좋다

협상가의 기세도 협상에서 상당히 중요한 작용을 한다. 시작하기 전에 기세로 상대를 압도한 쪽이 협상 방향과 리듬, 속도를 결정한다고 해도 과언이 아니다. 이런 이유로 하버드의 협상 전문가들은 협상가의 기세를 매우 중요하게 본다. 그렇다면 기세가 좋은 협상가란 어떤 사람일까? 그는 협상 내용과 기술 방면에서 우월할 뿐 아니라 자신감과 패기가 넘치고, 식견이 뛰어나며 질문과 도전을 두려워하지 않는 사람이다. 또 담력이 세서 과감히 모험할 줄 아는 사람도 기세가 좋다고 한다. 기세야말로 협상가가 반드시 갖추어야 하는 심리 요소 중 하나다.

눈을 부릅뜨고 거만한 표정을 짓는다고 될 일이 아니다. 넓은 마음, 위엄, 인내, 부드러움이 모두 조화롭게 결합되어야 한다. 또 이런 세부 요소들이 때와 장소, 상황에 따라 서로 강약과 고저가 다르게 드러나야 한다. 어떻게 해야 기세 좋은 비즈니스 협상가가 될 수 있을까? 다음은 하버드의 협상 전문가들이 제안한 방법이다.

첫째로, 대담해지자. 대담하게 행동하려면 구체적으로 다음을 해야 한다.

(1) 자신감 없는 말을 줄여라.

(2) 지나간 일을 후회하지 말고, 이미 결정한 일은 번복하지 마라.

(3) 식견을 넓혀라.

(4) 안 좋은 상황에도 긍정적이고 낙관적으로 생각하라.

(5) 모든 일에 최선을 다하라.

(6) 막혔으면 새로운 길을 찾아라. 아니면 깔끔하게 포기해도 무방하다.

둘째로, 모험을 하자. 주관적 인식으로 상대방을 설득한다는 일 자체가 모험이다. 이 모험에서는 기세가 좋은 사람이 최후의 승리를 거둔다. 협상가라면 뒤로 물러서지 말고 용기를 내 모험해야 한다. 적당히 긴장된 모험은 두뇌 회전을 더 빠르게 하므로 협상 중에 돌발적인 상황이 발생해도 냉철하게 대응할 수 있다.

셋째로, 강약을 조절하자. 기세는 반드시 강약과 고저가 있어야 한다. 열정적이기만 하면 스스로 약점을 노출해서 상대방이 반드시 필요하다는 느낌을 줄 수 있다. 한 번 주도권을 빼앗기면 쉽게 해결할 문제도 큰 대가를 치러야 한다.

유리한 상황이면 기세를 이용해 상대가 안달복달하게 만들어서 주도권을 틀어쥐어야 한다. 반대로 불리한 상황이라면 협상에 흥미를 보이지만 구걸하지 않아야 한다. 비굴하지도 거만하지도 않은 태도로 태연자약하게 협상하자. 그러면 유리한 상대방이 거꾸로 자신의 상황을 의심하면서 당신의 협상력이 상승할 것이다.

좀처럼 의견이 모아지지 않을 때는 좀 더 기세를 높이는 편이 좋다. 예를 들어 상대방의 경쟁자를 언급하면 협상 태도와 조건에 변화가 생길 것이다.

넷째로, 심리적 대응력을 높여라. 협상가는 돌발 상황을 가정하고 이를 위한 심리적 준비를 잘 해두어야 한다. 심리적 대응력이란 돌발 상황이 발생했을 때 차분하게 받아들이고 대응하는 능력을 가리킨다.

유리한 상황이라고 너무 큰 기대를 했다가 곤경이나 실패를 마주했을 때 실망, 분노를 느끼지 않도록 하자. 심리적 대응력이 낮으면 까다로운 문제가 생겼을 때 어찌할 바를 몰라 당황하다가 불리한 계약서에 서명하기 쉽다. 심리적 대응력은 협상가로서 당신의 수준을 결정하는 요소이므로 반드시 신경 써서 준비해야 한다.

다섯째로, 심지를 키워라. 평소에 심지가 강한 사람은 외부 요소의 영향 때문에 생각을 바꾸는 일이 거의 없다. 협상할 때도 마찬가지다. 이런 사람은 협상 중에 발생하는 다양한 상황에 순탄하게 대응하면서도 자신의 기본 원칙을 지키고 기세도 높인다.

여섯째로, 꼼꼼해져라. 협상가는 협상을 둘러싼 모든 일과 환경, 그 안팎의 요소들을 예리한 눈으로 살피고 모든 디테일을 꼼꼼하게 확인해야 한다. 훌륭한 협상가는 디테일에 강해서 다른 사람이 보지 못하는 발전의 기회를 알아차린다. 다음은 협상가가 특히 세심하게 살피고 주의를 기울여야 하는 부분이다.

(1) 발생한 사건의 인과관계

(2) 실패한 이유와 대응책

(3) 틀에 박힌 방식 및 개선 방법

(4) 체계적인 일처리

(5) 숨어 있는 결함이나 폐단

(6) 자신의 결점

이상의 내용을 숙지했더라도 실제 협상에서 적용하기는 참으로 어렵다. 대부분 협상가는 기세로 상대를 압도하려는 욕심에 우스운 꼴을 당하기도 한다. 경험이 많은 협상가는 상대의 이런 모습을 역으로 이용해서 함정에 빠뜨리기도 한다. 또 일부러 '돌발 상황처럼 보이는' 일을 저질러 기세를 높여 당신을 뒤흔들고 제압하려 들 수도 있다. 이런 이유로 단순히 기세를 높이는 방법을 이해하는 것만으로는 부족하며 협상 경험을 많이 쌓으며 연마해야 한다.

협상의 심리

마가렛 대처의 협상

영국의 전 총리 마가렛 대처(Margaret Thatcher)는 획기적인 정책과
강한 추진력으로 '철의 여인'이라 불린다. 특히 국제 외교 무대에서 카
리스마가 돋보였는데 가장 대표적인 사례가 바로 EEC, 즉 유럽 경제
공동체에서의 협상이다.

1979년 12월, EEC의 각국 지도자들이 예산 삭감 문제를 협상하고자
베를린에 모였다. 대처는 이 자리에서 다른 나라들이 받아들이기 어려
운 안건을 제출했다. 영국이 분담금을 많이 내는데도 실제로 돌아오는
이익이 거의 없으니 연 분담금에서 10억 파운드를 삭감하겠다는 내용
이었다.

각국 지도자들은 당연히 말도 안 된다며 맞섰다. 그들은 대처가 삭감
액을 흥정할 요량으로 큰 액수를 불렀을 거라고 생각하고 최대 3억 파
운드에서 이야기를 마무리하면 되겠다고 생각했다. 그래서 일단 반대
의견을 낸 후, 정 그렇다면 2억 5,000만 파운드만 삭감하라고 제안했
다. 하지만 대처는 조금도 양보하지 않았다. 각국 지도자들은 대처가
그렇게 강경하게 나올 줄은 전혀 예상하지 못했다.

EEC 규정에 따르면 중요한 문제는 반드시 '만장일치', 즉 모든 구성국
의 동의를 받아야 효력이 발생하기 때문에 각국 지도자들은 크게 걱정

하지 않았다. 하지만 대처가 버티면서 협상이 교착 상태에 빠졌다. 대처가 예상한 대로, 아니 더 정확히 말하자면 그녀가 직접 만든 상황이었다. 교착 상태에 빠지지 않으면 그녀의 강경한 기세가 아무 힘을 못 쓰기 때문이다. 기세를 유지하며 각국을 압박하면서 시간을 끄는 전략이었다. 그녀의 도박은 성공했을까?

대처는 물러서지 않고 EEC 구성국을 개별적으로 압박해서 협상 테이블로 돌아오게 만들면 상황이 영국에 유리해질 거라고 보았다. 그녀의 예상은 정확했다. 베를린 회의로부터 두 달 뒤인 2월 말, 대처는 분담금만큼의 권한과 이익을 받을 수 있는 장기적 시스템을 요구하며 다시 한 번 모두에게 선택의 여지가 없음을 암시했다. 동시에 영국 의회는 4월 예산 심사 결과로 독일과 프랑스를 압박했다. 시간이 흐를수록 상황은 영국에 유리해졌다.

그해에 선거가 있는 독일과 프랑스는 이런저런 정치적 이유로 이 문제가 빨리 해결되기 바랐다. 독일이 먼저 움직였다. 그들은 삭감액을 3억 5,000만 파운드까지 올리며 한 발 물러섰지만 단칼에 거절당했다. 그러면 첫 해만 8억 파운드를 삭감하라고 다시 제안했지만 역시 거절당했다. 얼마 후, EEC는 농장주에 지불하는 보상금을 늘리는 문제를 협의했다. 대처는 이 기회를 놓치지 않고 강경한 기세로 구성국들을 밀어붙였다. 그들은 농장주 보상금 문제에서 영국의 협조를 얻으려면 먼저 영국의 분담금 문제부터 해결해야 한다는 사실을 깨달았다. EEC는 치열한 협상을 거쳐 1980년, 1981년에 영국의 분담금 삭감 문제에 관한 협의를 이루었고, 1982년에 구체적인 분담금 액수가 결정되었다. 그리고 1984년에 영국은 EEC 분담금 문제를 완벽하게 해결했다.

협상의 심리

장장 6년에 걸친 협상이었다. 철의 여인, 대처는 기세를 꺾지 않고 끝까지 유지함으로써 원하는 바를 이루었다.

사례 분석 강경한 태도로 위협하는 전략은 비즈니스 협상이나 노사 협상 등에 자주 등장한다. 제시한 협상안에 양보나 타협의 여지가 전혀 없이 고집스럽게 요구사항을 밀어붙이는 식으로 먼저 패를 내고 상대방을 압박해 양보를 얻어낸다.

이런 전략을 구사할 때는 협상가의 기세가 매우 중요하다. 끝까지 협상을 이끌고 나갈 만큼의 식견과 통찰력이 없다면 괜히 안 하니만 못한 결과를 낳을 수 있다. 이 전략으로 협상이 교착 상태에 빠질 수도 있지만 협상 초기라면 꼭 나쁜 상황만은 아니다. 상대방이 당신의 요구사항에 얼마나 관심 있는지 확인하고 그에 따른 전략을 취하면 된다.

◆

결국 인내력 싸움이다

◆

협상할 때는 상대방에게 '일리 있지만 너무 지나치다'라는 인상을 줄 필요가 있다.

모든 협상에 적용할 수는 없지만 기본적으로 자신의 입장을 유지하면서 상대를 압박할 때

가장 합리적인 방법이다. 잘 활용하면 그가 계속 양보하게 만들 수도 있다.

상대가 먼저
양보하게 만드는 법

양보의 전제조건은 '그래도 얻는 것이 있다'다. 즉 양보는 반드시 과학적인 조사연구, 실제 상황에 부합하는 합리성을 기초로 해야 한다. 수시로 상황이 바뀌는 협상 테이블 위에서 너무 크거나 작은 양보는 거꾸로 당신을 불리하게 만들 수도 있다. 심한 경우 협상 결렬이라는 최악의 결과를 가져올 지도 모른다. 가장 좋은 방법은 당신이 아니라 상대방이 양보하게 만드는 거다. 어떻게 해야 할까? 다음은 하버드의 협상 전문가들이 제안하는 방법이다.

이간질

상대측 내부에서 돌파구를 찾는 방법이다. 상대측 협상가 중에서 당신에게 동조할 만한 사람을 골라 우호적인 관계를 맺은 후, 보이지 않는 동맹을 결정하자. 상대측 내부에 균열이 발생하면 당신에게 기회가 생길 것이다. 이를 이용해서 협상의 돌파구를 만들고 양보를 이끌어낼 확률이 높아진다.

착한 사람, 나쁜 사람

비즈니스 협상의 가장 전형적인 강온 전략으로 두 사람이 각각 착한 사람과 나쁜 사람의 역할을 맡아 양보를 유도하는 방식이다. 나쁜 사람이 긴장과 교착 상태, 착한 사람이 우호적인 분위기와 양보를 만든다.

시간 끌기

상대방이 말끝마다 당신을 비난하고 질책하면 이 방법을 써 보자. 시간을 끌면서 협상 내용과 관련 없는 다른 이야기를 계속 해서 그를 피곤하게 만들면 된다. 심신의 에너지가 모두 고갈되었다 싶을 때 반격하면 협상의 주도권이 당신에게 넘어올 것이다.

후퇴와 전진

심리를 교묘하게 이용하는 방법으로 매우 독특하고 효과적이다. 먼저 크게 양보하고, 한 번 더 양보하자. 그런 후, 상대방이 절대 받아들일 리 없는 요구를 하고, 마지막으로 압박에 못 이겨 양보하는 척 하자. 이런 식으로 후퇴와 전진을 계속 반복하면 양측이 내놓은 양보의 총합은 결국 같다. 원하는 바를 이루는 동시에 상대방에게 만족감을 줄 수 있다.

소시지 자르기

상대방이 크게 신경 쓰지 않을 정도로 작은 양보를 여러 차례 이끌어내서 총합을 키우는 방식이다. 작은 조각 여러 개로 소시지 하나를 만든다는 의미로 이렇게 부른다. 상대의 이익을 눈치 채지 못하게 조용히 빼앗는다는 의미로 '잠식 전략'이라고도 한다. 상대방이 전혀 아까워하지 않을 만한 양보를 요구해야 거부감 없이 받아들일 테니 명심하자. 무의미해 보일 정도로 작은 양보라도 그 안에서 실제 이익을 얻을 수 있다.

공격으로 수비하기

불리한 상황이라도 수비로 일관하지 말고 공격해서 주도권을 가져오자. 예를 들어 상대방이 양보를 요구하면 당신은 그 대가로 또 다른 양보를 요구할 수 있다. 쉽게 말해 양보로 양보를 이끌어내는 식이다. 또 상대방이 무리이거나 불가능한 요구를 하면 역시 똑같은 수준의 요구를 내밀어 반격하면 된다. 이렇게 해서 당신이 매우 잘 준비되어 있으며 양보의 여지가 없다는 인상을 전할 수 있다.

침묵하기

협상이 교착 상태에 빠지면 차라리 입을 다물고 상대방을 관찰하는 편이 낫다. 당신의 태도에 압박감을 느끼면 시키지 않아도 알아서 문제를 해결하려고 할 것이다. 기억하자. 급한 쪽이 양보하게 되어 있다.

여지 남기기

상대방이 내놓은 협상안이 만족스럽지 않아도 확정적으로 대답하지 말고 여지를 남기자. 그러면 그는 처음보다 양보한 새로운 협상안을 제시할 것이다.

경쟁시키기

경쟁은 비즈니스 협상에서 매우 효과적인 기술이다. 예를 들어 '가격 비교'로 상대방을 긴장하게 만들어서 주도권을 쥐고 양보를 이끌어낼 수 있다. 가장 좋은 방법은 입찰이다. 환경과 조건이 비슷한 업체들이 똑같은 조건에서 경쟁하게 만들면 힘들이지 않고 '어부지리'를 얻을 수도 있다.

생트집 잡기

상대방의 상품이나 서비스에서 문제점을 찾아 비난하는 방식으로 주로 불리한 상황일 때 사용한다. 상대방의 자신감을 떨어뜨려 양보를 이끌어내기 쉽다. 물론 생트집에도 정도가 있다는 점을 잊어서는 안 된다.

하버드의 협상 전문가들은 양보를 이끌어내려는 마음에 상대를 너무 강하게 압박하면 협상이 중단 혹은 결렬될 수 있으므로 반드시 여지를 둬야 한다고 강조한다. 여지를 남김으로써 그와 오랫동안 합작할 수 있는 기회가 생긴다. 기억하자. 협상의 최종 목적은 윈-윈이다. 어느 한 쪽만을 위한 일이라면 협상할 필요도 없다.

거절은
우호적일 때 통한다

누구에게나 거절은 참으로 어려운 일이다. 사람들은 다소 곤란한 일이어도 인정상 거절할 수 없어 감히 'NO'라고 말하지 못한다. 하지만 비즈니스 협상은 일상의 사교와 전혀 다르다. 비즈니스 협상 중에 상대가 제안한 조건을 받아들이기 어려우면 과감하게 'NO'라고 말해야 한다. 협상 중에 거절을 못해서 상대방에게 질질 끌려 다니다가 빈손으로 허망하게 돌아가는 사람이 많다. 일상에서 거절을 못하면 나중에라도 보답 받을 가능성이 있지만 협상에서는 손해가 고스란히 당신 몫이다. 협상에서 거절은 당연한 일임에도 'NO'라는 말만 나오면 분위기가 엉망진창이 된다. 그래서 비즈니스 협상에서는 반드시 교묘하게 에둘러 거절할 필요가 있다.

다음은 하버드의 협상 전문가들이 제안한 방법이다.

첫째로, 입 다물기다. 상대방이 온갖 방법을 동원해 당신의 원칙을 무너뜨리고 마지노선 돌파를 시도한다고 하자. 우선 이런 경우에 거절에 실패하면 선례를 남기는 셈이 되어 두고두고 당신을 괴롭힐 것이다. 거절할 때는 객관적인 사실을 이유로 들어 두말 못하게 해야 한다. 그런데 막무가내로 자기 입장만 고수하는 사람이라면 말로 설명해봤자 듣지도 않는다. 이럴 때는 '입을 다물어서' 경고의 의미를 전달하는 편이 더 낫다.

둘째로, 유머러스하게 거절하기다. 불합리한 요구는 유머와 풍자로 거절하자. 재미있는 우화나 가벼운 농담 속에 담긴 뜻을 눈치 채면 알아서 물러날 것이다. 상대방이 난처하거나 기분 나쁘지 않게 거절하는 방법이기도 하다.

셋째로, 처음부터 못 박기다. 상대방이 협상을 통해 무엇을 얻고자 하는지, 그 부분을 당신이 양보할 수 있는지 생각해보고 양보할 수 없는 부분은 협상을 시작할 때 확실히 못 박아 두자. 그러면 상대방은 아예 포기 하든지, 아니면 어떻게든 당신의 양보를 이끌어내려고 할 것이다. 두 가지 경우 모두 당신에게 불리할 것이 없다.

넷째로, 보상하기다. 윈-윈의 방식 중 하나다. 거절의 대상이 상대방의 이익에 영향을 주는 문제라면 다른 방식으로 우회해서 보상하자. 합작을 추진하려면 반드시 필요한 일이다. 예를 들어 한 고객이 '3년 무상 수리'를 약속해야 기계를 구매하겠다고 했다. 이는 업계 관례에 어긋날 뿐 아니라 위험도 매우 높아서 쉽게 승낙할 문제가 아니다. 이때 그의 요구사항을 거절하면서 대신 '5년간 수리비 할인'을 제안해 보자. 그러면 구매 이후를 걱정하는 고객의 불안을 잠재우고 협상을 순조롭게 진행할 수 있다.

다섯째로, 객관적 조건 걸기다. 상대방이 제시한 가격을 도저히 받아들일 수 없다면 그가 절대 거스를 수 없는 이유를 대자. 법률, 제도, 관례, 통계 등이 여기에 속한다. '법이 허락하는 한도에서', '관련 부처의 허가를 받아오신다면' 같은 말로 이야기를 시작하면 된다.

여섯째로, 역지사지 공격이다. 거절 의사를 정면으로 밝히지 말고, 이전에 상대방이 당신을 거절했던 일을 끄집어내서 반격하는 방식이다. 마음이 급해진 상대방은 방금 전의 공격을 잊고 대응책을 모색할 것이다. 설령 말려들지 않더라도 거절당하지 않으려면 이전의 거절을 철회해야 한다는 뜻을 전달한 셈이니 당신에게 유리하다.

일곱째로, 선긍정 후부정이다. 누구나 다른 사람에게 인정받기를 바란다. 그러므로 양측이 모두 동의하지만 그다지 중요하지 않은 문제를 이야기하면서 공감대를 형성하고, 서로 맞장구치면서 칭찬을 주고받으며 긍정적인 분위기를 만들자. 일단 우호적인 관계를 건립하면 너무 야박한 조건을 내밀지 않을 것이다.

이상의 방법을 상황에 따라 단독으로, 혹은 결합해서 활용하면 좋다. 하지만 기계적으로 적용하면 재주를 피우려다 일을 그르치게 될 테니 조심하기 바란다. 양측이 협상 테이블 앞에 앉는 이유는 윈-윈을 위해서임을 잊지 말자. 거절도 정도껏 해야지 아무데서나 'NO'를 외치면 협상이 제대로 될 리 없다.

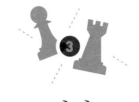

먼저
절충하지 마라

절충은 일상에서 가장 흔한 해결 방식이다. 사람들은 어려운 문제를 만났거나 해결 방법이 보이지 않을 때, 또는 의견 충돌이 발생하면 습관적으로 절충을 선택한다. 특히 흥정할 때 자주 볼 수 있는데 각자가 원하는 가격의 중간 즈음에서 합의를 보는 식이다. 그래서 가장 합리적으로 보이지만 사실 꼭 그렇지 만은 않다. 하버드의 협상 전문가들은 비즈니스 협상에서 가격 문제에 선불리 절충 방식을 도입해서는 안 된다고 조언한다. 상대방이 어떤 양보와 타협안을 내놓을지 알 수 없기 때문이다.

베테랑 협상가는 절대 먼저 절충하지 않는다. 정말 어쩔 수 없이 하게 되더라도 단번에 끝내지 않고 여러 차례 거듭해 3:1 정도로 가격을 맞춘다.

은행 대출로 자금을 마련해 부동산에 투자하고 가격이 오르면 되

협상의 심리

팔아 차액을 챙기는 사업가가 있었다. 그는 언제나 부동산을 매각하면 대출금의 일부를 즉시 상환하는 조건으로 대출을 받았다.

주택 하나를 매각하고 얼마 지나지 않아 은행에서 대출금 중 3만 5,000달러를 상환하라는 연락이 왔다. 사업가는 상환액을 2만 9,000달러로 낮출 요량으로 은행에 갔지만 담당자는 3만 2,000달러 아래로는 안 된다고 말했다.

사업가는 절충의 여지가 있다고 보고 이 가격을 받아들이지 않았다. 예상대로 담당자는 3만 1,000달러를 제안했고, 사업가는 이렇게 말했다.

"죄송하지만 이 액수도 어렵겠습니다. 조금만 더 생각해 주시죠. 분명히 방법이 있을 겁니다."

상대방이 먼저 절충액을 말하게 하려는 의도였다. 과연 담당자는 잠시 후, 곤란한 표정으로 3만 500달러를 제안했다.

이때 사업가의 머리를 스치는 생각이 있었다. 사실 그는 은행에 오기 전에 이야기를 해보고 3만 2,000달러까지만 깎아도 좋겠다고 생각했다. 그래도 밑져야 본전이라는 마음으로 계속 절충을 유도했더니 그때마다 액수가 점점 내려갔다. 그는 속으로 쾌재를 불렀지만 아무렇지도 않은 듯 태연하게 말했다.

"그러지 말고 제가 1,000달러 양보할 테니 3만 달러로 하죠. 그러면 제가 두 배 양보하는 셈입니다. 겨우 500달러 차이입니다!"

듣고 보니 정말 그랬다. 담당자는 잠시 생각하다가 이 500달러를 더 받아봤자 큰 의미가 없을 거라고 결론 내리고 3만 달러에 동의했다.

이 사업가는 절충의 기교를 잘 아는 사람으로 먼저 절충안을 내놓지 않으면서 시간만 끌었다. 사례에서 보다시피 절충안을 내놓는 쪽이 계속 더 불리해진다. 그렇게 몇 차례 계속 하면 절충의 폭이 점점 줄어들어 겨우 이 돈을 받겠다고 시간 낭비할 필요 없다는 생각이 들어 그나마 양보하고 만다. 담당자는 자신이 3만 500달러에서 500달러만 양보했다고 생각하지만 은행이 처음에 받으려고 했던 3만 5,000달러를 생각하면 꽤 많은 양보를 한 셈이다.

하버드의 협상 전문가들은 상대방이 내민 절충안에 숨은 계략을 잘 살피라고 경고한다. 비즈니스 협상에서 절충은 '각각 한 발씩 양보'하는 방식으로 돌아가지 않는다. 사례의 사업가처럼 가능한 가격인데도 계속 절충을 요구할 수도 있기 때문이다. 다음은 절충할 때 기억해야 할 세 가지다.

첫째, 상대방이 먼저 절충안을 내놓도록 유도하라. 상대방은 절충안 내놓아서 당신을 압박할 수 있다고 생각하겠지만 사실 그렇지 않다. 그에게는 승리했다는 느낌만 주고 진짜 승리를 당신이 차지하면 된다.

둘째, 절충만이 가장 공명정대한 방법이라고 생각하지 마라.

셋째, 양측이 원하는 가격에 차이가 있다고 꼭 그 중간 가격을 선택할 필요는 없다. 절충하기 전에 모든 흥정의 수단과 기회를 이용하자. 절충은 최후의 수단이다.

첫 번째 가격을
거부하라

생각해보자. 당신이 가격을 제시했는데 상대방이 전혀 주저하지 않고 받아들인다면 어떻겠는가? 이론대로라면 순조롭게 목적을 이루었으니 즐거운 마음으로 축배라도 들어야 한다. 하지만 현실은 절대 그렇지 않다. 어쩌면 협상 전보다 더 혼란스러워질 수도 있다. 왜 저렇게 쉽게 받아들이지? 가격이 너무 낮았나?

입장을 바꾸어 보면 답은 금방 나온다. 당신이 상대방의 첫 번째 가격을 받아들였다면 왜일까? 당연히 예상보다 훨씬 낮은 가격이기 때문이다. 상대방은 밝게 웃으며 악수를 청하겠지만 잠시 후에 분명히 '가격이 너무 낮았나? 다음 협상은 가격을 너무 후하게 하면 안 되겠어.'라고 생각할 것이다. 그래서 베테랑 협상가들은 '반드시 첫 번째 가격을 거부하라고' 조언한다. 그래야만 상대방이 더 좋은 가격으로 당신을 유혹할 테니까.

한 남성이 타고 다니던 차를 팔기로 결심했다. 미리 집에서 가격을 생각해 본 그는 동급 중고차의 최저 거래 가격이 6,000달러이므로 적어도 7,000달러는 받아야겠다고 생각했다.

그는 사람들이 많이 다니는 큰길에 차를 세우고 '중고차 판매'라고 적힌 종이를 붙였다. 관심 있는 사람이 몇 명 있었지만 그들이 원하는 가격은 너무 낮았다.

'7,000달러는 안 되겠어. 6,500달러에 산다는 사람이 있으면 그냥 팔아야지!'

어느덧 해가 뉘엿뉘엿 지고 있었다. 오늘은 그만 돌아가야겠다고 생각한 순간, 한 청년이 다가오더니 큰 소리로 말했다.

"와! 이 차 정말 멋지네요!"

"젊은 사람이 이 브랜드를 좋아할 줄은 몰랐네요. 취향이 아주 고급스럽군요. 내가 이번에 다른 차를 한 대 사서 이 차를 팔려고 해요. 안 그랬으면 절대 팔지 않았을 거요. 운전석에 한 번 앉아 봐요!"

청년은 매우 기뻐하면서 이것저것 묻는 등 관심을 보였다. 날이 어두워졌다.

"이봐요, 청년! 서로 시간낭비 하지 말고 원하는 가격을 말해요. 가격만 맞으면 내일 다시 만나 거래합시다."

청년은 잠시 생각해 보고 이렇게 말했다.

"8,000달러면 될까요? 더 이상은 못 드려요."

차주인은 뜻밖의 행운에 뛸 듯이 기뻤지만 표정 관리에 애쓰며 차분한 목소리로 말했다.

"내가 생각한 가격보다는 약간 낮지만 뭐 그 정도면 내가 양보하죠.

좋아요! 그럼 내일 아침에 이곳에서 다시 만나 거래를 마무리합니다."

청년 역시 기분이 무척 좋았다. 1만 달러 정도 하겠다고 생각한 그는 이렇게 쉽게 이야기가 끝날 줄은 상상도 못했다.

다음 날 아침, 다시 만난 자리에서 청년이 먼저 말문을 열었다.

"죄송하지만 어제 제가 너무 흥분했었나 봐요. 차는 정말 마음에 듭니다. 그런데 너무 흔쾌히 판다고 하셔서 조금 걱정스럽네요. 혹시 차에 무슨 문제라도 있나요? 가격을 조금 낮춰 주시면 모를까……, 하자 있는 차를 살 수는 없죠."

그 순간 차주인은 자신의 실수를 깨달았다. 왜 가격을 조금이라도 더 받으려고 시도하지 않았을까? 쓸데없이 시원스레 대답한 탓에 괜한 의심을 불러 거래가 깨질 판이었다. 결국 그는 어쩔 수 없이 청년이 원하는 대로 7,000달러를 받고 차를 팔았다.

뒷일이야 어찌되든 일단 파는 것이 목적이라면 상관없겠지만 이어진 협상에서 상대방이 마구잡이로 가격을 깎는 모습을 보고 싶지 않다면 절대 첫 번째 가격을 받아들이면 안 된다. 지난 번 협상에서 손해를 보았다고 생각한 그가 마치 굶주린 사자처럼 입을 크게 벌리고 당신의 이익을 빼앗아가려고 할 테니까.

전진을 위한
후퇴의 기술

협상에서 먼저 치고 나가서 주도권을 차지한다면 분명히 유리한 고지를 점령할 수 있다. 하지만 한도 끝도 없이 욕심을 부리거나 상대방을 숨도 못 쉬게 압박해서는 안 된다. 그랬다가는 자칫 상대방의 감정을 상하게 해서 협상이 결렬되기 쉽다. 그러므로 무조건 돌진하기보다 강약을 조절해서 전진을 위해 후퇴할 줄도 알아야 한다.

여기서 말하는 후퇴의 구체적인 방법은 바로 양보다. 비즈니스 협상처럼 다양하고 복잡한 문제를 다룰 때는 무조건 '철벽 방어'할 것이 아니라 적당히 양보할 줄도 알아야 한다. 협상은 자존심 싸움이 아니고, 양보는 패배가 아니라 오히려 공격에 가깝다. 당신이 먼저 양보하면 상대방은 자기도 무언가 양보를 내놓아야 한다는 압박을 받는다. 바로 이런 이유로 양보를 전진을 위한 후퇴라 하는 것이다. 양보에도 시기가 있다. 너무 일찍 하면 '경거망동'으로밖에 안 보이기 때문에 상대방을 만족시키기는커녕 오히려 경계하게 만들 테고, 너무 늦게 하면 상대방으로부터 보답을 얻어낼 기회가 없을 수도 있다. 협상 상황을 예의 주시하다가 적당한 시기에 적당한 정도로 양보한다.

하버드 협상학에 따르면 협상 중의 양보는 진짜 양보와 가짜 양보 두 가지로 나눌 수 있다.

이름에서 눈치 챘겠지만 상대방의 요구사항이나 생각을 진지하게 고려하고 실질적인 양보를 내놓으면 진짜 양보, 고려한다고 말만 하고 실제 행동은 하지 않으면 가짜 양보다. 전자는 이익과 직접적인 관계가 있고 타협의 여지도 있지만, 후자는 이익과 무관한 일종의 '립서비스'에 불과하다.

대신 가짜 양보는 상대방에게 당신이 그를 존중한다는 인상을 전달할 수 있다. 실체가 없는 말뿐이어도 상대방은 '이야기해봐야겠다고' 생각할 것이다. 아무것도 내주지 않으면서 효과를 일으키니 가짜 양보야말로 최고의 전략 아닌가?

진짜 양보는 훨씬 신중하게 결정해야 한다. 이 양보로 상대방의 양보를 이끌어낼 수 있다는 확신이 없다면 섣불리 시도해서는 안 된다. 실리를 잃고 주도권까지 빼앗길 수도 있으니 신중, 또 신중하자.

전진을 위한 후퇴에는 인내심이 필요하다. 한 번 의견 차이가 생기면 다시 뜻을 모으기가 좀처럼 쉽지 않아 긴 시간이 필요하다. 아예 그만두고 싶을 정도로 지쳐서 협상 테이블에 앉기도 싫을 수 있다. 하지만 그렇다고 억지로 합의를 위한 합의를 해서는 안 된다. 인내심을 발휘해 상황을 주시하다보면 돌파구가 보이고 목적을 이룰 기회가 나타날 것이다.

충동적인 사람과
웃으며 이야기하기

충동적인 사람은 빠르고 정확한 일처리를 선호하고, 세부사항에는 큰 관심을 두지 않는다. 또 쉽게 흥분하거나 화를 내기도 한다. 이런 사람은 쇼핑할 때도 여기저기 다니며 가격을 비교하거나 길게 흥정하지 않는다. 적당한 가격이라고 생각하면 이것저것 따지지 않고 즉각 구매한다.

매우 이성적인 사람도 평소에는 잘 드러나지 않지만 충동적인 면이 있다. 그러므로 적당히 분위기를 만들어 자극하면 구매욕을 이끌어낼 수 있다.

미국의 한 패션 매장은 고객의 '구매욕'을 자극하는 환경으로 유명하다. 템포가 빠른 음악, 심플하고 고급스러운 인테리어, 아름다운 조명은 파리의 패션쇼장을 방불케 한다. 이곳에서 고객은 패션모델처럼 멋진 옷을 입고 싶은 충동을 느끼고 옷을 구매한다. 다음은 매장 관리자의 말이다.

"고객들은 우리 매장에서 이성을 잃죠. 우리는 구매욕에 불타는 고객들의 돈을 벌어들이고 있습니다. 다른 매장은 고객이 옷을 고르고 가격을 흥정하는 곳이지만 우리 매장은 그들이 쇼핑 욕구를 분출하는 곳입니다. 예전에 인디애나 대학에서 한 실험을 보니까 적당한 조도의 불빛이나 특별한 인테리어가 고객을 흥분시켜 충동구매를 유도한다고 하더군요."

이 매장에는 의외의 요소가 하나 더 있는데 바로 진열 방식이다. 옷들은 모두 커다란 테이블 몇 개에 마구잡이로 놓여 있다. 처음에는 매장 관리자도 반신반의한 시도였지만 효과는 대단했다. 고객들은 옷이 가지런하게 걸려 있을 때보다 더 적극적으로 손을 뻗어 옷을 고르고 입어보았다. 옷이 놓인 테이블 주위는 고객들이 몇 겹으로 빽빽하게 둘러쌌다. 물론 옷걸이에 걸려 있거나 테이블에 놓였거나 가격은 같다.

매장을 운영하는 사람이라면 다양한 상품을 구비하려고 애쓰기보다 기존의 상품을 장식품이나 가구와 조화롭게 진열하는 데 더 신경 써야 한다. 그러면 고객의 구매욕을 자극할 뿐 아니라 상품의 가치도 크게 올라갈 것이다. 또 상품 자체보다 이 상품을 소비하는 고객의 라이프스타일에 더 주목하고 더 나은 제안을 해보자. 고객은 상품 자체가 아니라 그것이 반영하는 라이프스타일을 구매하는 데 돈을 아끼지 않는다.

사례 속 매장의 관리자는 고객의 구매욕을 효과적으로 자극해 돈을 번다. 그의 경험을 비즈니스 협상에 적용해보자.

기나긴 협상 내내 이성적으로 사고하고 행동하는 사람은 흔치 않다. 자기도 모르게 튀어나오는 상대방의 충동적인 면을 잘 이용하면 협상을 유리하게 끌고 갈 수 있다. 협상 중에 상대방의 충동적인 면이 드러나면 놓치지 말고 기회를 최대한 이용하자.

상대방이 원래 충동적인 사람이라면 그의 '급한 성격'을 잘 이용하면 된다. 이런 사람들은 맺고 끊는 맛이 없이 늘어지는 일처리를 싫어하며 외부 환경의 영향을 쉽게 받는다. 이런 사람에게 세세하게 협상 조건을 설명해봤자 잘 듣지도 않으므로 큰 맥락만 짚어주고 핵심 문제로 바로 들어가는 편이 낫다.

다음은 충동적인 협상 상대를 만났을 때 참고가 될 만한 방법이다.

상대방이 협상안을 정확히 이해했는지, 혹시 무슨 트집이라도 잡을지 걱정할 필요 없다. 말할 때는 머뭇거리면서 답답하게 굴지 말고 정확한 단어로 시원스레 말하자. 좋으면 좋다, 싫으면 싫다고 당당하게 빨리 말하는 편이 좋다.

중국 속담에 "빠른 칼이 얽힌 넝쿨을 자른다."라는 말이 있다. 그는 당신이 주저하면서 결정하지 않으면 성의가 없다고 생각할 것이다. 당신에게는 신중함이지만 그에게는 우유부단함이다.

기억할 것은, 충동적인 사람은 개성이 강하고 비난, 거절, 질책을 견디지 못한다. 그러므로 의견 차이가 생기면 논쟁을 벌이기보다 적당히 비위를 맞추면서 협상하는 편이 낫다. 협상 초반에 상대방의 의도와 기호를 파악하고 이를 기초로 당신이 제안할 수 있는 조건을 강조해야 한다. 조금만 기분을 맞춰주면 상대방이 알아서 적극적으로 합의를 도출할 것이다.

한편 그가 원하는 '포인트'를 파악해서 이를 돌파구 삼아 협상을 진행하자. 충동적인 사람이라고 24시간 충동적이지는 않다. 충동에도 시간제한이 있으니 괜히 빙빙 돌려 말해서 시간 낭비하지 말고 재빨리 일을 처리해야 한다. 뜨거울 때 쇠를 내리치듯 시기를 놓치지 말고 속전속결로 협상하자.

협상에서 충동적인 상대를 만나는 일은 우연이지 바란다고 되는 일이 아니다. 이런 상대가 나왔다면 운이 무척 좋다고 할 수 있다. 그러므로 기회를 놓치지 말고 적극적으로 활용해서 협상의 주도권을 차지해야 한다.

미국의 '나중에 이야기하기' 전략

1973년에 욤 키푸르 전쟁(Yom Kippur War)이 발발하자 미국 정부는 급히 특사를 파견해 중재에 나섰다.

이스라엘 협상단장은 협상장에 도착하자마자 크게 화를 내며 책상을 치고 소란을 피웠다. 보다 못한 미국 특사가 입을 열었다.

"제발 앉으세요. 이집트와 이야기를 해야죠. 제3차 세계대전은 막아야 지 않습니까!"

하지만 이스라엘 협상단장은 앉기 전에 먼저 조건을 제시했다.

"좋습니다. 이집트와 이야기하죠. 하지만 그전에 먼저 성명을 발표하 겠습니다. 절대 협상하지 않겠다고요! 그쪽에서 무슨 소리를 하든 절 대 시나이 반도에서 물러날 수 없습니다. 1967년부터 이스라엘 땅이 에요. 거기 우리 석유갱이 얼마나 많은지 압니까? 절대 물러날 수 없습 니다!"

이스라엘 협상단장이 강경한 태도를 보이자 미국 특사는 일단 시나이 문제를 잠시 미뤄두기로 했다. 이 협상의 목적이 이스라엘을 시나이에 서 물러나게 하는 건데 이런 상태로는 협상이 제대로 될 리 없기 때문 이다.

"좋습니다. 우리도 시나이가 이스라엘에 얼마나 중요한 의미인지 잘 압니다. 1967년부터 관리하고 있고, 석유갱도 많으니까요. 좋아요! 일단 이 문제는 한 쪽으로 치워두고 다른 문제를 이야기합시다."

그는 '그다지 중요하지 않은' 문제로 일단 협상을 시작하고, 천천히 우회해서 시나이 이야기를 꺼내기로 했다. 미국 특사는 인내심을 발휘해서 몇 가지 작은 문제에서 이집트를 설득해 이스라엘에 유리한 합의를 이끌어냈다. 마치 곧 있을 커다란 미션을 통과하기 위해 '포인트'를 차곡차곡 쌓는 것처럼. 이윽고 본격적으로 시나이 문제를 이야기하기 시작했다. 물론 순탄하지는 않았으나 결국 이스라엘이 시나이에서 철수하는 걸로 협상이 마무리 되었다. 협상 내내 절대 물러나지 않겠다고 몇 번이나 이야기했지만 말이다.

**사례
분석** '나중에 이야기하기' 전략은 협상의 중요 문제를 직접적으로 다루지 않고 우회해서 시작하는 방식이다. 양측이 첨예하게 대립할 경우, 먼저 중심 의제가 아닌 내용을 다루면서 흥분을 가라앉히며 설득과 양보를 주고받는다. 이 과정에서 상대방의 입장을 이해하고 토론하면서 최종 합의의 기반을 쌓을 수 있다.

베테랑 협상가는 먼저 작은 문제들을 해결하면서 형성된 추진력으로 중요한 문제를 쉽게 해결하곤 한다. 반대로 경험이 없는 초보 협상가는 중요한 문제부터 해결해야 한다고 착각한다.

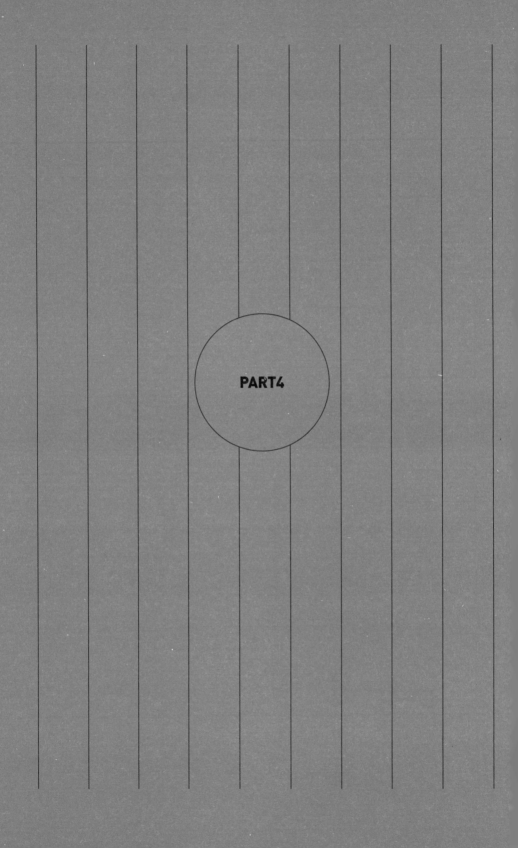

PART4

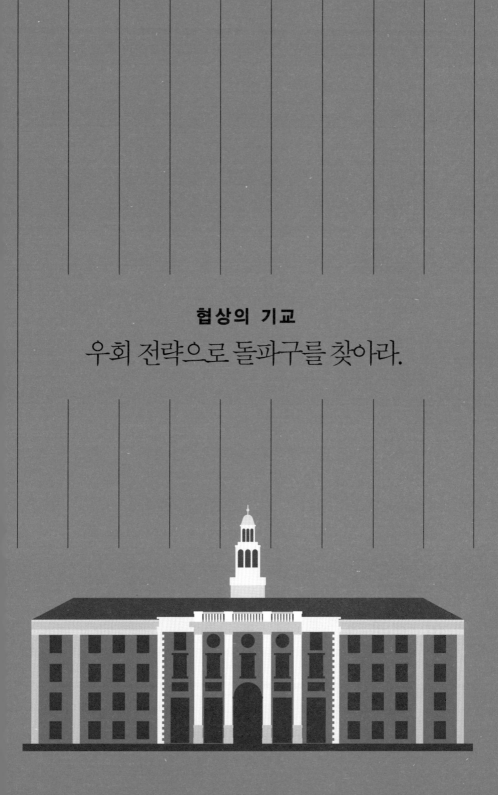

협상의 기교

우회 전략으로 돌파구를 찾아라.

열
번
째
수
업

◆

협상을 추진하는 힘

◆

협상할 때는 상대방에게 '일리 있지만 너무 지나치다'라는 인상을 줄 필요가 있다.

모든 협상에 적용할 수는 없지만 기본적으로 자신의 입장을 유지하면서 상대를 압박할 때

가장 합리적인 방법이다. 잘 활용하면 그가 계속 양보하게 만들 수도 있다.

상대가 놀랄 만한
조건 요구하기

비즈니스 협상에서 진짜 원하는 만큼 제안하는 건 바보 같은 짓이다. 경험이 많은 협상가는 언제나 기대보다 높은 가격 혹은 조건을 제시한다. 그래야 상대방이 생각하는 수준을 당신에게 맞추고 협상의 공간을 확보할 수 있기 때문이다. 수준 높은 조건을 제시할 때는 반드시 '원한다면 양보할 용의가 있다는' 인상을 주자. 이도 안 들어갈 정도로 단단하게 확정된 조건이라는 인상을 풍겨서는 안 된다.

태풍이 불던 밤, 가난한 노부부의 집이 속절없이 무너졌다. 오갈 데가 없어진 두 사람은 급한 대로 결혼한 딸의 집으로 피신했다. 딸과 사위는 아이 넷과 함께 작은 집에 살고 있었는데 여기에 노부부까지 들어오니 안 그래도 비좁은 집이 더 좁아졌다. 식사 시간에 다 같이 앉아 밥 먹기도 힘들 정도였다. 결국 얼마 못 가 가족끼리 사이가 나빠졌다.

착한 딸은 늙은 부모님을 내쫓고 싶지도, 남편과 아이들에게 매일

인상을 쓰며 살고 싶지도 않았다. 어느 날 그녀는 옆 마을의 현자(賢者)를 찾아가서 도움을 구했다.

"저는 어떻게 해야 할까요?"

현자는 천천히 담뱃대를 들어 올리더니 한 모금 빨고 연기를 내뱉은 후에 물었다.

"식구들과 협상해야죠. 그들이 현실을 받아들이고 지금 얼마나 편히 살고 있는지 깨닫게 해요."

"죄송합니다만 무슨 말씀인지……, 다들 이렇게는 못 산다고 아우성입니다. 저도 답답한 걸요."

현자는 손을 휘휘 저으며 말했다.

"알아듣기 쉽게 설명해 드리리다. 지금 마당에서 키우는 닭 열 마리를 오늘부터 집안에서 키워 보시오."

딸은 너무 황당했지만 이유가 있을 거라고 생각하고 시키는 대로 했다. 물론 이날 이후로 집은 엉망진창이 되었다. 온 집안에 닭털이 휘날리고 가족들은 짜증을 부렸다. 스트레스가 극에 달하자 딸은 다시 한 번 현자를 찾아갔다.

하소연을 들은 현자는 살짝 미소 지으며 말했다.

"아주 좋아요. 하지만 아직 부족한 것 같으니 오늘부터는 마당의 돼지 세 마리도 집 안으로 데리고 들어가시오."

딸은 자신의 귀를 의심했다. 현자의 말은 거의 저주에 가까웠지만 그녀는 마지막이라는 심정으로 돼지 세 마리를 집 안으로 들였다.

굳이 설명하지 않아도 알겠지만 집은 더 좁고, 더 시끄럽고, 훨씬 더러워졌다. 사람 여덟 명, 닭 열 마리, 돼지 세 마리가 한 데 뒤엉켜 발

디딜 틈도 없었다. 이제 가족들은 위아래 할 것 없이 서로 얼굴만 보면 싸웠다. 딸은 현자에게 달려가 울면서 말했다.

"알려주세요. 대체 어떻게 해야 하나요? 더 이상은 이렇게 살 수 없습니다. 제발 우리 가족을 구해주세요!"

현자는 부드럽게 웃으며 말했다.

"지금 집으로 돌아가서 닭과 돼지를 마당으로 돌려보내요. 다들 집이 넓어졌다고 좋아할 겁니다."

이제야 현자의 말을 이해한 딸은 돌아가자마자 닭과 돼지를 내보냈다. 이후 여덟 식구는 아무런 갈등 없이 행복하게 살았다.

사례에서 가족들은 극한 상황을 경험한 후에야 비로소 얼마나 편하게 살고 있는지 깨달았다. 만약 딸이 닭과 돼지를 동원하지 않았다면 절대 몰랐을 일이다. 이처럼 협상할 때는 실제보다 수준 높은 조건을 제시해야 한다. 확실하게 하려면 상대방이 절대 받아들일 수 없는 조건이 제일 좋다. 일단 그렇게 해놓고 협상하면서 조금만 양보해줘도 그는 자신이 승리했다고 느낄 것이다.

수준 높은 조건과 실제 기대하는 조건의 차이가 바로 당신의 협상 공간이다. 이 안에서 적절히 양보와 타협을 하면 최상의 결과를 이끌어낼 수 있다. 물론 초보 협상가는 구체적인 방법을 배우고 다양한 협상 경험을 통해 연마해야 한다. 다음은 이와 관련해 하버드의 협상 전문가들이 제시한 방법이다.

첫째로, 유도에 말려들지 마라. 상대방은 자신의 협상 공간을 최대화하기 위해 당신에게 먼저 조건을 말해보라고 제안할 것이다. 비즈니스 협상에서 흔히 볼 수 있는 장면이다. 이때 상대방이 유도하는 대로 먼저 조건을 내놓으면 스스로 협상 공간을 축소하는 꼴이다. 이렇게 되면 앞에서 한 협상이 아무 소용없어지므로 다음과 같이 말하자.

"사실 저는 현 상황에 매우 만족합니다. 그쪽에서 저를 찾아오셨으니 조건도 먼저 말씀하시죠."

둘째로, 모를수록 더 과감해져라. 현 상황을 잘 모른다면 과감하게 조건을 최대로 끌어 올리자. 그 이유는 다음과 같다.

어차피 아는 바가 없으니 상대방이 수용할 수 있는 수준도 정확히 예측하기 어렵다. 일단 당신의 경험을 토대로 조건을 설정하되 수준을 최대한도로 높여야 협상의 공간이 넉넉하게 생긴다. 쉽게 말해 어차피 모르니 일단 '세게' 나가라는 의미다.

첫 협상에서 상대방이 깜짝 놀라 자빠질 만한 조건을 부르자. 그리고서 크게 양보하면 양측의 관계가 훨씬 좋아질 것이다. 시원스럽게 양보해서 분위기를 좋게 만들려면 우선 첫 조건의 수준이 높아야 한다. 극단에 가까운 조건으로 상대방에게 '조정할 수 있다는' 의미를 전달하면 된다. 이는 협상을 진행시키는 추진력이 될 것이다.

셋째로, 합의 가능성을 알려라. 수준 높은 조건을 제시하되 정도를 지켜야 한다. 조건이 너무 터무니없으면 상대방의 경계심만 키울 뿐이다. 그들은 대체 어느 정도가 적당한지 모르기 때문에 막무가내로 조건을 낮추려고만 할 것이다. 그러므로 조건을 제시한 후, 즉각 '협의 가능하다고' 알려서 그를 안심시켜야 한다.

마지막으로, 승리감을 선물하라. 상대방이 이 협상의 '진정한 승리자'라고 생각하게 만들자. 이후의 합작에 유리할 뿐 아니라 '승리'의 결과인 각 조건을 군말 없이 받아들이게 할 수 있다. 그러므로 협상 초기부터 덜컥 양보해주지 말고, 뜸 들이고 애태워서 '간신히 양보를 이끌어냈다'고 느끼게 하는 편이 좋다. 초보 협상가들은 조바심을 내며 협상을 시작한지 얼마 되지도 않았는데 어느새 최저선까지 양보하곤 한다. 반면에 베테랑 협상가들은 상대가 어떤 첫 제안을 하든지 개의치 않고 느긋하게 협상한다. 그리고 최후의 순간에 적당히 양보해서 상대방에게 승리감을 선물한다.

국제 사회의 세력균형을 주장한 헨리 키신저(Henry A. Kissinger)는 협상의 고수였다.

"협상 결과는 당신의 조건이 얼마나 높았는가로 결정된다."

그의 말은 수준 높은 조건을 제시해서 협상의 공간을 확보하는 일이 얼마나 중요한지 잘 보여준다. 기억하자. 어떤 상황에서도 반드시 상대방이 먼저 조건을 제시하게 유도하고 이를 토대로 당신의 목표치와 최저선을 확정해야 한다. 그러면 어느 정도 절충하더라도 기본 목적을 이룰 수 있다.

하버드가 만든
파워 협상

'파워 협상'은 하버드 경영대학원이 체계화한 협상 이론이다. 여기에는 기존의 다양한 협상 이론 뿐 아니라 창의적이면서도 실제에 적용 가능한 많은 협상술이 포함되었다. 특히 나날이 고도화되는 비즈니스 협상에 적합하므로 협상가라면 시대 발전에 발맞춰 반드시 익혀야 할 학문이다.

하버드가 제안한 파워 협상의 핵심 키워드는 다음과 같다.

첫 번째 키워드는 가격이다. 가격은 비즈니스 협상에서 가장 중요한 부분, 아니 사실 비즈니스 협상의 전부라고 해도 과언이 아니다. 가격 협상에 약한 사람은 협상가라 할 수도 없다. 가격 협상술의 핵심은 다음의 세 가지다.

(1)　높은 가격을 제시한다. 앞에서 이야기한 '수준 높은 조건'이 비즈니스 협상에서는 곧 '높은 가격'이다. 여기에서는 따로 설명하지 않는다.

(2)　상대방이 원하는 가격을 먼저 말하게 한다. 우선 그가 원하는 수준을 알아야 너무 낮거나 높은 가격을 제시하지 않을 수 있다.

(3)　원하는 대로 가격을 조정한다. 적당한 폭과 범위로 원칙에 입각해서 가격을 조정해야 한다. 상대방이 당신의 압박을 버티지 못하면 양보 혹은 절충의 기회가 발생할 것이다.

두 번째 키워드는 잠식이다. 누에가 뽕잎을 먹듯이 조금씩 먹어 들어가는 전략이다. 양측의 의견이 크게 다르지 않아도 찾아보면 여전히 이익을 얻을 수 있는 부분이 분명히 있다. 상대방이 흔쾌히 양보할 정도로 작은 이익이지만 이렇게 한 발, 한 발 나아가면 어느새 꽤 멀리 가 있을 것이다. '작은 부분에서 인색하지 않으려는' 심리를 잘 이용하면 상대방의 이익을 잠식할 수 있다.

세 번째 키워드는 유인이다. 고객이 물건을 대량으로 주문한 후, 반드시 3일 안에 배송해 달라고 했다. 불가능하다고 판단한 당신은 배송 기간을 늘리는 대신 할인 혜택을 제공했다. 하지만 사실 고객은 별로 급하지 않았다. 이것이 바로 비즈니스 협상의 '유인'이다.

상대가 혹할 만한 미끼를 던진 후에 곧이어 까다로운 조건을 요구하자. 그러면 그는 미끼를 놓기 싫어 자발적으로 양보할 것이다.

네 번째 키워드는 우위다. 협상에 나서기 전에 자신이 어느 부분에서 유리한지 정확하게 파악해야 한다. 비즈니스 협상을 전쟁에 비유하자면 우위는 곧 방향이고 전략이다. 예를 들어 가격에서 불리하다면 높은 상품 가치를 강조해야 한다. 자신의 장단점, 유불리를 명확하게 알아야 원하는 방향으로 협상할 수 있다.

다섯 번째 키워드는 심리다. 협상할 때는 상대방의 심리 변화에 주시해야 한다. 최종결정권이 없는 사람은 잘못된 결정을 내릴까 봐 의도적으로 시간을 끌고 부가적인 문제를 들먹인다. 반대로 최종결정권이 있는 사람은 이익을 최대한도로 키우기 위해 결정을 유보한다. 협상가라면 상대방의 미세한 변화로부터 '진짜' 협상 당사자를 파악한 후, 양측 모두에 이롭다는 확신을 주고 최대한 빨리 마무리해야 한다.

여섯 번째 키워드는 강온 전술이다. 협상가는 상황에 따라 기세를 바꾸어야 한다. 강해야 할 때 주저하거나, 부드러워야 할 때 고집을 부려서는 안 된다. 과하게 강하거나 부드러워도 곤란하다. 적당한 정도로 강함과 부드러움을 잘 오가는 쪽이 협상을 끌고 가는 법이다. 강온 전술은 우호적인 분위기를 유지하면서 목적을 달성할 수 있는 최고의 방법이다.

일곱 번째 키워드는 밀고 당기기다. 강경한 태도로 압박하는 상대를 만난다면 밀고 당기기 전략이 적합하다. 이런 사람에게 '이에는 이, 눈에는 눈'을 외치며 달려 들어봤자 실속 없이 싸움만 난다. 공격과 후퇴를 반복하면서 상대방을 지치게 만들자. 그는 이미 전의를 상실했으니 협상의 주도권은 당신 차지다.

여덟 번째 키워드는 인내다. 적과 대치하는 장군의 심정으로 참고 또 참자. 비즈니스 협상에서는 더 많이 참는 쪽이 더 많이 가져간다. 시간이 흐를수록 유리해질 테니 조급해하지 말고 상대방이 무너질 때까지 버텨야 한다. 마침내 그에게 틈새가 보였을 때, 놓치지 말고 공격해서 무너뜨려라. 협상에서 양측은 지혜와 전략뿐 아니라 인내심도 겨뤄야 한다.

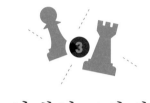

상대의 도발에
꿈쩍 않고 버티기

하버드의 협상 전문가들은 훌륭한 협상가가 갖추어야 할 요소로 업무 능력, 인격, 그리고 '상황 대응력'을 꼽는다. 협상가는 협상 중에 돌발 상황이 발생했을 때 침착하다 못해 태연자약하게 대응할 줄 알아야 한다. 여기에 취약한 사람은 협상을 시작하자마자 상대방의 기세에 눌려 말 한 번 제대로 못한다. 소위 '멘탈이 강한' 사람은 어떤 상황이 발생해도 꿈쩍 않고 버텨서 상대방이 공들여 파 놓은 함정에 빠지지 않는다.

로널드 레이건(Ronald W. Reagan)은 대통령 재임 시절, 반대자가 많았다. 어느 날 오전, 공화당 전체 회의에서 한 의원이 갑자기 벌떡 일어나더니 과장된 표정과 말투로 말했다.

"대통령님, 우리 의원들은 회의를 마치고 함께 점심식사를 할 예정입니다. 혹시 같이 드시려면 밥값 5달러를 내야 합니다. 없으면 제가 빌려드리죠."

당시 돈 문제로 구설수에 오른 대통령을 난감하게 만들려는 시도였다. 현장에 있던 모든 사람이 레이건을 바라보았지만 그는 미소만 지을 뿐, 아무 말도 하지 않았다.

회의가 끝나고 모두 연회장으로 이동했다. 아까 그 의원은 목적을 달성하지 못해 분했는지 다시 큰 소리로 레이건에게 점심값을 빌려주겠다고 말했다. 바로 이때, 그 누구도 예상하지 못한 일이 일어났다. 대통령이 양복 주머니를 한참 뒤지더니 마치 마술사처럼 5달러짜리 새 지폐를 꺼내는 것 아닌가! 깜짝 놀란 사람들은 멍하니 그를 바라보았다.

"회의 전에 어떤 사람이 잡지 표지에 쓰겠다며 제 사진을 찍어갔는데 모델료로 받은 돈입니다. 아까 회의에서 어떤 분이 제가 돈이 없을 거라고 생각했는지 빌려주겠다고 하셨죠. 사람들 앞에서 거절당하면 민망할까 봐 아무 말도 하지 않았는데 또 저러시네요."

레이건의 말이 끝나자마자 커다란 웃음소리가 연회장에 가득 찼고 그 의원은 멋쩍은 표정으로 자리에 앉았다. 사람들은 레이건이 돌발 상황을 침착하게 대응하는 모습에 탄복했다.

레이건은 의원의 첫 번째 시도를 미소와 침묵으로 대응했다. 하지만 그가 다시 도발하자 유머러스하게 반격했다. 그 5달러짜리 지폐를 언제 어디서 주머니에 넣었는지, 혹시 진짜 모델료인지는 중요하지 않다. 레이건이 얼마나 침착하게 일을 처리했는지에 주목하자.

비즈니스 협상을 할 때는 항상 돌발적인 상황이 발생한다. 상대방이 당신을 자극하며 도발할수록 냉정하게 감정을 제어하면서 협상 기술을 이용해 반격해야 한다. 그래야 끌려 다니지 않고 순조롭게 협상을 진행할 수 있다.

하버드의 협상 전문가들은 어떤 상황에서도 꿈쩍 않고 버티기 위해 필요한 심리 요소로 다음의 세 가지를 제안했다.

첫째로, 진취성과 책임감이다. 협상가는 모든 열정과 에너지를 협상에 쏟아야 한다. 장기 합작을 위한 비즈니스 협상에서 진취성과 책임감을 구비한 협상가만이 윈-윈이라는 최고의 결과를 얻는다. 과학적이고 진지한 태도, 실사구시와 혁신을 추구하는 마음으로 협상해야 임무를 완성할 수 있다.

둘째로, 인내와 끈기다. 프랜시스 베이컨(Francis Bacon)은 1608년에 쓴 에세이 '협상에 관하여(Of Negotiating)'에서 이렇게 말했다.

"협상이 아무리 괴롭고 힘들어도 단번에 끝내려고 해서는 안 된다. 오로지 원칙과 순서에 따라 수행하며 과일이 익어 저절로 떨어질 때까지 기다려야 한다."

협상에서 양측은 지혜와 전략뿐 아니라 인내심도 겨뤄야 한다. 협상에서 받는 스트레스의 크기는 사업에 못지않다. 중요하고 어려운 협상이 한두 번으로 끝나는 경우는 없으니 인내와 끈기가 없다면 애초에 성공할 생각을 접는 편이 낫다. 이 두 가지는 협상가가 갖춰야 할 심리 요소일 뿐 아니라 매우 효과적인 협상 기법이다.

셋째로, 예의와 성의다. 존중은 협상의 전제조건이다. 타인을 존중하는 사람만이 객관적이고 합리적으로 일하는 법이다. 협상가는 항상 겸손하고 예의 바르게, 성의를 다해 행동해야 한다. 비즈니스 협상은 사업의 일환으로 국가에 적용하면 외교 활동이라 할 수 있다. 양측은 상호 존중, 상호 이익을 원칙으로 공동의 목표를 위해 우호적인 관계를 건립해야 한다.

넷째로, 감정 조절이다. 협상은 이성적인 활동으로 감정이 개입하는 순간, 불리해진다. 이런 이유로 협상가는 반드시 감정 조절 능력을 갖춰야 한다. 위험과 책임을 두려워하는 사람은 기회가 없다. 감정 조절에 능한 협상가는 위험도가 높거나 책임이 큰 문제를 마주해도 주저하거나 회피하지 않으며 과감하게 결정하고 용감하게 도전한다. 또한 신랄한 비난과 질책에 부딪혀도 맑은 정신과 냉철한 사고방식으로 잠재능력으로 발휘해서 협상을 성공시킨다.

좋은 분위기
만들기

하버드의 협상 전문가들은 다양한 사례를 연구한 결과, 협상장의 분위기가 최종 결과에 직접적인 영향을 준다고 확신했다. 무겁고 답답한 분위기는 협상가를 압박해서 일의 진척을 느리게 한다. 이런 분위기 속에서는 간단한 협의로 끝날 일도 까다로워져서 시간이 더 많이 소비된다. 이런 이유로 점점 더 많은 협상가가 협상 장소, 환경, 언어 배경 등을 중시하며 선택에 고심하고 있다. 분위기를 최적화해서 수월하고 효과적으로 일을 처리하기 위해서다.

부동산 투자신탁회사 보르나도 리얼티 트러스트(Vornado Realty Trust)의 CEO 스티븐 로스(Steven Roth)는 '맨해튼도 팔 수 있는 사람'이라 불리는 전설적인 인물이다. 그는 투자 관리에 뛰어날 뿐 아니라 좋은 협상 분위기를 만들 줄 아는 사람이었다. 이런 특징은 그가 처음 사회에 발을 들였을 때부터 드러났다.

청년 시절, 스티븐 로스는 장례식장에서 일하며 사업자금을 모았다. 어느 날 우연한 기회에 소규모 자동차 렌탈 업체를 대신해 지미 키멜이라는 사업가와 협상하게 되었다. 키멜은 당시 뉴욕에서 주차장을 가장 많이 소유한 부호였다. 첫 만남에서 로스는 단도직입적으로 임대료를 충분히 낼 테니 주차장을 임대하고 싶다고 말했다. 렌탈용 차량을 넣어두기도 하고 고객에게 주차 서비스를 제공하려는 계획도 설명했다. 하지만 키멜은 시큰둥한 표정으로 대충 몇 마디 하더니 골프를 치러 갔다.

이렇게 해서 로스의 첫 번째 협상은 실패했다. 집으로 돌아온 그는 키멜에 관한 정보를 샅샅이 조사했다. 그중 하나가 로스의 흥미를 끌었다. 알고 보니 키멜은 경마에 푹 빠진 사람으로 자기 말도 한 마리 가지고 있었다. 이는 당시 돈 좀 있다는 사람들 사이에서 유행하는 취미였다. 천만다행으로 로스도 완전히 문외한은 아니었다. 돈이 많아서가 아니라 처가가 말 목장을 경영하면서 직접 경마에도 참여하는 덕분이었다.

'일단 경마 이야기로 환심을 사고 슬슬 사업 이야기를 하면 되겠어!'

이어서 로스는 최신 경마 트렌드, 명마(名馬) 리뷰 등을 빠뜨리지 않고 모두 읽기 시작했다. 만반의 준비를 갖춘 후, 로스는 다시 키멜의 사무실로 갔다. 키멜은 문을 열고 들어오는 그를 본체만체하며 뚱한 표정으로 골프채를 닦느라 분주했다. 로스는 바로 그에게 다가가지 않고 여유로운 태도로 사무실을 쭉 둘러보았다. 그의 시선이 벽에 걸린 사진 하나에 머물렀다. 바로 키멜의 말이었다. 사진 앞에 선 그는 반가운 목소리로 말했다.

"오! 이 경기의 2번 말 로젠탈이군요. 정말 좋은 말이죠."

키멜은 반색하며 말했다.

"경마를 하십니까?"

"제 말은 없지만 경마광이기는 하죠."

이렇게 해서 드디어 빗장이 열렸다. 한참동안 경마 이야기를 하다가 점심시간이 되자 키멜이 먼저 함께 식사하자고 말했다. 하지만 로스는 아쉬운 표정으로 말했다.

"글쎄요. 이것 참……, 일하러 와서 경마 이야기만 했군요. 제가 임무를 달성해야……"

말이 채 끝나기도 전에 키멜이 어깨를 두드리며 말했다.

"이 사람 좀 보게! 지금 당장 계약하고 밥 먹으러 가세!"

친구가 된 두 사람은 오랜 사업 파트너가 되었다.

로스는 첫 협상에서 분위기의 중요성을 깨달았다. 그리고 다음 협상에서 경마를 화제로 자연스럽게 우호적인 분위기를 만들고 협상을 멋지게 성공시켰다. 분위기가 좋으면 양측이 자연스럽고 원활하게 정보를 주고받아서 아무리 까다로운 문제라도 수월하게 해결할 수 있다. 그래서 베테랑 협상가들은 협상 초기부터 적극적으로 좋은 분위기를 만들려고 한다.

가볍고 유쾌한 분위기는 긴장을 완화하고 두뇌 회전을 빠르게 만들어준다. 또 애쓰지 않아도 서로에 대한 관심과 존중을 드러내기 때문에 성공 확률이 커진다. 협상 초반에 좋은 분위기를 형성하려고 애쓴다면 생각보다 훨씬 쉽게 문제를 해결할 수 있다.

박력 넘치는 태도

협상할 때, 과시하며 잘난 척 거만하게 굴어서도 안 되겠지만 그렇다고 혹시 뭐가 잘못되어 불똥이라도 튈까 봐 몸을 사리는 태도도 좋지 않다. 협상가는 박력을 발휘해서 과감하게 약속도 하고 호언장담도 해야 주도권을 장악하고 협상을 유리하게 끌고 갈 수 있다.

미국에 사는 유대인 스탠튼과 브라운은 함께 마케팅 기업을 경영한다. 어느 날, 스탠튼은 일본 맥도날드의 회장 후지타에게 전화를 했다.

"미국 맥도날드는 저희가 개발한 경품 마케팅 방식을 도입한 후로 5년째 매출이 상승하고 있습니다. 일본에서도 한번 시도해보시죠!"

스탠튼은 잠시 멈췄다가 다시 이어서 말했다.

"지금 방식은 구식입니다. 제가 말씀드리는 이 방법을 한번 써보세요. 더 많은 고객이 찾을 겁니다."

그가 말한 경품 마케팅 방식은 바로 '스크래치 복권'이었다. 카드 위에 은색으로 가려진 부분을 손톱으로 긁어서 드러난 경품을 증정하기 때문에 현장에서 당첨 여부를 바로 확인할 수 있다. 이 방식은 기존의 '응모 후 추첨' 방식보다 시간과 에너지가 크게 절약되고 고객의 참여감을 높여서 큰 인기를 끌었다. 스탠튼은 후지타가 대답하기 전에 다시 이야기를 시작했다.

"현재까지 미국 맥도날드는 카드를 총 7억 장이나 발급했습니다. 들으셨습니까? 무려 7억 장입니다. 미국 전체 인구가 2억 명인데 7억이라뇨! 얼마나 대단한 성과입니까?"

그러자 슬슬 관심이 생긴 후지타가 스탠튼을 일본으로 초대했다.

"스탠튼 씨, 조만간 한번 방문해주시죠. 직접 뵙고 이야기하고 싶습니다."

"그러죠! 문제없습니다. 직접 가서 설명하면 더 이해하기 쉽겠죠. 비용은 10만 달러입니다."

"뭐라고요? 10만 달러요? 왜 우리가 10만 달러를 드려야 합니까?"

"설명에 최대 두 시간 정도 걸리는데 결국 이게 기술을 공개하는 거라서요. 그러니까 10만 달러는 기술 공개 비용인 셈이죠. 지불을 거절하시면 가지 않겠습니다."

"아, 그렇군요. 생각해보고 다시 연락드리죠."

전화를 끊은 후지타는 곰곰이 생각했다. 일본에서 두 시간짜리 마케팅 강의료는 대략 30~50만 엔인데 스탠튼은 무려 2,400만 엔을 요구했다. 그러니까 강의 10분 당 200만 엔을 받겠다는 이야기였다. 비싸도 보통 비싼 것이 아니었다.

후지타는 미국 맥도날드에 전화를 걸어 스탠튼이 믿을 만한지 물었다. 미국 측 관계자는 자신들도 비슷한 액수의 비용을 지불했다며 합리적인 요구라고 확인해줬다. 다음 날, 후지타는 스탠튼에게 전화를 걸었다.

"알아보니 말씀한 가격이 큰 무리도 아니더군요. 그런데 말입니다. 미국 맥도날드에서 이미 지불했다고 하던데요. 거기가 우리의 합작사이니 중복해서 지불할 필요는 없다고 생각합니다. 같은 일을 하면서 돈은 두 배로 챙기겠다는 건가요?"

이 말을 들은 스탠튼은 웃으면서 말했다.

"좋습니다. 그럼 따로 강의료를 받지 않겠습니다. 대신 조건이 하나 있는데 이 일이 외부로 유출되지 않았으면 합니다. 맥도날드 각 지점이든 어디든 아무도 몰랐으면 좋겠군요."

얼마 후, 일본에 온 스탠튼이 일본 맥도날드 본사를 방문해 후지타를 비롯한 고위층에게 직접 '스크래치 복권'을 설명했다. 후지타는 그 참신하고 독특한 방식에 매료되었고, 스탠튼은 기회를 놓치지 않고 말했다.

"제가 보장하죠. 이 방식을 도입하면 월 영업액이 16% 이상 뛰어오를 겁니다. 분명합니다!"

"16%요? 스탠튼 씨, 무슨 말인지는 알겠는데 그래도 허풍이 너무 심하시군요."

"후지타 씨, 빈말이 아닙니다. 이 방식 하나로 16% 정도는 충분히 달성합니다. '적어도' 16%라는 말입니다. 그렇지 않다면 애초에 제가 10만 달러를 요구하지도 않았겠죠."

당시 일본 맥도날드의 월 영업액은 약 100억 엔이었다. 여기에서

16% 증가하면 116억 엔으로 늘어난다. 기존의 설비나 운송 시스템 쪽으로는 비용이 늘어나지도 않는다. 소고기나 빵 같은 원재료비가 더 들어가기는 하지만 16억 엔을 더 벌 수 있다면야 이 정도 비용은 문제가 아니다.

스탠튼은 계속 이야기를 이어갔다.

"한번 생각해 보시죠. 가장 비싼 수준으로 계산해도 원재료비 비중은 40% 이하입니다. 나머지 60%는 고스란히 수익으로 남는 거죠. 월 단위로 계산하면 매달 10억 엔씩 더 버는 셈입니다. 기억하시죠? 제가 원한 돈은 단 10만 달러, 그러니까 2,400만 엔입니다. 절대 과하지 않죠. 결정을 내리시면 기술을 완전히 양도하겠습니다."

후지타는 스탠튼의 논리적인 설명에 더 이상 버틸 재간이 없었다. 며칠 후, 스탠튼은 원하던 10만 달러를 받아 미국으로 돌아갔다.

이 협상에서 박력은 스탠튼의 든든한 조력자가 되었다. 박력 있게 밀어 붙이면서 과감하게 성공을 장담하지 않았다면 절대 후지타를 흔들지 못했을 것이다. 월 영업액이 16% 이상 증가했더라도 말이다.

하버드의 협상 전문가들은 박력있고 대담하게 이윤을 보장하거나 승리를 약속할수록 협상력이 높아진다고 조언한다. 이런 모습이 상대방의 신뢰와 흥미를 키우기 때문이다.

그렇다고 허풍을 떨라는 말은 아니다. 협상가가 하는 말은 반드시 사실을 근거로 해야 한다. 될 대로 되라는 식으로 과장, 허위, 허풍을 일삼다가는 신뢰를 잃고 아무것도 손에 쥐지 못할 것이다. 계약은 어찌어찌 성사시키더라도 결국 장담했던 부분을 해내지 못할 테니 더 큰 곤경에 빠질 것이 분명하다.

경쟁 부추기기 전술

업계에서 협상을 잘하기로 이름난 스티븐스는 화술도 좋았지만 외부의 힘으로 협상을 추진하는 데 능했다. 비즈니스 협상뿐 아니라 일상에서도 그러했다.

1999년 봄, 스티븐스는 마당에 가족용 수영장을 만들기로 했다. 언뜻 보기에는 간단한 일 같았지만 골치 아픈 일이 한두 가지가 아니었다. 결국 전문 시공업자를 고용해 공사를 맡기기로 하고 지역 생활 신문에 구체적인 시공 조건을 쓴 광고를 냈다.

반응은 무척 빨랐다. 스티븐스는 여러 후보 중에 가장 적합해 보이는 세 명으로부터 항목별 비용이 명시된 견적서를 받았다. 그런데 견적서를 보고 그중에서 한 명을 고르는 일도 만만치 않았다. 견적서 세 장을 놓고 분석할수록 마당에 수영장을 만드는 일이 얼마나 복잡한지 더 잘 알게 되었다. 시공업자 세 명은 모두 서로 다른 공사비용을 제안하고 설비와 방법 면에서 상세한 설명을 덧붙였다. 하지만 스티븐스는 뭐가 뭔지 도무지 알 수가 없었다.

경험이 많은 협상가인 스티븐스는 고민하다가 기발한 방법을 떠올렸다. 그는 세 시공업자에게 연락해서 만나서 이야기하고 싶으니 다음 날 집으로 와달라고 했다. 약속 시간은 각각 오전 9시 정각, 9시 15분,

9시 30분으로 했다.

시공업자들은 모두 약속 시간에 맞춰 왔다. 스티븐스는 마지막 시공업자가 온 후에 미안한 표정으로 말했다.

"여러분, 정말 죄송합니다. 급한 일이 생겨서 잠시 처리할 시간이 필요합니다. 편히 계시면서 조금만 더 기다려주세요. 최대한 빨리 오겠습니다."

세 사람은 이해한다는 표정으로 알았다고 말했다. 스티븐스가 2층으로 올라간 후, 그들은 함께 앉아 통성명도 하고 이야기도 나누면서 기다렸다. 30분이 흘렀다. 스티븐스는 이제 세 사람이 서로 어느 정도 파악했겠다고 생각하고 내려갔다. 다시 한 번 공손하게 사과한 그는 9시에 온 시공업자 A와 함께 서재로 갔다.

스티븐스는 A에게 수영장 공사 경험을 물었다. A는 사례를 들어가며 경험이 얼마나 많은지 자랑스레 말했다. 그리고 아까 이야기를 해보니 시공업자 B는 현재 미완공 공사가 많아 파산 지경이라는 이야기까지 덧붙였다.

스티븐스는 똑같은 질문을 B와 C에게도 했다. 그리고 B로부터 A와 C는 플라스틱 급수 파이프를 쓰지만 자신은 진짜 동 파이프를 쓴다는 이야기를 들었다. 또 C로부터 A와 B는 품질이 떨어지는 여과망을 쓰지만 자신은 품질이 확실한 자재와 공사기한을 지킨다는 이야기를 들었다.

이렇게 해서 스티븐스는 질문 하나만 던지고 듣기만 하고도 수영장을 만들 때 무엇을 확인해야 하는지, 세 시공업자의 상황이 어떤지 알게 되었다. 종합해보니 A는 가격이 가장 비쌌고 공사 수준은 중간 정도였다. B는 공사 수준이 가장 높았고, C는 가격이 가장 저렴했다. 이것 저것 전부 따진 후, 스티븐스는 B를 시공업자로 선정하고 탁월한 협상 실력을 유감없이 발휘해서 C가 말한 가격으로 계약했다.

경험이 많은 영리한 시공업자 세 명이 협상가 한 명을 이기지 못한 셈 이었다. 그들은 자기도 모르게 순식간에 공사 문외한 스티븐스를 순식 간에 전문가로 바꾸어 놓았다. 마침내 수영장이 완공되었다. 가족과 친구들은 모두 아름다운 수영장과 스티븐스의 협상력을 칭찬했다.

스티븐스는 협상에서 말 외의 방법을 이용할 줄 아는 사람이었다. 그 는 제스처, 경청, 눈빛 교류 등 다양한 방법을 이용해서 협상을 추진하 면서 상대방을 압박하지 않고도 유의미한 정보를 얻어냈다. 그 결과 적게 일하고 효과를 극대화하는 결과를 얻었다.

사례 분석 스티븐스는 수영장 공사에 대해 아는 바가 전혀 없었다. 이 런 상태로 협상에 나섰다가는 일이 더 복잡해 질 거라고 생 각한 그는 말 외의 다른 방법으로 목적을 달성하기로 결정했다. 그 결 과 시공업자들의 경쟁심을 교묘하게 부추겨서 각각의 장점과 단점을 파악하고 경제적이면서도 수준 높은 결과를 얻었다.

◆

일보 후퇴, 이보 전진

◆

일보 후퇴, 이보 전진은 갈등을 없애고 협상력을 키우는 전략이다.

여기에 능숙한 사람은 꽉 막혀 오도 가도 못할 상황에서도

반드시 돌파구를 찾아낸다.

이기는 양보의
기술

하버드의 협상 전문가는 모든 협상에는 양측의 양보가 반드시 수반되어야 하므로 양보를 두려워해서는 안 된다고 지적한다. 양보가 없다면 협상은 결렬이라는 최악의 상황으로 내몰릴 것이다. 그러므로 협상가는 반드시 머릿속에 '일보 후퇴, 이보 전진'이라는 생각을 새겨두어야 한다. 그렇다고 '남발'에 가까운 수준으로 양보해서는 안 된다. 시기와 조건을 탄력적으로 활용해서 최상의 효과를 일으킬 수 있는 양보만이 진정으로 이보 전진을 실현할 수 있다. 또한 양측이 서로 양보를 주고받으면서 협상이 진행되는 법이므로 상대가 양보할 수 있는 공간을 남겨주고 다시 이를 이용해 유리한 협상안을 제시할 줄도 알아야 한다. 기억하자. 먼저 양보한다고 패배하는 것이 아니다. 양보는 협상을 진일보시키는 매우 중요한 수단이다.

콜데란은 러시아의 외교관이다. 그녀는 머리가 좋고 경험이 많았으며 무엇보다 협상에 소질이 있었다. 어느 날, 콜데란은 러시아 상무부를 대표해서 노르웨이의 생선 가공 회사와 수입 협상을 벌이라는 명령을 받았다. 그녀의 재능을 마음껏 발휘할 수 있는 좋은 기회였다. 노르웨이 측은 마치 입을 크게 벌린 굶주린 사자 같았다. 그들은 처음부터 기본 가격을 하늘 높이 올려놓고 고집스럽게 버텼다. 협상 공간을 최대한 넓히려는 시도였지만 경험 많은 콜데란에게 통할 리 없었다.

그녀는 미리 최저선을 정해 놓고 천천히 조금씩 양보하기로 했다. 물론 노르웨이 측 협상가도 만만치 않았다. 양측이 모두 속내를 드러내지 않고 버티면서 협상은 순식간에 대치상황에 빠졌다.

콜데란은 이래서는 일이 해결되지 않겠다고 생각하고 먼저 한 발 물러서서 우회적으로 상대를 압박하기로 했다.

"좋아요! 말씀하신 가격에 동의할 수밖에 없네요. 하지만 저는 러시아 정부를 대리해 온 사람에 불과합니다. 정부에서 이 가격을 받아들이지 못하면 제 월급이라도 가져다가 차액을 지불해야겠죠. 평생 걸리겠네요!"

그러자 노르웨이 측 협상가들은 어리둥절한 표정으로 서로 쳐다보며 어찌할 바를 몰랐다. 그들은 콜데란이 저렇게까지 말하는 걸 보니 정말 불가능한 가격인가 보다고 생각했다. 아무리 가격을 올려 받고 싶어도 협상가 개인에게 차액을 내라고 할 수는 없지 않은가! 결국 그들은 가격을 낮추었고 협상은 순조롭게 진행되었다.

콜데란은 언뜻 양보처럼 보이는 말로 상대를 공격했다. 그녀는 '나는 그 가격을 받아들이고 싶지만 우리 정부는 받아들이지 않을 거야'라는 의미를 전달함으로써 마음을 드러냈다. 일보 후퇴, 이보 전진의 전략을 이용해 원하는 가격으로 합작을 달성하는 일거양득의 효과를 낸 셈이다.

　양보는 협상의 핵심이다. 양측은 상대방으로부터 양보를 끌어내야 하고, 이를 위해 자신도 양보해야 한다. 어느 정도의 양보를 받고, 얼마만큼을 보상해줄지도 심각하게 고려해야 한다. 엄밀히 말해서 양보가 없으면 협상 자체가 성립하지 않는다. 서로 양보 안하고 원하는 대로 하려면 협상할 필요가 없지 않은가? 미리 정한 최저선을 넘지 않는 적당한 양보로 대치와 갈등 국면을 지양하고 순조롭게 협상해야 양측이 모두 만족하는 결과를 얻을 수 있다.

변하지 않는
3가지 양보의 원칙

양보가 협상을 추진하는 동력임은 분명하지만 자칫 자기 꾀에 자기가 빠지는 수도 있으니 신중해야 한다. 그래서 협상가라면 반드시 기술적인 양보에 대해 깊이 고민하고 상황에 맞게 적절히 적용해야 한다. 특히 가격 문제에서 양보할 때는 반드시 그 폭에 주의해야 한다. 일정한 폭으로 가격을 깎아서 상대가 눈치 채게 해서도 안 되고, 한꺼번에 많이 깎아서 상대가 아직도 더 깎을 여지가 있다고 오해하게 만들어서도 안 된다.

하버드 협상학의 한 분야인 '가격 양보론'은 간단하고 재미있는 사례로 가격 양보의 기술을 설명한다.

당신이 차 한 대를 판다고 가정해보자. 미리 생각해 둔 최저가가 1만 5,000달러여도 일단 처음 부르는 가격은 1만 8,000달러여야 한다. 그래야 3,000달러만큼의 협상 공간이 생기기 때문이다.

당신은 이제 이 3,000달러를 이용해 구매자와 협상해야 한다. 이때 다음의 내용을 주의하자.

예를 들어 한 번에 500달러씩 가격을 양보한다고 하자. 물론 구매자는 당신이 몇 번이나 더 양보할지, 최저가가 얼마인지 모른다. 대신 그는 당신이 가격을 양보할 때마다 자신이 500달러씩 벌 수 있다고 생각할 것이다. 이런 상황에서 그가 할 수 있는 일은 오직 당신이 계속 양보하게 만드는 것뿐이다. 그렇게 여섯 번을 양보해서 최저가인 1만 5,000달러가 되면 당신은 더 이상 깎아줄 수 없다. 하지만 구매자는 이를 모르기 때문에 계속 양보를 요구할 것이다. 그는 이미 당신의 양보 폭을 간파했기 때문이다.

한편, 3,000달러 안에서 조금씩 여러 번 양보해야 상황을 유리하게 만들 수 있다. 큰 폭으로 한두 번 양보하면 양보 총액과 관련 없이 상대방은 아직도 더 많이 깎을 수 있을 거라고 생각한다. 예를 들어 처음에 2,000달러, 다음에 1,000달러를 양보했다고 하자. 당신은 이미 최저가에 도착했지만 상대방은 여전히 300달러쯤은 더 깎을 수 있다고 단정한다.

"여기서 한 푼도 더 깎을 수 없습니다. 1만 5,000달러가 최저가에요!"

당신이 아무리 외쳐봤자 그는 믿지 않는다. 끝까지 안 깎아주면 감정이 상해서 그냥 가버릴 가능성이 크다. '방금 1,000달러를 깎아줬으면서 겨우 300달러를 안 깎아주겠다는 거야? 팔 생각이 없나 보네!'라고 생각하면서.

양보할 때는 폭을 작게 여러 차례로 나누어서 하자. 자칫 상대방의 감정을 상하게 할 수도 있다.

결국 최저가에 팔게 되더라도 그 양보의 과정을 최대한 안정적으로 유지해야 한다. 누가 쫓아오지도 않는데 급하게 3,000달러를 한꺼번에 양보하는 등의 행동은 금물이다. 미치지 않고서야 누가 그런 짓을 하겠냐고 생각하는 사람도 있을 것이다. 하지만 이런 일이 드문 편도 아니다. 성격이 급해서, 오랜 협상에 지쳐서 그냥 빨리 끝내려고, 자신이 얼마나 상대를 배려하는지 보려주려고 등등 여러 가지 이유로 단번에 최저가를 부르는 식이다. 어떤 이유에서든 이렇게 '한 번에 무장해제하는' 협상가는 너무 순진, 아니 천진난만하다. 아마도 그는 끝까지 자신이 무엇을 잘못했는지 모를 것이다.

한 구매자가 당신의 차를 포함해 총 세 대를 놓고 가격을 저울질 한다고 가정해 보자. 그가 당신에게 다른 두 대의 가격이 각각 1만 6,000달러, 1만 5,500달러라고 말하면 어떻게 하겠는가? 어떻게든 고객을 붙잡아야 하니까 1만 5,000달러를 제안해야 할까? 그의 말이 진실이라고 확신할 수 있는가?

아니면 협상의 고수인 고객이 사람 좋은 미소를 지으며 당신을 회유할지도 모른다. 서로 시간 낭비 하지 말고 원하는 가격을 솔직하게 말해야 거래가 된다고, 미래를 바라보고 장사해야지 눈앞의 이익에만 집중하는 바보 같은 짓은 말자고 말이다.

그의 말에 홀라당 넘어가서 솔직담백한 태도로 가진 패를 전부 보여줘서는 안 된다. 그저 가격을 좀 더 낮춰보려는 전략일 뿐이기 때문이다. 물론 고객 역시 당신이 정말 최저가를 말했는지 확신할 수 없지만 대신 미끼를 던졌을 때 당신의 표정이나 눈빛에서 힌트를 얻을 것이다.

　조금씩 양보하면서 가격을 제안하고 상대방의 반응을 예리하게 살피자. 그가 아직 여유 만만하다면 점진적으로 조금씩 양보하면서 협상을 하자. 그가 협상의 고수라면 당신이 최저가를 이야기했을 때 금방 알아차릴 것이다.

　비즈니스 협상은 양측이 모두 동의하는 적당한 가격을 찾는 과정이다. 너무 많이 내리거나 올려서 들쭉날쭉 해서는 그 '적당한 지점'을 찾기 어렵다. 미리 최저가를 정한 후, 완만하고 세심하게, 어떠한 규칙도 없이 가격을 조절하자. 상대에게 당신의 패가 노출되지 않도록 조심하면서.

중국 총리의
품위 있는 공격

협상 중에 의견이 극명하게 나뉘는 민감한 문제가 나오면 격한 논쟁을 피할 수 없다. 첨예하게 대립하면서 날카로운 말로 서로를 공격하고 절대 물러서지 않겠다는 자세를 유지한다면 결과는 결렬뿐이다.

그렇다고 상대방이 하자는 대로 할 수도 없는 노릇이다. 거센 공격을 마주했을 때 어떻게 해야 효과적으로 상대방을 저지하고 협상이 다시 제 궤도에 오르게 할 수 있을까? 하버드의 협상 전문가들은 비즈니스 협상 중에 이런 상황이 발생하면 '입으로 하는 말 뒤에 더 커다란 뜻이 담긴' 중의적 표현을 이용하라고 조언한다. 그들에 따르면 중의적 표현은 거친 말과 막무가내로 덤비는 상대를 제압할 수 있는 가장 품위 있는 공격이다.

1972년 미중공동성명이 발표되기 직전, 중국 상하이에 온 미국의 국무장관 윌리엄 로저스(William Rogers)는 이미 완성된 초안에 불만을 보이며 '거친 말'을 쏟아냈다. 당시 중국의 총리인 저우언라이(周恩來)는 이 이야기를 듣고 혹시 성명 발표에 지장이 생길까 봐 걱정해 직접 찾아갔다.

로저스는 호텔의 13층에 묵고 있었다. 알다시피 13은 서양에서 불길한 숫자다. 저우언라이는 방문을 두드리고 들어가서 굳은 얼굴의 로저스에게 단도직입적으로 말했다.

"양국이 관계 개선을 위한 큰 문을 열었습니다. 이 과정에서 장관님이 큰 도움을 주셨지요. 미 국무부가 수십 년 동안 노력한 덕분에 좋은 결과가 있었습니다. 일전에 우리가 미국 탁구선수들을 초대했을 때 주(駐) 일본 미국 대사관에서 애썼죠. 미국 외교관들은 정말……"

방금 전까지 얼굴에 화가 가득했던 로저스는 웃으면서 말했다.

"저우 총리님이야말로 정말 현명한 분입니다. 탁구단을 초청한 일은 정말 '신의 한 수'였죠. 나는 정말 탄복했습니다. 멋진 일이에요!"

일단 긴장된 분위기를 부드럽게 하는 데 성공한 저우언라이는 다시 이야기를 이어갔다.

"그리고 또 한 가지 매우 죄송한 일이 있습니다. 손님 대접에 소홀해서 그만 장관님을 13층에 모셨군요. 여기 와서야 알았답니다. 서양에서 13을 불길하게 생각하는 걸 알고 있습니다. 저희 불찰입니다."

그는 잠시 쉬고 더 침착하고 부드러운 목소리로 다시 말했다.

"그런데 말입니다. 우리 중국 사람들은 귀신이란 생각할수록 더 무서운 존재라고 믿습니다. 귀신을 두려워하지 않는 사람은 일부러 찾으러 다녀도 못 찾는다고 하죠. 그러니 숫자 13을 그냥 중국 귀신으로 생각하십시오."

저우언라이가 말을 마치자 주변 사람들이 모두 크게 웃었다. 그는 동서양의 문화 차이를 이야기한 동시에 로저스의 불만을 귀신에 빗대 말했다. 불만거리를 생각할수록 더 불만족스러워지니 그냥 잊으라는 의미였다. 로저스 역시 그의 말에 담긴 뜻을 이해하고 양국의 협상 분위기를 망쳐서는 안 된다고 생각했다. 이때부터 그는 아까 왜 화가 났는지도 잊은 채 저우언라이와의 대화를 즐겼다. 잠시 후, 보좌관이 로저스에게 물었다.

"어떻게 하시겠습니까? 우리 의견을 중국 정부에 전달할까요?"

"아니, 됐네. 저우 총리는 정말 대단한 사람이군!"

저우언라이는 로저스를 방문해서 왜 중미 관계를 망치려 드는지, 이제 와서 무슨 불만이 있는지 따지지 않았다. 대신 그는 칭찬으로 팽팽한 긴장감을 없앤 후, 곧 숫자 13으로 중국과 미국이 어떻게 다른지를 이야기했다. 두 사람은 양국의 문화, 풍습을 넘어 개인의 생각과 관념에 관한 대화를 나누었다.

저우언라이처럼 직접적으로 말하지 않아도 큰 의미를 전달하는 능력은 하루아침에 생겨나지 않는다. 오랜 시간에 걸쳐 넓은 시야와 예민한 감각으로 세상을 바라보고 사유한 동시에 뛰어난 언어논리 능력까지 구비한 사람만이 갖출 수 있는 고차원적인 능력이다. 남의 경험이나 방법을 보고 베껴 기계적으로 가져다 써서는 얄팍한 수만 드러날 뿐이다. 하버드의 협상 전문가들은 저우언라이처럼 '입으로 하는 말 뒤에 더 큰 뜻을 담아 전달하려면' 반드시 다음의 몇 가지에 주의하라고 조언한다.

먼저, 중의적인 말로 상대에게 뜻을 전달할 때는 유머감각을 발휘하자. 박장대소가 아닌 미소를 머금게 하는 유머가 반드시 필요하다. 의견이 극명하게 갈려 팽팽하게 긴장할 때, 가벼운 유머는 마치 봄바람처럼 온몸의 신경을 부드럽게 하고 머리를 맑게 한다. 또한 협상의 목적은 합작임을 잊지 말고 상대방을 조롱하거나 비웃는 언행을 삼가야 한다. 유머러스한 중의적 표현은 기나긴 협상 중에 잠시 쉬었다 갈 수 있는 나무 그늘이 되어줄 것이다.

다음으로, 침착하라. 비즈니스 협상을 하다보면 가끔 상대방이 감정을 주체하지 못해 모욕적인 말을 퍼붓는다. 이럴 때는 냉정함을 유지하는 모습만으로도 상대를 압박할 수 있다. 침착하고 냉정한 말투로 중의적인 표현을 던지면 그가 얼마나 무례하고 몰상식했는지, 그래서 당신이 얼마나 실망했는지 전달 가능하다.

또한 중의적 표현을 효과적으로 사용하고 싶으면 협상 전체의 흐름을 잘 파악해야 한다. 그러면 양측의 의견이 정확히 어떻게 다른지, 갈등을 어떻게 처리할지 한눈에 보여서 단 한 번의 공격만으로도 상대방의 입을 다물게 할 수 있다. 이와 동시에 협상 흐름에 맞춰 이미지 트레이닝 및 모의 협상 훈련을 꾸준히 해서 협상력을 키우자.

비즈니스 협상은 매우 고차원적인 활동이다. 저속한 말장난과 악의가 담긴 질문으로 상대방의 감정을 상하게 해서는 안 된다. 결국 자신이 치욕을 당할 가능성이 더 크다는 사실을 명심하자. 중의적인 표현은 설득이라는 기본 원칙을 잃지 말고 교양 있는 어휘와 말투로 해야 한다. 진정성이 담긴 의도, 핵심을 찌르는 내용, 도리와 이치에 맞는 논리로 상대방의 존중을 얻고 협상에서 승리하자.

한 명이 열 명을
어떻게 이겼을까?

비즈니스 협상에서 격렬한 논쟁은 비일비재한 일이다. 논쟁을 벌여 이익을 찾아내고 해결 방법을 강구한다면야 더할 나위 없이 좋겠지만, 대부분의 경우 논쟁은 감정싸움으로 변질되고 협상은 교착 상태에 빠진다. 교착 상태는 협상 과정 중에 나타나는 '깊은 구덩이'와 같다. 협상가라면 이를 잘 피해갈 줄 알아야 한다.

이 깊은 구덩이를 넘어가는 방법은 다양하지만 원칙은 하나, 바로 공동의 이익을 찾는 것이다. 자잘한 다름은 개의치 말고 커다란 같음을 찾기 위해 노력하자. 양측의 장점을 찾고 받아들이는 데 시간과 에너지를 투자하자. 이런 노력이 있어야만 멋지게 합작해서 만족할 만한 결과를 얻을 수 있다.

다음은 하버드 협상학 강의에서 자주 등장하는 이야기다.

미국 산간지역의 어느 외딴 마을, 교통도 불편하고 주민도 많지 않은 이곳에서는 법적인 문제가 발생하면 농부 열두 명으로 구성된 배심원단이 재판에 참여한다. 법에 따라 배심원 열두 명의 의견이 모두 일치할 때만 판결이 내려지고 법률적 효력이 발생한다. 오랫동안 이런 방식으로 재판했지만 단 한 번도 문제가 발생한 적 없었다.

그러던 어느 날, 역시 순조롭게 마무리될 것 같았던 어떤 사건에서 배심원의 의견이 좀처럼 일치하지 않았다. 정확히 말하자면 열한 명은 유죄로, 한 명만 무죄로 표결했다. 이른 아침부터 늦은 오후까지 재판이 계속되었지만 단 한 명의 배심원만 고집을 부리며 의견을 바꾸지 않았다. 다른 열한 명이 모두 나서서 범인이 유죄인 이유를 차근차근 설명했지만 그는 한 발짝도 물러서지 않았다. 이 배심원이 유죄로 입장을 바꾸지 않으면 나머지 열한 명은 법원을 떠날 수 없었다.

논리적으로 설명하고 감정에도 호소했다. 어르고 달래다가 윽박지르고 위협도 해봤다. 그야말로 온갖 방법을 다 썼지만 고집스럽게 버티는 그를 보고 나머지 열한 명은 심신이 다 망가질 지경이었다. 반면에 그 배심원은 다른 열한 명이 양보할 테까지 절대 물러설 수 없다며 기세등등했다.

이 와중에 하늘에 먹구름이 몰려오더니 금방이라도 큰 비가 내릴 듯이 어두워졌다. 마침 추수를 한지 얼마 지나지 않은 때라 배심원들은 마당에 널어둔 곡식이 걱정이었다. 더 초조해진 열한 명은 어떻게든 빨리 표결을 마무리하고 집으로 돌아가고 싶었다.

그들은 제발 말도 안 되는 고집 부리지 말라고 다시 한 번 말했다.

"이봐, 이제 그만 하라고! 무슨 고집이 그렇게 세? 자네도 마당에 곡식 널어놓고 왔잖아! 이러다가 비라도 맞으면 대체 어쩌려고 그래?"

"맞아. 내 집 마당에서 올해 수확한 곡식이 가득 널려 있지. 하지만 우리는 배심원이야. 정확한 판결을 내려야 한다고! 추수 같은 개인적인 일 때문에 국가가 부여한 의무를 소홀히 할 수는 없지. 모두 잘 들어! 만장일치가 아니면 누구도 이곳을 떠날 수 없어!"

그가 말을 마치자마자 천둥번개가 치더니 굵은 빗방울이 툭툭 떨어지기 시작했다. 배심원들은 정말 속이 타들어가는 것 같았다. 지금 당장 뛰어가서 곡식을 치우지 않으면 한 해 농사를 망치는 셈이다. 그 손실은 감히 생각하기도 싫을 정도로 어마어마하다. 저 고집쟁이 때문에 손실을 감수해야 할까? 어서 빨리 마무리하고 달려가는 편이 낫지 않을까? 그들은 점점 동요하기 시작했고 하나둘 씩 입장을 바꾸었다.

결국 피고는 무죄 판결을 받았다.

재미있는 이야기다. 배심원들의 첨예한 대립은 그 고집스러운 배심원 한 명 때문인 것 같지만 사실 거꾸로 생각해보면 '빨리 집에 돌아가고 싶은' 다른 배심원들이 만든 상황이다. 그들은 소수가 다수의 뜻에 따라야 한다는 잘못된 생각으로 의견이 다른 한 명을 회유하려고만 했다. 진정으로 유무죄를 따질 생각은 하지 않고 말이다.

아무리 고집이 세다 한들 한 명이 열한 명을 이기기는 어렵다. 아마 그 배심원도 이 점을 알고 있었을 것이다. 그는 이 대립을 해결하기 위해 자신이 할 수 있는 최선의 방법인 '시간 끌기'로 상대가 지치게 만들었다. 하늘까지 그를 돕는지 마침 먹구름까지 몰려 와 일이 더 수월해졌다. 배심원 열한 명은 급한 마음에 자기도 모르게 최종 기한을 '비 내리기 전'으로 확정하고 무조건 그 안에 의견을 일치시켜야 한다고 생각했다. 그런데 상대방이 강경하게 나오니 스스로 입장을 바꿀 수밖에 없었던 것이다.

비즈니스 협상에서도 최종 기한이 정해져 있으면 진행 속도가 빨라진다. 최종 기한이 있으면 한정 없이 대치할 수 없으니 중단된 협상이 재개되고 어떻게든 결론이 나온다. 이런 의미에서 최종 기한은 교착 상태를 해결하는 방법 중 하나라 할 수 있다. 이외에 교착 상황을 해결하는 방법으로는 어떤 것들이 있을까? 다음은 하버드의 협상 전문가들이 제안하는 방법이다.

첫 번째로 이성적 사고하기다.

어떤 사람들은 협상 중에 객관적 사실을 벗어나 주관적 입장만 밀어 붙인다. 그러다가 나중에는 감정이 격해져서 심지어 자기가 무슨 이야기를 하는지, 왜 이 이야기를 하고 있는지도 잊는다. 이렇게 감정이 앞서면 협상이 더 이상 진행되지 않고 꽉 막혀 교착 상태에 빠진다. 이때 재빨리 감정을 배제하고 이성을 찾아야 상황을 되돌릴 수 있다.

협상가라면 '차가운 머리, 따뜻한 가슴'을 기억하자. 맑고 이성적인 두뇌로 정확하게 문제를 사고하고 객관적인 사실을 기반으로 양측의 이익을 모두 만족할 방법을 찾아야 한다. 또한 공평하면서도 쉬운 일 처리 방식, 단순한 프로세스와 객관적인 준칙을 세우고 상대방의 동의를 얻어야 한다. 이렇게 해야만 비로소 효과적으로 교착 상태를 해결할 수 있다. 책상을 내리치고 의자를 걷어차는 식으로는 절대 교착 상태를 해결할 수 없다. 내가 이만큼 화났다고 보여주려고 길길이 뛰고 소리를 쳐봤자 상황은 더 안 좋아진다.

두 번째로, '예를 들어'를 많이 사용한다.

이 역시 교착 상태를 해결하는 효과적인 방법이다. 상대방이 아무리 조리 있게 말을 잘하는 사람이라도 '예를 들어'로 시작하는 질문을 받으면 당황할 수밖에 없다. "예를 들어 어떤 사례가 있나요?", "예를 들어 어떤 상황에 적합하죠?", "예를 들어 어떻게 적용하셨나요?", "예를 들어 어떤 방법으로 문제를 해결했죠?" 등이다.

상대방이 앞에서 아무리 잘 설명했어도 당신의 '예를 들어' 공격에 잘 대응하지 못하면 당황해서 팽팽하게 대립할 에너지를 잃는다.

세 번째로, 전략적 교착 상태에 대응하는 것이다.

종종 상대방이 자신의 실력이나 의지 등을 드러내고자 일부러 교착 상태를 만들기도 한다. 이럴 때는 다음의 두 가지 방법으로 해결하자.

먼저 적당한 양보다. 상대방의 요구사항이 어느 정도 수용 가능하다면 그가 당신에게 원하는 모습, 즉 약자의 모습을 보여주자. 대세에 지장 없는 작은 양보 하나로 상대방의 허영심을 만족해준다고 보면 된다. 상대방의 체면을 세워주는 것만으로도 교착 상태를 해결할 수 있다. 다음은 '이에는 이' 전략으로 맞서자. 상대방이 의도적으로 만든 교착 상태가 확실하다면 휩쓸리지 말자. 원칙을 고수하면서 아예 더 강하게 밀어붙이면서 그가 가장 중요하게 생각하는 문제를 공격해도 좋다. 어쩌면 상대방이 협상을 중단하겠다고 으름장을 놓을 지도 모른다. 하지만 진심이 아니니 걱정할 필요는 없다.

네 번째로, 멀리 봐야 한다.

양측이 첨예하게 대립하고 각자 이유가 충분하다면 상대방을 설득하기도, 그의 조건을 받아들이기도 어렵다. 하지만 협상하는 이유가 뭔가? 그런 와중에도 우리는 여전히 양측 모두 이익을 얻을 방법을 찾아내야 한다. 지금 당장 양측을 모두 만족시킬 수 없다면 장기적 측면에서 문제를 바라보고 현재의 이익과 미래의 이익을 고려해 균형점을 찾을 수 있다. 끝까지 당장의 이익을 추구한다면 미래의 이익을 포기하는 셈이니 불리하다. 이런 점을 상대에게 알리고 납득시켜 양측이 조금씩 양보해서 먼 미래의 이익까지 실현될 수 있도록 하자.

다섯 번째로, 상황 파악을 잘해서 즉시 사람을 바꾸는 것이다.

일반적으로 협상 중에 협상가를 바꾸어서는 안 된다. 그러면 이미 건립한 개인적 관계나 공감대가 무너져 서로 신뢰하기 어렵기 때문이다. 그러나 협상이 교착 상태에 빠져 도무지 해결될 기미를 보이지 않는다면 이야기가 달라진다. 알다시피 스포츠 경기, 정치외교 협상에는 이런 일이 잦다. 협상 중에 의도치 않게 상대방의 인격, 생활 습관, 민족이나 정치적 문제, 종교 등을 건드려서 그의 감정을 상하게 할 수도 있다. 만약 아무리 사과해도 해결되지 않는다면 스포츠 경기에서 선수 교체를 하듯 아예 해당 협상가를 바꾸는 편이 낫다.

여섯 번째로, 논쟁을 파하자.

논쟁은 갈등을 해결하는 데 아무 도움이 안 된다. 오히려 갈등을 더 키울 뿐이다. 양측이 설전을 벌이다 격한 논쟁으로 번지면 악감정이 생겨 교착 상태를 해결하기 어렵다. 논쟁으로 문제를 시원스럽게 해결하는 편이 낫다고 말하는 사람도 있지만 보통 논쟁은 시원스럽게 끝나지 않는다. 이긴 사람도 뭘 위해 그렇게 싸웠나 싶고, 진 사람은 늘 억울하다. 그래서 협상에서는 최대한 논쟁을 피해야 한다. 목적을 달성하는 데 힘을 쏟아야지 상대방을 굴복시키는 데 힘을 들일 필요 없다.

일곱 번째로, 인내심을 발휘해 설득하라.

지금의 관계마케팅의 시대로 인간관계를 무시하고서는 이 사회에서 살아남기 어렵다. 일할 때는 익숙한 사람, 믿을 수 있는 사람과 함께 하고 싶고, 한 분야에서 라이벌인 동시에 친구인 경우도 많다. 지금 협상 테이블의 맞은편에 앉은 사람도 당신의 친구가 될 수 있다. 여기에서 가장 중요한 요소는 바로 진정성과 신뢰다. 협상이 교착 상태에 빠지면 설득력 있는 자료, 예를 들어 시장 상황, 상품 품질, 사후 관리에 관한 자료를 제공하자. 성실하고 진정성 있는 언행에 인내심을 더해 조리 있게 설명하면 상대방도 당신의 정성에 상응하는 양보를 내놓을 것이다. 상대방을 설득할 때는 반드시 객관적 사실에 부합해야 하고 적당히 조정하는 모습도 보여야 한다. 인내심을 발휘해 설득하다보면 교착 상황도 곧 사라질 것이다.

측면 공격으로
빠르고 융통성있게

모든 비즈니스 협상에는 의견이 첨예하게 대립해서 합의에 이르기 어려운 문제가 있다. 이때 협상가는 측면으로부터 돌파구를 찾아서 협상이 교착 상태에 빠지는 일을 피해야 한다. 이 방법은 주로 마케팅에 자주 사용된다. 역량을 총동원해서 상대의 허점을 치고 들어가는 식이다. 특히 비즈니스 협상에서는 측면 공격을 빠르고 융통성 있게 적용해야 한다. 단순한 경청도 일종의 측면 공격이라 할 수 있다.

하버드 경영대학원을 졸업한 마이크는 보험 세일즈맨으로 사회에 첫 발을 들였다. 어느 날, 그는 큰길에서 한 청년에게 아주 예의 바른 표정과 말투로 보험 판매를 시도했다.

"안녕하세요! 저는 ××보험의 마이크라고 합니다. 이번에 저희가 재테크 보험 상품을 출시했는데요. 선생님께 아주 적합할 것 같네요. 혹시 관심 있으신가요?"

청년은 짜증스러운 표정으로 딱딱하게 말했다.

"죄송하지만 저는 보험 세일즈맨을 싫어합니다. 어찌나 말이 많은지……, 정말 질긴 사람들이에요. 저기, 미안하지만 나는 보험에 전혀 관심이 없어요!"

마이크는 방금 전에 내밀었던 각종 팸플릿을 다시 받아 넣고서 웃으면서 말했다.

"아, 그러시군요. 시간을 뺏어서 정말 죄송합니다. 그런데 말이죠. 제가 개인적으로 궁금해서 그러는데……, 이렇게 젊은 분이 왜 재테크를 하지 않으시나요?"

청년은 고개를 저으며 말했다.

"다른 사람들이 어떻게 살든 관심 없어요. 재테크를 왜 하죠? 그냥 돈이 생기면 은행에 넣어두면 되잖아요!"

"은행 저축이 안정적이고 적게나마 이자도 나오니 괜찮죠. 저축이라는 좋은 습관이 있으니 분명히 큰돈을 모으셨겠네요. 그렇죠?"

청년은 마이크의 질문을 듣고 말문이 막혔다. 잠시 후, 그는 부끄러운 듯이 입을 열었다.

"아……, 저축을 하기는 하는데 솔직히 쓰는 돈이 많아서요. 돈을 모았다고 할 수 없어요."

이어서 청년은 묻지도 않았는데 왜 돈을 모으지 못했는지 구구절절 이유를 말했다.

이 모습을 본 마이크는 드디어 기회가 왔다고 생각했다. 예의 바르게 청년의 이야기를 모두 들은 그는 기회를 놓치지 않고 말했다.

"당신만의 문제가 아닙니다. 요즘에는 많은 사람이 전부 같은 고민을 하고 있죠. 살면서 여기저기 돈 들어갈 곳이 한두 군데가 아니니까요. 혹시 아예 쓸 돈을 남기지 않게 적금 같은 걸 들어본 적 있나요?"

"당연히 해봤죠. 말도 마세요. 저한테는 안 맞더라고요. 도무지 씀씀이를 제어할 수가 없었어요."

몇 번의 질문과 대답을 통해 마이크는 이제 그가 거의 넘어왔다고 생각했다.

"보험을 들라는 이야기가 아니니 오해하지 말고 들어주세요. 그저 전문가로서 돈을 모으는 방법을 추천하고 싶네요. 방금 전에 재테크를 왜 하냐고 하셨죠? 알려드릴게요. 당신이 돈을 모으도록 도와주는 계획, 그것이 바로 재테크입니다."

청년은 마이크의 말을 듣고 정신이 확 들었다. 마이크는 이때를 놓치지 않고 가장 적합한 상품을 소개했고 청년은 기분 좋게 계약서에 서명했다.

이 사례에서 마이크는 재테크에 전혀 관심이 없는 고객에게 '세일즈맨 같지 않은' 전략으로 상품을 판매했다. 사람들이 보험 세일즈맨에 대한 편견이 있다는 사실을 잘 알고 있었기 때문이다. 그래서 일단 반감을 없애기 위해 상품 이야기를 거두고 고객이 경제 상황을 자연스럽게 이야기하도록 유도했다. 정면 돌파가 아니라 측면 돌파를 시도한 셈이다. 고객은 진지한 태도로 경청하는 마이크에게 마음을 열고 자신의 경제 상황을 솔직하게 털어 놓았다. 그의 상황과 원하는 바를 알게 되자 일은 더 쉬워졌다.

비즈니스 협상에서 한 쪽만 일방적으로 쉬지 않고 말하면 금세 질리고 반감이 든다. 또 한 마디만 하면 가르치려고 들면서 압박하는 상대를 만나면 숨도 못 쉴 것 같은 답답함을 느끼기 마련이다. 그러면 진짜 중요한 문제를 다루기도 전에 지친다. 이럴 때는 정면으로 반발하지 말고 적시에 화제를 전환하는 등 측면 돌파를 시도해야 한다.

측면 돌파를 시도할 때, 우선 시선을 무거운 주제에서 가벼운 주제로 이동시켜야 한다. 어느 한 가지 문제를 놓고 서로 대치하며 물러서지 않는다면 그 문제는 잠깐 옆으로 치워놓고 다른 조건들을 이야기하자. 예를 들어 가격 조건에서 합의를 보기 어려우면 잠시 멈추고 납품일자, 지불방식, 운송수단, 보험 등에 관해 이야기하는 식이다. 다른 문제를 모두 해결해 놓으면 치워두었던 나머지 하나 때문에 전체 협상이 결렬될 가능성이 크게 줄어든다. 특히 다른 문제에서 만족한 한 쪽이 양보할 가능성이 크다.

하지만 상대방이 기세등등하게 당신을 밀어붙일 때는 그냥 잠시 조용히 지켜보자. 조금만 기다리면 제풀에 지쳐서 잠잠해질 것이다. 바로 이때가 공격의 기회다. 조용히 지켜보기, 양보하기, 시간 벌기……등등은 모두 공격의 기회를 찾으려는 고도의 전략이다.

측면 공격의 핵심은 논쟁거리로부터 멀어지는 것이다. 갈등의 소지가 있는 문제를 벗어나 다른 문제를 논의한 후에 다시 돌아가면 된다. 측면 공격을 할 때는 냉철한 사고로 정곡을 찔러 상대의 공세를 무력화하자. 그래야 반격의 기회를 얻고 문제를 모두 해결할 수 있다.

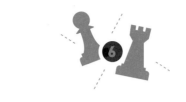

상대에게 양자택일을
유도하라

우리는 '둘 중에 하나'를 선택해야 할 때, 더 원하거나 가장 좋은 어떤 것을 고른다. 비즈니스 협상에서도 상대방에게 양자택일을 유도해서 협상의 목적을 달성할 수 있다. 하버드 협상학에 따르면 이 방법의 핵심은 '유도'다. 즉 당신이 원하는 대로 상대방이 선택하게 만들어야 한다는 의미인데 그러려면 원하는 조건을 언제나 뒤에 말해야 한다.

어떤 상점은 운송비를 줄이거나 일손을 덜기 위해 고객에게 이렇게 질문한다.

"배달해드릴까요? 아니면 직접 들고 가시겠어요?"

이때 상당수의 손님이 "그냥 가지고 갈게요."라고 대답한다.

그러면 상점은 고객을 향한 관심과 배려를 보인 동시에 비용을 절약할 수 있다.

마찬가지로 집에 들이고 싶지 않은 사람에게 "잠깐 들어가시겠어요? 아니면 나중에 다시 만날까요?"라고 물어보자. 그는 아마 "다음에 기회가 있으면 만나죠!"라고 말할 것이다.

여기에 무슨 대단한 기술이나 연구할 만한 논리는 없다. 그냥 사람들이 습관적으로 뒤에 나오는 조건을 선택할 뿐이다.

협상가는 이 점을 이용해서 상대가 원하는 대답을 하도록 유도할 수 있다.

하버드의 협상 전문가들은 양자택일을 유도할 때, 혹시 자신도 양자택일을 유도당하고 있지 않은지 주의하라고 조언한다. 상대방이 재촉한다고 해서 절대 동요하거나 성급하게 결정을 내리지 말자. 확신이 없거나 아직 결정을 내리지 못했는데 유도성이 다분한 질문을 받는다면 "다시 한 번 생각해 볼게요."가 가장 효과적인 대응책이다.

"3분이면 됩니다"

하버드의 협상 전문가들은 상대방이 완강한 태도로 나오면 작은 조건을 타협하는 방식으로 우선 경계를 무너뜨려야 한다고 조언한다. 일단 작은 요구사항을 받아들이게 해서 상대방으로 하여금 당신의 울타리 안으로 들어오게 해야 한다. 아무리 완강하게 버티던 사람이라도 한 번 경계가 무너지면 원칙을 잃고 어찌할 바를 모를 것이다. 이 혼란 속에서 원래 작은 한 발만 물러서려 했던 것이 나중에는 열 발, 심지어 백 발을 물러서게 된다.

한 회사가 신사업을 계획 중이었다. 필요한 자금은 대출로 마련해야 하는데 사활이 걸린 이 일을 샤오리가 맡았다.

회사의 신임을 한 몸에 받는 샤오리는 절대 원하는 액수를 정확히 말하지 않는다는 나름의 원칙을 세우고 굳은 각오로 은행 담당자를 만났다. 그는 우선 5,000위안, 1만 위안부터 이야기하면서 상대방이 경계를 풀도록 유도하기로 했다. 그러다가 조금 더 대출받을 수 있겠다 싶을 때, 다시 필요한 금액을 조금 더 끌어내면 상대방은 매정하게 거절하지 못할 것이다.

협상에서 상대방의 경계를 무너뜨리면 다음 요구사항을 쉽게 얻어 낼 수 있다. 협상가는 여기에 착안해 상대의 경계를 돌파하는 데 주력해야 한다. 그러면 협상의 주도권을 쥐고 목적을 달성할 수 있다.

이는 영업사원들이 자주 사용하는 방법이기도 하다. 그들은 "3분이면 됩니다." 혹은 "몇 마디만 들어주세요." 같은 말을 입에 달고 산다. '3분', '몇 마디' 같은 단어로 일단 고객의 경계를 푸는 데 성공하면 이미 절반은 성공한 셈이다. 정말로 아주 바쁘지 않다면 정확히 3분 혹은 딱 몇 마디만 듣는 고객은 없다. 처음 말한 3분을 소진한 후, 다시 새로운 3분을 더 듣는 일은 웬일인지 크게 경계하지 않는다. 이렇게 해서 영업사원이 말한 3분은 30분이 되고 거래가 성사된다.

비즈니스 협상에서 상대방의 경계를 푸는 일은 그가 당신의 조건과 요구사항을 받아들이게 만드는 시작이라고 할 수 있다.

상대의 분노를
이용하라

다음은 하버드 경영대학원의 협상학 강의에서 자주 언급되는 이야기다.

어느 날 피터는 신발 가게에 갔다. 그는 그곳에서 사장과 다른 고객이 벌인 '멋진 공연' 한 편을 감상하고 사장의 장사 솜씨에 매료되었다.

두 사람의 대화는 마치 피가 아니라 '침 튀기는 전쟁'을 방불했다. 엄밀히 말하면 듣는 쪽은 사장이고, 쉬지 않고 말하는 쪽은 고객이었다.

"신발 굽이 너무 높아요. 제가 좋아하는 스타일도 아니고요. …… 내가 원래 오른발이 왼발보다 약간 크거든요. 그래서 딱 맞는 신발을 찾기가 어렵죠. …… 가죽 질도 비싼 값을 못하는 것 같네요. …… 마무리도 깔끔하지 않고……"

사장은 고객이 불평불만을 늘어놓는 동안 묵묵히 듣고만 있다가 고객의 일장연설이 끝나자 천천히 말했다.

"무슨 말씀이신지 잘 알겠습니다. 잠깐만 기다려주세요."

가게 안쪽으로 들어간 그는 구두 한 켤레를 가지고 와서 정중하게 말했다.

"한 번 신어보시죠. 분명히 만족하실 겁니다."

고객은 믿지 못하겠다는 표정으로 신발을 신었다. 놀랍게도 신발은 매우 잘 맞았고, 디자인과 품질도 모두 고객의 마음에 쏙 들었다.

"정말 너무 좋군요. 꼭 맞춘 신발처럼 딱 맞네요!"

그는 매우 기뻐하며 신발을 사서 돌아갔다.

신발 가게의 사장은 고객이 불만을 이야기할 때 반박하면 그에게 더 큰 불만을 이야기할 기회를 제공한다는 사실을 잘 알고 있었다. 이래서는 서로 얼굴만 붉힐 뿐 진짜 문제를 해결하기 어렵다. 그는 고객이 불만을 전부 이야기하도록 해서 그의 요구사항을 이해하고 만족시켰다.

협상 중에 상대방이 불만을 쏟아내고 화를 내더라도 냉정을 유지해야 한다. 그의 비이성적인 표현 중에 약점을 찾아내고 이를 이용해 당신에게 유리한 상황을 만들자. 추태에 가까울 정도로 무례한 행동 속에서 약점을 찾아내는 일은 너무나 간단하고 쉬우니 못할까 봐 걱정할 필요 없다. 그가 화를 내면 낼수록 당신이 협상의 주도권을 잡아 최종 승리를 거둘 확률이 더 커진다.

파나소닉 창시자 마쓰시타 고노스케의 협상

마쓰시타 고노스케(松下幸之助)는 파나소닉(Panasonic)의 창시자로
일본에서 '경영의 신'으로 불린다. 훌륭한 사업가가 대부분 그렇듯이
그 역시 뛰어난 협상가였다. 파나소닉의 전신 마쓰시타 전기는 초기에
시장 점유율이 낮았다.

답답한 마쓰시타는 직접 각지의 대리상을 만나기로 했다. 이 만남이
지금의 파나소닉을 만들었다고 해도 과언이 아니다.

그는 각지의 대리상들을 '사업 교류회'에 초대해서 비장한 목소리로 말
했다.

"우리 회사가 지금 이 정도로 발전한 데는 여러분의 도움이 컸습니다.
염치없지만 오늘 저는 여러분에게 한 가지 더 부탁드리려고 합니다.
앞으로는 '최고 가격'으로 저희 물건을 사주시기 바랍니다."

현장에 있던 대리상들은 웃음을 참지 못하고 웅성댔다.

"이봐요. 마쓰시타 씨. 혹시 돈 벌 생각에 정신이 나간 거 아니오? 상품
이 2류인데 어떻게 최고 가격으로 사달라는 말이 나옵니까?"

마쓰시타는 장내가 조용해지길 기다렸다가 다시 침착하게 말했다.

"여러분, 저도 잘 알고 있습니다. 하지만 나뿐 아니라 여러분의 사업에
도 도움이 되는 일입니다. 모두 아시겠지만 지금 일본에 최고의 전구

를 생산하는 회사가 하나 있습니다. 그들이 얼마를 부르든 여러분들은 어쩔 수 없이 그 가격에 사야죠. 그렇지 않습니까?"

정곡을 찌르는 말이었다.

"맞아요. 그 회사 물건 좀 받으려면 얼마나 힘든지 원. 부르는 게 값이에요. 하지만 좋은 전구가 거기 밖에 없는데 어쩌겠어요?"

마쓰시타는 이야기가 원하는 대로 풀리자 기회를 놓치지 않고 재빨리 이야기했다.

"사실 저희는 더 좋은 품질의 시제품을 완성했습니다. 하지만 자금 부족 탓에 대량 생산을 못하고 있죠."

대리상들은 깜짝 놀라 마쓰시타를 바라보았다. 진지한 표정과 깊은 눈빛에서 거짓이 아님을 알 수 있었다. 마쓰시타는 대리상들이 관심을 보이자 다시 이야기를 이어갔다.

"오늘 이렇게 모신 이유는 지금 상품을 최고 가격으로 사달라고 부탁하기 위해서입니다. 그 돈으로 저희가 최고 품질의 전구를 만들어내면 독점이 붕괴되고 가격 경쟁이 시작되겠죠. 저는 도와주신 여러분을 절대 잊지 않겠습니다."

대리상들 입장에서는 나쁘지 않은 제안이었다. 지금 마쓰시타를 도우면 전구 시장의 구조를 바꿀 수 있다. 정말 독점이 사라지고 가격 경쟁이 시작되면 누구보다 대리상들이 가장 큰 이익을 얻을 수 있다. 몇 분 후, 한두 사람씩 마쓰시타를 돕겠다고 나섰다. 신중하게 생각하던 나머지 대리상도 모두 동의했다.

얼마 후, 최고 품질의 전구를 생산하는 데 성공한 마쓰시타는 지지해 준 대리상들에게 가격 혜택으로 보답했다. 이후 그는 더 많은 대리상

과 손잡고 마쓰시타 전기를 세계적인 다국적 기업 파나소닉으로 키워
냈다.

**사례
분석** 　마쓰시타 고노스케는 '공동 이익'을 강조해서 대리상들을 설
득하는 데 성공했다. 그는 처음부터 원하는 바를 이야기하
고 중요한 대목에서는 잠시 쉬어서 상대가 생각할 시간을 제공했다.
처음에는 코웃음 쳤던 대리상들은 먼 미래를 보고 공동의 이익을 추구
하자는 마쓰시타의 이야기에 동조하고 지지했다.

공동 이익이 없다면 마쓰시타가 아무리 말솜씨가 좋아도 대리상들을
움직이지 못했을 것이다. 또한 전통적인 협상술인 '양보'를 동원해서
직접적인 혜택을 주겠다고 제안했어도 위험을 무릅쓰면서까지 마쓰
시타를 도울 대리상은 없었을 것이다.

경쟁과 대립이 협상의 일면이기는 하지만 그 안에는 분명히 상호 의존
과 혜택이라는 특징도 존재한다. 훌륭한 협상가는 자기뿐 아니라 상대
방의 이익도 잘 알아본다. 그리고 이를 통해 양측의 공동 이익을 찾아
모두를 만족시킨다.

◆

객관적 기준으로 협상하라

◆

비즈니스 협상에서 협상 조건이 적당한지 판가름하려면 반드시 '객관적 기준'에 부합하는지 확인해야 한다. 이론적으로는 객관적 기준이 양측 모두에 공정하게 적용되어야 하지만 실제 협상에서는 각자의 상황에 따라 그렇지 않다고 느낄 수 있다. 협상가들은 객관적 기준이 자신에게 불리하게 적용될까 봐 늘 걱정한다. 그러므로 양측 모두에게 공정하다는 확신을 주는 객관적 기준이 반드시 필요하다.

협상의
도덕성

거래, 윈-윈, 합작……, 비즈니스 협상에서 무엇을 추구하든 도덕적 규범을 어겨서는 안 된다. 하지만 안타깝게도 실제 협상에서는 비도덕적인 행위가 심심찮게 발생한다. 이런 일이 자기도 모르는 사이에 일어났다고 할 수는 없다. 법률이든 사회적 관습이든 도덕적 규범은 흑백이 명확하므로 협상가는 자신의 양심에비추어 비도덕적 행위를 지양하고 도덕적 규범에 따라 행동해야 한다.

하버드 경영대학원의 협상학 교수 제임스 화이트(James J. White)는 협상 목적을 달성하기 위한 속임수(상대를 오도하는 행위)는 도덕적으로 논쟁거리가 된다고 말했다. 그렇다면 협상에서 어떻게 도덕적 규범을 규정하고 준수해야 할까? 하버드의 협상 전문가들은 이와 관련해 다음과 같은 주의점을 제시했다.

첫 번째, 비즈니스 협상에서 상대방이 현 상황을 잘못 이해하도록 교묘하게 유도하는 일이 잦다. 이때 법률이 제한하는 선을 넘겼다가는 사기 혹은 사이비로 법적인 제재를 받을 수 있다. 일반적으로 다음의 경우는 모두 사기로 간주되니 조심하자.

(1) 위험도를 알고 있으면서 고의로 숨기는 행위는 위법이다.
(2) 상대방의 질문을 받았을 때 목적을 달성하려는 욕심에 고의로 '왜곡된 사실'을 말하면 사기 행위다. 곤란하다면 아에 대답을 하지 말자.
(3) 법률적인 관점에서 '가격' 자체는 크게 중요한 요소가 아니다. 법은 그 가격을 제안한 원인을 더 중요하게 본다. 이익을 챙기기 위해 고의로 너무 높거나 낮은 가격을 제안했다면 사기 행위에 해당한다.
(4) 고의로 무언가를 은폐하기로 사전에 모의해서는 안 된다. 법은 진술의 진위 여부나 피해 정도보다 얼마나 의도적으로 해당 행위를 했는지를 더 중요하게 본다. 만약 진의를 숨김으로써 상대방이 그 가치와 위험을 평가 및 추측할 수 없게 했다면 사기 행위다.

두 번째, 상대방이 묻지 않아도 반드시 알려야 하는 사실이 있다면 감추지 말고 바로 알려야 한다. 미국은 다음과 같은 상황이 발생했을 때, 협상 당사자가 상대방에게 즉각 사실을 알릴 의무가 있다고 법으로 규정했다.

(1) 부분적으로 공개한 사실이 다른 모든 사실과 부합하지 않을 때
(2) 이익 관계자가 신탁 혹은 합작 관계일 때

(3) 상대방이 모르는 거래 정보를 확보했을 때

(4) 보험 계약이나 기업공개 등 고지 의무가 있는 일이 발생했을 때

(5) 상대방이 절대 알 수 없는 중요 정보를 손에 넣었을 때

세 번째, 가격은 비즈니스 협상의 핵심이다. 협상가들은 가격 협상 시, 적용되는 도덕적 규범을 저마다의 시선으로 바라본다. 크게 다음의 세 가지로 나눌 수 있다.

(1) 게이머 유형

　협상을 일정한 규칙이 있는 게임으로 보는 협상가다. 도덕적 양심이나 가책은 크게 고려하지 않는다. 규칙 안의 행위는 도덕적이고, 규칙 밖의 행위는 부도덕하다고 생각한다.

(2) 이상주의자 유형

　이익이 조금 줄어들더라도 반드시 옳은 일을 하려는 협상가다. 비교적 높은 도덕 기준을 고수하며, 이 때문에 좋은 조건을 스스로 포기하는 대신 자부심과 자유를 얻는다.

(3) 실무주의자 유형

　적당한 사기 행위는 협상의 필요악이라고 생각하는 협상가다. 다른 방식이 있으면 일부러 진술을 왜곡하거나 거짓말을 하지는 않는다. 거짓이나 사기 행위는 협상 전체에 부정적인 영향을 미친다는 사실을 잘 알고 있기 때문이다. 그러나 다른 방법이 없고, 상황이 여의치 않아 커다란 압박감을 느끼면 도덕적인 규범에서 한 발씩 물러난다. 게이머 유형 정도의 도덕적 규범조차 무너지면 법을 어길 가능성이 크다.

상대의 올가미에
낚이지 마라

협상가, 특히 초보 협상가들은 상대방이 쳐 놓은 올가미를 조심해야 한다. 이런 올가미는 진실과 구별이 어렵고, 아주 매혹적이라 걸려들기 쉽다. 상대방은 치밀하고 신중한 설계를 거쳐 당신이 무시하기힘든 미끼를 던질 것이다. 이 미끼는 전혀 특별하지 않은 제안이나 심지어 동의일 수도 있다. 그래야 당신을 안심시켜 미끼를 물게 유도할수 있기 때문이다. 아무 생각 없이 미끼를 하나씩 물다보면 어느새 자신의 협상 원칙으로부터 멀어져 주도권을 잃고 끌려 다녀야 한다.

1972년 5월, 미국과 소련이 최고위급 회담을 열었다. 미국국가안전보장회의 사무국장 헨리 키신저는 수행 기자들에게 둘러 싸여 질문 공세를 받았다.

"키신저 박사님, 다탄두 미사일 MIRV가 배치된 잠수함이 몇 대나되나요?"

국가 기밀을 노출할 수 없는 자리에 있는 키신저는 어깨를 살짝 으쓱하면서 이렇게 대답했다.

"글쎄요. 그건 나도 정확하게 모르겠네요. 활동 중인 미국 잠수함이 몇 대인지는 알지만 그것조차 말씀 드리기 어렵네요. 이 정보가 기밀로 분류되는지 모르겠습니다."

그러자 방금 그 기자가 "기밀이 아닙니다. 말씀하셔도 됩니다!"라고 외쳤다. 바로 키신저가 기다린 말이었다.

"아, 기밀이 아닌가요? 다들 아는 이야기라면 직접 말해보시죠."

그 순간 모두 크게 웃음을 터트렸다.

이 사례에서 키신저는 올가미를 쳐서 기자가 입을 다물게 만들었다. 기밀로 분류되는지 모르겠다는 말은 올가미로 기자를 끌어들이기 위한 미끼였다. 이 말을 듣는 순간, 기자는 '조금만 더 물어보면 대답을 얻겠다'고 생각했을 것이다. 하지만 키신저는 기자의 말을 이용해 다시 예리하게 반문함으로써 어려운 문제를 그에게 넘겼다. 그가 얼마나 뛰어난 외교관이자 숙련된 협상가인지 보여주는 대목이다.

비즈니스 협상에서 올가미를 잘 활용하는 사람은 대체로 매우 적극적이어서 경쟁을 두려워하지 않으며 타인을 제어하려고 한다. 만약 협상 상대가 이런 유형이라면 매우 신중하게 대응해야 한다.

이런 사람은 매우 합리적으로 보이는 조건을 내밀어 당신이 동의하게 만든다. 그런 후에 공들여 만든 올가미를 쳐서 당신의 입장이 방금 전 동의한 내용과 일치하지 않는다고 질책하며 양보하라고 압박할 것이다. 이런 꼴을 당하지 않으려면 경계를 풀어서는 안 된다. 신뢰할 만한 사람이라고 생각한 순간, 영문도 모르고 코가 꿰어 질질 끌려갈지도 모른다. 상대방이 조건을 제시하거나 문제를 제기하면 바로 동의하지 말고 협상 속도를 늦춰서 반격의 기회를 살펴야 한다.

비즈니스 협상에서 약속은 천금같이 지켜야 한다. 협상가는 아무리 사소한 일이라도 동의하기 전에 모든 관련 사항을 생각하고, 경우의 수를 전부 따져보아야 한다. 또 이것이 상대방에게 어떤 의미인지, 왜 그렇게 중요한지 깊이 생각해보자. 혹시 정황상 어쩔 수 없이 하는 동의나 약속이라면 애매모호한 어휘를 사용해서 나중을 위해 해석의 여지를 남겨둘 필요가 있다.

상대방이 베테랑 협상 전문가라면 아무리 경계해도 그가 쳐 놓은 올가미를 피하기 어렵다. 그는 당신이 올가미에 빠져 당황한 틈을 놓치지 않고 양보하라고 압박할 것이다. 이때 창피해서, 체면이 깎일까봐 전혀 당황하지 않은 것처럼 보이려고 순순히 양보해서는 안 된다. 올가미에 걸러들어도 끝까지 버티면 그도 어찌할 도리가 없다. 혼자서 협상의 결과를 결정할 수는 없기 때문이다. 창피하더라도 꾹 참고 입장을 견지하면 양보했을 때 발생하는 손실을 줄일 수 있다.

페르시아 왕자의
지혜

양측이 직접적인 이해를 둘러싸고 벌이는 협상은 종종 전쟁을 방불케 한다. 얼굴을 붉히고 가시 돋친 말로 서로에게 상처를 입히는 일도 허다하다. 이익을 쟁취하기 위해서라지만 제3자가 보기에는 서로 감정을 상하게 하려고 작정한 말싸움일 뿐이다. 이런 상황을 피하려면 논쟁이 과열된다 싶을 때 양측 모두 얼른 평정을 되찾아야 한다. 그러나 만약 상대방이 협상에 소질이 없고, 도덕적 규범조차 무시하는 사람이라면 어떻게 대처해야 할까? 하버드의 협상 전문가들은 이를 해결하기 위해 다양한 사례를 분석, 연구했다. 상대방이 문제를 해결하기보다 갈등을 키우고, 심지어 거짓말을 하거나 지위를 앞세워 압박하고 양보를 강권한다면 반드시 '그의 방식으로 반격'해야 한다. 이 방법의 핵심은 상대방의 허점을 찾아내 칼자루를 틀어쥐고 반격해서 자승자박(自繩自縛)을 이끌어내는 것이다.

고대 페르시아의 젊은 왕자가 아라비아 왕국에 포로로 끌려갔다.

아라비아의 왕은 이웃나라에까지 소문난 폭군으로 전쟁 포로를 모두 잔인하게 죽여 악명이 높았다. 그는 병사들이 페르시아의 왕자를 포로로 잡아오자 매우 기뻐하며 일부러 가까이 와서 칼을 휘두르는 등 위세를 떨고 모욕했다. 한참 그러더니 재미가 없어졌는지 병사들에게 왕자를 죽이라고 명령했다.

페르시아 왕자는 반항하는 대신 불쌍한 표정과 체념한 목소리로 아라비아 왕에게 간청했다.

"이렇게 뵈오니 페르시아는 아라비아에 상대가 되지 않습니다. 폐하야말로 이 시대의 진정한 왕입니다. 폐하, 죽음을 앞두고 간청 드립니다. 목이 마른 제게 물 한 그릇만 내려 주십시오."

아라비아 왕은 페르시아 왕자의 유약함을 조롱하면서 물을 가져다 주라고 명령했다. 하지만 왕자가 물을 받고도 마시지 않자 크게 화를 내며 발길질을 했다.

"뭐하는 게야? 뭘 그렇게 빤히 보는 거지? 당장 마셔라!"

왕자는 무릎을 꿇고 말했다.

"물 한 그릇을 전부 마시기도 전에 죽음을 당할까 걱정되옵니다."

이 말을 들은 왕은 큰 소리로 웃었다.

"웃기는 소리! 나는 약속을 반드시 지키는 사람이다. 곧 죽을 텐데 그 소원 하나 못 들어주겠느냐! 내 맹세하지. 물을 다 마시기 전에는 죽이지 않겠다."

왕자는 물그릇을 집어 들더니 바닥에 쏟아 부었다. 순간 왕은 물론이거니와 그곳에 있던 모든 사람이 너무 놀라 아무 말도 하지 못하고 멍하니 바라만 보았다. 무릎을 꿇고 앉아 있었던 왕자는 천천히 일어나서 위엄 있는 목소리로 말했다.

"보시다시피 나는 물을 마시지 않았소. 물이 이 나라의 흙에 스며들어 강제로 마시게 할 수도 없을 것이오. 이제 어서 약속을 지키시오."

왕은 아무 말 없이 분한 표정으로 떠나면서 왕자를 풀어주라고 명령했다.

페르시아 왕자는 폭군인 아라비아 왕의 조롱을 꾹 참았다. 그리고 불쌍한 모습으로 물 한 그릇을 얻어낸 후, 뻐기기 좋아하는 왕의 성격을 이용해서 '약속을 반드시 지킨다는' 말을 유도해냈다. 그런 후, 물을 바닥에 쏟아 부어서 왕이 약속을 번복하지 않게 만들어 목숨을 부지했다.

비즈니스 협상에서 이 왕처럼 난폭하고 잘난 척 하는 상대를 만나면 페르시아 왕자처럼 대응해보자. 상대가 당신을 멸시하고 존중하지 않을 때 정면으로 맞붙으면 큰 손해를 피하기 어렵다. 대신 이런 사람들은 상당히 단순해서 사물의 일면만 보고, 다른 특징은 무시하곤 한다. 바로 이 점을 이용해서 그의 허점을 찾아내 반격함으로써 '자승자박'을 유도해보자.

하버드의 협상 전문가들은 자승자박을 유도하는 다양한 방법을 제시했다.

첫째, 상대방이 자신의 논리로 문제를 해석하도록 내버려두다가 그 안에서 논리적 모순을 찾아 공격하자. 그가 자신을 부정하게 만드는 순간 협상의 승리를 당신 것이 된다.

둘째, 상대를 압박할 때는 그가 이전에 한 말이나 약속을 이용해야 한다. 이렇게 하면 상대방의 말문을 막히게 만들어 반격에 더 힘이 생긴다.

셋째, 모든 사물은 다양한 면이 있다. 상대방이 내민 조건을 일단 받아들였다가 역방향으로 사고해서 새롭게 해석하고 반박해 그가 더 이상 당신을 압박하지 못하게 만들어라.

넷째, 태극권(太極拳)에서 차력타력(借力打力)은 상대방이 공격하는 힘을 다시 그에게 되돌려주는 격투기술이다. 협상에서도 마찬가지다. 상대방이 공격하는 힘이 클수록 반격의 힘도 커진다.

객관적 기준이
필요한 이유

하버드 경영대학원 협상학 강의에서 교수가 학생들에게 질문했다.

"비즈니스 협상 중에 협상 조건이 적당한지 판단할 수 있는 기준이 뭐라고 생각합니까?"

학생들은 저마다 생각하는 기준을 자유롭게 이야기했다. 이익, 윈-윈, 장기합작 등 그럴듯한 답이 여러 개 나왔지만 교수는 미소를 지으며 고개를 저었다.

"여러분, 기억하세요. 비즈니스 협상에서 협상 조건이 적당한지 판가름하려면 반드시 '객관적 기준'에 부합하는지 확인해야 합니다. 이론적으로는 객관적 기준이 양측 모두에 적용되어야 합니다. 하지만 실제 협상에서는 각자의 상황에 따라 그렇지 않다고 느낄 수도 있어요. 양측 모두 '아주 공정한 협상'이라고 생각하는 경우는 극히 드물죠. 협상가들은 객관적 기준이 혹시 자신에게 불리하게 적용될까 봐 늘 걱정합니다. 그러므로 양측 모두에게 공정하다는 확신을 주는 객관적 기준이 반드시 필요합니다."

근교로 여행을 떠난 잭은 차를 잠시 길가에 세워두었다가 소형 화물차에 부딪히는 사고를 당했다. 차를 샀을 때 '완전 보장'을 약속하는 자동차 보험에 가입해 두어서 다행이었다. 잭이 사고를 접수하자 보험수리사가 그를 찾아왔다. 다음은 두 사람의 대화다.

보험수리사 "고객님 사고를 면밀히 조사하고 적당한 보상금을 계산
           해봤습니다. 저희 회사의 사고 처리 기준에 따라 7,700
           달러를 받으실 수 있습니다. 혹시 궁금한 부분 있으신
           가요?"

잭   "이 액수가 어떻게 나온 건지 알 수 있을까요?"

보험수리사 "물론입니다. 기본적으로 차량의 가치를 측정해서 나온
           액수죠."

잭   "너무 막연한 설명이네요. 저는 구체적인 숫자를 알고
           싶습니다. 차의 가치로 계산했다고요? 7,700달러로는
           같은 차를 못 살 것 같은데요."

보험수리사 "저도 유감합니다. 하지만 여러 가지 조건을 따져서
           ……, 좋습니다. 고객님, 얼마 정도를 원하시나요?"

잭   "그 여러 가지 조건의 구체적인 항목을 주세요. 사고 차
           량을 폐차하고, 비슷한 수준의 중고차 한 대를 살 예정
           이라……, 8,800달러요. 아니 세금까지 9,000달러는 받
           아야겠습니다."

보험수리사	"네? 9,000달러라니, 절대 불가능한 액수입니다!"
잭	"그런가요? 별로 많은 것 같지 않은데요. 아무런 근거 없이 하는 소리가 아닙니다. 아주 공정하다고 생각해요. 왜냐하면 나는 완전 보장 보험을 들었고, 차를 바꿔야 하니까요."
보험수리사	"좋습니다. 8,000달러를 드리면 어떻겠습니까? 저희가 드릴 수 있는 최고액입니다. 더 이상은 해드릴 수 있는 힘이 없습니다. 회사에 규정이 있어서 마음대로 할 수 있는 일이 아니죠."
잭	"죄송하지만 저는 당신과 흥정할 생각이 없어요. 일단 이 액수가 어떻게 나왔는지 알려달라니까요!"
보험수리사	"고객님, 말씀드린 8,000달러면 최고액입니다. 정말 합리적인 가격이죠."
잭	"아뇨. 보험회사에 합리적이겠죠. 나는 누군가에게 합리적인 가격이 아니라 객관적인 가격을 받고 싶어요. 기어이 못 주겠다면 법원에 가서 정해달라고 할 수밖에요!"
보험수리사	"좋습니다. 고객님! 여기 이 자료를 좀 보세요. 같은 차종으로 중고차 가격이 7,800달러입니다. 그렇죠?"
잭	"주행거리가 얼마나 되는데요?"
보험수리사	"5만 1,000마일이네요. 왜 그러시죠?"
잭	"제 차는 총주행거리가 3만 5,000마일이니까 가격이 좀 더 올라야 합니다."

보험수리사	"그렇군요. 잠시만 기다려주세요. 그럼 550달러가 더 오르겠군요."
잭	"그럼 총 8,250달러군요. 그 차에 오디오 시스템이 포함되었나요?"
보험수리사	"……, 아뇨."
잭	"제 차에 달린 오디오 시스템 가격이 얼마나 될까요?"
보험수리사	"225달러네요."
잭	"그럼 에어컨은요?"

30분 후, 잭은 9,025달러짜리 수표 한 장을 받아들었다.

이 사례에서 잭은 객관적 기준으로 협상하고자 했다. 양측은 모두 이 방식이 공정하고 합리적이며 매우 효과적인 데 동의했다. 덕분에 양측의 이익이 충돌했을 때, 서로 얼굴 붉힐 필요 없이 합리적으로 해결할 수 있었다.

하버드의 협상 전문가들은 협상에 사용되는 객관적 기준에는 반드시 공정하고 과학적이며 납득할 수 있는 선례가 포함되어야 한다고 강조했다. 양측 모두 인정하지 않으면 공정성이 결여되어 기준으로서의 역할을 할 수 없고, 분명히 어느 한 쪽이 받아들이지 않을 것이기 때문이다. 양측이 모두 인정하는 객관적 기준을 세우고 이용할 때는 다음을 주의해야 한다.

첫 번째로 모두에게 공정한 기준을 세워야 한다.

비즈니스 협상에서 일반적으로 사용되는 객관적 기준에는 브랜드 가치, 시장가치, 과학적 계산, 업계 표준, 비용, 유효기간, 상호 인정한 원칙 등이 있다. 양측은 이중에서 모두에게 공정하고 합리적이며 이익 실현이 가능한 기준을 찾아야 한다.

두 번째로, 합리적인 이익 분할 방식이다.

어떤 기업은 보유 지분이 같은 주주 두 명이 번갈아 CEO 자리에 올라 경영한다. 이처럼 이해 당사자가 모두 동의하는 공정한 이익 분할 방식을 객관적 기준으로 삼는다면 협상이 훨씬 순조롭게 진행된다.

세 번째로, 객관적인 근거 찾기로 협상 중에 상대방에게 끊임없이 질문하자. 근거가 무엇인지, 왜 그런 숫자가 나왔는지, 어떤 이론을 적용했는지, 왜 이 가격이어야 하는지, 어떻게 이 가격이 나왔는지……. 협상가는 모든 의견과 주장에 객관적인 근거를 확보해야 한다. 그래야 질문을 받았을 때 잘 설명하는 동시에 상대방이 내놓은 객관적인 근거 역시 받아들일 수 있기 때문이다. 객관적 기준은 반드시 양측이 인정하는 객관적인 근거가 수반되어야 한다.

간혹 압박에 의해 타협하는 경우도 있다. 뇌물, 위협, 강압 등 압박도 종류가 많다. 상대방이 이런 방식으로 당신을 압박하면 어떠한 상황이라도 반드시 그에게 이유와 근거, 그리고 객관적 기준에 의거한 설명을 요구해야 한다. 객관적 기준에 벗어난다면 절대 타협해서는 안 된다.

마지막으로, 협상이 단순한 말싸움이 아니라 윈-윈을 위한 발전적 행위가 되려면 상대방의 합리적인 제안을 받아들이려는 자세가 필요하다. 사전에 당신이 얼마나 많은 준비를 했는지는 관계없다. 아무리 많이 준비했어도 상대방의 제안이 더 합리적이고 공정하다면 기꺼이 받아들이자.

칭찬은 언제나
최고의 무기다

일상생활에서 우리는 말 한 마디로 친해지기도, 멀어지기도 한다. 또 화합과 갈등, 감동과 상처도 모두 말 한 마디로 결정되곤 한다.

이처럼 말은 인간관계에서 매우 중요한 역할을 한다. 타인으로부터 악담, 비난, 질책을 듣기 바라는 사람은 없다. 허구한 날 불평과 불만을 늘어놓는 사람과 친하게 지내고 싶은 사람도 없다. 반대로 적절한 칭찬과 따뜻한 위로처럼 아름답고 진심이 담긴 말은 짧은 시간에 사람과 사람의 거리를 가깝게 하고 긴장된 분위기를 부드럽게 만든다. 이는 치열한 비즈니스 협상에서도 마찬가지다.

만약 협상 중에 양측이 서로 물러서지 않고 대치하는 상황이 발생하면 '칭찬'으로 상황을 바꾸어보자. 괜히 했다가 역효과가 날까 봐 걱정할 지도 모르겠다. 하지만 칭찬은 언제나 최고의 무기다.

82번째 생일을 맞은 루이스 부인이 친구 일곱 명과 함께 식당에 갔다. 그녀는 이 모임은 최고 연장자로 다른 이들은 모두 70대 초중반이었다. 종업원은 정중하게 메뉴를 설명하고 한 발 물러서서 주문을 기다렸다. 기분이 좋아진 리안 부인이 그에게 말했다.

"오늘 저희는 루이스 부인의 82번째 생일을 축하하기 위해 온 거랍니다."

"오! 좋은 날 저희 가게를 찾아주시다니 정말 영광입니다. 실례지만 어느 분이 루이스 부인이신가요?"

그 순간, 루이스 부인을 제외한 일곱 명은 모두 기분이 상했다.

종업원의 말은 지극히 일반적인 반응이었지만 그녀들에게는 '전부 82살로 보인다'라고 들렸기 때문이다. 오직 루이스 부인만이 다른 친구들만큼 젊게 보였나 싶어 기분이 좋았다.

종업원은 말 한 마디로 고객 한 명을 얻고 일곱 명을 잃었다.

하버드의 협상 전문가들은 다양한 협상 사례를 분석해서 팽팽한 긴장 속에서 진행되는 협상에서도 진심이 담긴 칭찬을 받으면 상대방에게 호감이 생긴다는 결론을 내렸다. 이성과 객관적 기준을 추구하고 감정과 주관적 생각을 지양하는 협상이지만 칭찬은 여전히 중요한 작용을 한다. 당신의 칭찬은 상대방의 기분을 좋게 하고, 과열된 분위기를 식혀 협상 결과에 좋은 영향을 미칠 것이다.

이런 이유로 협상가는 칭찬을 설득의 무기로 삼아 자유자재로 활용할 줄 알아야 한다. 하지만 너무 기계적이거나 단순한 칭찬이어서는 안 된다. 협상할 때, 칭찬으로 거리감을 줄이고 긍정적인 효과를 일으키려면 정교한 기술이 필요하다.

다음은 하버드의 협상 전문가들이 제안하는 '칭찬의 기술'이다.

첫째, 반드시 진심을 담아야 한다. 이는 칭찬의 기술인 동시에 상대방으로부터 호감을 이끌어내는 방법이기도 하다. 진심과 성의가 부족해서 차갑고 무미건조한 말투로 칭찬의 말을 건네 봤자 무슨 효과를 얻기는커녕 반감만 사기 쉽다.

둘째, 무의식적인 칭찬이 제일 효과가 크다. 상대방의 기분을 좋게 하려고 의도적으로 하는 칭찬이라는 느낌이 드러나지 않아야 한다. 마음에서 우러나오지 않은 칭찬은 다른 의도가 숨어 있는 속임수로 보일 수 있으니 조심하자.

셋째, 명확하고 구체적으로 칭찬해야 한다. 공허하거나 애매모호하게 칭찬하면 상황을 무마하려고 즉흥적으로 얼버무린다는 인상을 줘서 상대방을 기분 나쁘게 할 수 있다.

넷째, 칭찬의 범위와 정도를 점점 더 키우자. 똑같은 내용, 단조로운 어휘로만 칭찬하면 아무리 좋은 말이라도 질리고 반감이 생긴다. 심리학자 엘리엇 애런슨(Elliot Aronson)에 따르면 사람들은 크게 한 번 칭찬받는 것보다 계속 조금씩 더 많이 칭찬받는 편을 선호한다. 사실과 조금 다르다 하더라도 말이다.

카네기의 협상

미국의 철강왕 카네기(Andrew Carnegie)는 명성을 얻은 후, 매년 뉴욕에서 열흘 정도 특별 강연을 했다. 강연 장소는 늘 같은 호텔의 연회장이었다.

뉴욕 강연 날짜가 다가오자 카네기는 해당 호텔에 연락해서 어느 때처럼 연회장을 대관하겠다고 말했다. 그런데 뜻밖에도 호텔 사장은 이전의 두 배에 해당하는 대관료를 요구했다. 그는 카네기가 이 호텔에서 강연하는 일이 마치 연례행사처럼 굳어졌기 때문에 가격을 올려도 분명히 대관할 거라고 확신했다.

이미 장소를 이 호텔로 써서 입장권 수천 장을 발송한 상태여서 카네기는 적잖이 당황했다. 하지만 이처럼 상도덕에 어긋나는 짓을 순순히 받아들일 수는 없었다. 며칠 후, 카네기는 직접 호텔로 찾아갔다.

"솔직히 말씀하신 가격에 조금 놀랐습니다. 크게 실망했죠. 물론 이해합니다. 제가 당신의 입장이어도 당장의 수익을 키우는 데 더 집중했을 겁니다. 하지만 장기적인 관점으로 보면 분명히 손해입니다. 못 믿으시겠다면 한 번 적어서 보여드리죠."

카네기는 즉시 종이와 펜을 꺼내들고 종이 한 가운데 길게 선을 그었다. 왼쪽에는 '이익', 오른쪽에는 '손해'라고 쓰고, 이익 부분에 '대관 수

입'이라고 썼다.

"제가 포기하면 연회장을 파티나 대규모 회의 같은 행사에 대관할 수 있겠죠. 이전보다 더 많은 대관료를 받으실 테니 분명히 이익이 발생합니다. 제가 적은 대관료로 열흘 넘게 연회장을 차지하고 있으면 좋은 기회를 잃는 셈이겠죠."

그는 잠시 멈추었다가 다시 이야기를 시작했다.

"이제는 손해를 생각해봅시다. 미리 말씀드리자면 저는 말씀하신 만큼 대관료를 낼 수 없습니다. 끝까지 그 액수를 고집하시면 강연 장소를 바꾸는 수밖에요. 이렇게 되면 장기적인 관점에서 손해입니다. 왜냐고요? 설명 드리죠. 아시다시피 제 강연을 들으러 오는 사람들은 모두 뉴욕의 재력가나 유명한 지식인들입니다. 이름만 대면 알 만한 사람들이 드나드는 호텔이라니! 세상에, 이보다 더 좋은 광고가 어디 있습니까? 그렇지 않나요? 아마 5,000달러씩 주고 신문에 광고를 내도 이렇게 많은 유명 인사를 불러들이지는 못할 겁니다. 그러니 장기적인 관점에서 매우 가치 있는 일이죠."

카네기는 손해 부분에 '호텔 가치 하락'이라고 쓴 후, 사장에게 종이를 건넸다.

"잘 생각해 보시기 바랍니다. 두 가지를 잘 비교한 후에 어떻게 결정하셨는지 알려주세요."

며칠 후, 카네기는 대관료를 1.5배만 올려 받겠다는 연락을 받았다.

카네기는 호텔 사장의 터무니없는 제안에 비난하며 성질을 부리거나 명성을 앞세워 반격하지 않았다. 대신 직접 그를 만나 부드러운 말투로 현 상황을 설명하고, 종이에 이익과 손해를 써서 보여줌으로써 설득력을 더했다. 마지막으로 전혀 압박하지 않으면서 결정을 사장에게 맡겼다.

사례 분석 부드러운 분위기 속에서 호텔 사장은 장기적인 관점으로 문제를 바라보았고 결국 카네기의 생각에 동의했다. 이렇게 해서 두 사람은 모두 만족할 만한 결론을 얻었다.

PART5

협상의 목표

경쟁에서 합작으로, 합작에서 윈-윈으로

◆

입장이 아니라
이익을 바라보라

◆

협상을 통해 공동의 인식을 확인했다면 이제 '현명한 합의'를 도출할 단계다.

이른바 현명한 합의란 양측의 합법적 이익을 보장할 수 있는 합의, 이익 충돌을 공정하게

해결할 수 있는 합의, 장기적 합작이 가능한 합의, 마지막으로 사회적 효용을

고려한 합의를 의미한다. 협상을 통해 도출된 합의는 반드시 효율적으로

양측의 관계를 증진시켜야 한다.

협상과 변론의
차이점

하버드의 협상 전문가들은 초보 협상가들이 오랫동안 협상하면서도 이렇다 할 성과를 내지 못하는 이유는 협상과 변론을 구별하지 못했기 때문이라고 지적했다. 두 가지 모두 일종의 '언어 예술'이고 매우 유사해 보이지만 절대 혼동해서는 안 된다. 말만 협상이지 처음부터 끝까지 변론으로 일관한다면 실패는 당연한 결과다. 운이 좋다면 합의에 이를 수도 있겠으나 원래 기대했던 목적을 달성하기는 어렵다. 사실 협상과 변론은 많은 차이가 있다.

협상을 의미하는 중국어 '탄판(談判)'은 '이야기'라는 뜻의 한자 '담(談)'과 '판단'이라는 뜻의 '판(判)'으로 조합된 단어다. 즉 양측이 소통과 교류를 통해서 어떠한 일을 결정한다는 의미다. 여기에서 알 수 있듯이 협상이란 양측이 특정한 목적을 이루기 위해 각종 수단을 이용해 소통, 교류하는 과정이다. 협상가들은 이를 통해 상대방의 요구사항을 이해하고 그에 상응하는 결정을 내려야 한다.

이와 달리 변론은 특정한 사물 혹은 문제에 관한 각자의 관점이나 생각을 상대방에게 설명하는 행위다. 각자 그렇게 생각하는 이유를 이야기하면서 차이점과 일치점을 확인하는 과정이다.

우선 협상은 결론에 더 초점을 맞춘다. 협상가는 소통과 교류를 통해 양측의 요구사항을 이해하고 서로 무엇을 줄 수 있는지 파악한 상황에서 이익을 최대화해야 한다. 예를 들어 당신에게 어떠한 요구사항이 있고 일정한 대가를 치를 준비도 되어 있다고 하자. 이때 그 요구사항을 제공할 수 있는 사람과 협상을 통해 사전에 정해둔 최저선을 넘지 않으면서 '최소의 대가로 최대의 이익'을 얻을 수 있다. 물론 상대방도 마찬가지다. 그러므로 최선의 결과는 언제나 윈-윈이고, 윈-윈을 이루려면 반드시 양보가 필요하다. 양보 없이는 양측이 모두 받아들일 수 있는 결과를 도출할 수 없다. 정리하자면 협상의 목적은 가능한 한 상대방의 최저선에 근접해서 필요한 무언가를 획득하는 것이다.

반면에 변론은 과정을 더 강조한다. 협상 내내 변론에 치중하는 사람은 원래의 목적으로부터 점점 멀어진다. 변론의 목적은 한 가지 문제에 대해서 서로 다른 의견을 보이는 양측이 의견 일치를 이루는 것이다. 양측은 상대방이 자신의 의견에 동의하도록 온힘을 다해 설득하지만 결과가 어떻게 될지는 알 수 없다. 정확하게 말하면 변론의 표면적 목적은 분명히 양측의 의견 일치지만 이를 달성하는 건 다른 문제다.

협상가는 상대방의 최저선이 무엇인지 탐색해서 그가 무엇을 받아들이거나 받아들일 수 없는지 파악해야 한다. 그리고 그가 가능한 한 최저선에 가까이 가도록 만들 방법을 찾아 협상해야 한다. 반면 변론은 이미 양측의 의견 차이를 확인한 상태에서 벌어지는 행위다. 이때 변론가는 온갖 방법을 동원해서 상대의 허점을 공격하고 갈라진 틈을 파고든다. 한 번 약점을 발견하면 놓치지 않고 물고 늘어져서 상대가 무너지게 만들려고 한다.

방법론에서 협상과 변론의 가장 큰 차이는 최저선을 어떻게 바라보느냐에 달려있다. 협상은 상대의 최저선을 넘지 않는 선에서 결과를 도출하려 하지만, 변론은 상대의 최저선을 흔들고 붕괴시키고자 한다.

협상의 승패는 상대방이 결정한다고 볼 수 있다. 당신은 다양한 방식으로 상대방에게 '현재 상황에서 내가 제안한 협상안이 최선이며 이로써 윈-윈을 실현할 수 있다'는 메시지를 전달해야 한다. 여기에는 협상가로서의 기세가 중요한 역할을 한다. 이런 이유로 협상 테이블에서는 이치나 논리보다 기세가 더 중요하다. 당신이 던진 메시지가 상대방의 인정과 동의를 얻으면 협상에서 승리를 거두었다고 할 수 있다.

반면에 변론의 승리를 결정하는 요소는 '논리'다. 주장의 근거가 명확하고 이치에 맞으면 되지 상대방의 인정이나 동의는 필요 없다. 상대방이 아니라 제3자를 당신의 관점과 생각에 동의하게 만들면 승리할 수 있다.

협상과 변론의 가장 본질적인 차이는 '확고한 입장의 유무'다. 변론가는 자신의 입장으로 더 많은 사람의 지지를 받아 상대방을 무너뜨리려고 하므로 반드시 확고한 입장이 있어야 한다. 반면에 협상가는 상대방과 소통, 교류하면서 윈-윈을 추구하기 때문에 확고한 입장 따위는 없다. 있으면 오히려 양보, 타협, 절충, 협의 등을 방해하기만 한다.

좋은 협상가는
적대감을 없앤다

하버드의 협상학 교수 도슨버그는 강의에서 재미있는 실험을 했다. 그는 앞줄에 앉은 학생에게 일어서서 자신과 양손바닥을 마주하자고 했다. 도슨버그가 서서히 힘을 주자 학생 역시 자연스럽게 힘을 주었다. 그는 이 두 개의 힘, 이것이 작용과 반작용이며 협상에서도 똑같은 현상이 일어난다고 말했다. 당신이 협상 중에 상대방을 압박하면 그 역시 자신을 보호하기 위해 당신을 공격할 것이다. 이러한 '적대적 협상'로는 절대 원하는 결과를 얻을 수 없다.

협상 테이블 양쪽에 앉은 사람과 설전만 주고받아서는 성공적인 협상이라 할 수 없다. 상대방의 모든 생각이나 건의를 꼬박꼬박 반박하고 거부하는 태도를 취한다면 협상은 꽉 막힌 교착 상태에 빠져 중단될 가능성이 높다. 합의나 원-원은 꿈도 못 꾼다. 협상에서는 기세가 중요한데 기세는 대립, 저항, 적대로 만들어지지 않는다. 협상의 고수들은 어떤 기세가 효과적이고 어떠한 기세를 형성해야 모두에게 이로운 협상을 할 수 있는지 잘 안다. 상대방은 협상 초기에 당신이 하는 몇 마디에서 협상을 어떤 식으로 끌고 나갈지 결정한다. 그는 당신이 윈-윈을 추구하는 사람인지, 아니면 오로지 자신의 이익만 추구하는 사람인지 금방 알아볼 수 있다.

이런 이유로 협상 초기에 말과 표현을 특히 조심해야 한다. 설령 상대방의 생각에 동의하지 않더라도 절대 즉각적으로 반박하지 말자. 반박했다고 의견을 철회하는 사람은 없으며 오히려 자신의 생각을 더 밀어붙이려고 할 것이다. 그러므로 마음에 안 드는 부분은 잠시 치워두고 뜻이 같은 부분에 적극적으로 동의한다고 말하자. 이후 천천히 자신의 의견을 표현해도 늦지 않다. 이렇게 하면 충분히 생각하고 기세를 조절할 수 있기 때문에 당신에게도 유리하다. 하버드의 협상 전문가들은 적대적 협상을 피하는 몇 가지 방법을 제시했다.

첫째로, 표현 방식에 주의한다

베테랑 협상가는 "저희 쪽 요구사항은 이러합니다."라고 말하지 않고 "우리 함께 해결방안을 찾아봅시다."라고 말한다. 사람들은 상대방의 요구사항보다 제안이나 의견을 듣는 편을 더 선호하기 때문이다.

또 베테랑 협상가는 상대방이 강하게 반대할 때 "왜 그러시죠?"라고 말하지 않는다. 대신 "이해합니다. 저도 그렇게 생각한 적 있지만 나중에 보니 아니더라고요!"라고 말하며 상대방에게 다른 각도로 생각해 보라고 힌트를 던진다. 예를 들어 뛰어난 보험 세일즈맨은 고객이 "말만 번드르르한 보험 세일즈맨하고는 말도 섞고 싶지 않아요!"라고 말하면 "무슨 말씀인지 잘 압니다. 그렇게 생각하시는 분들이 많죠.

하지만……"라고 대응한다. 이렇게 말하면 대부분의 고객은 일단 감정을 누그러뜨린다. 실제로 협상에서 상대방의 감정이 격해졌다면 적당한 말과 행동으로 그의 감정을 누그러뜨려야 한다. 당신 역시 그의 입장에서 문제를 바라보고 있음을 알리고 이 문제를 해결하기 위해 함께 노력하자는 메시지를 던져야 한다.

또한 "당신은 더 이상 물러날 데가 없습니다."보다 "나는 더 이상 물러날 데가 없습니다."라고 말하는 편이 훨씬 효과적이다. 회사와 연봉을 협상할 때 "인상해주지 않으면 회사를 떠나겠어요!"라고 말하기보다 "인상이 안 된다면 제 상황이 어려워집니다. 돈 걱정을 없애야 더 열심히 일할 텐데요."라고 말하는 편이 낫다.

둘째로 감정을 조절한다.

협상을 하다보면 양측의 의견이 나뉘는 순간이 온다. 이때 시작부터 과열된 협상이라면 감정이 통제가 안 되어 일촉즉발의 상황이 될 가능성이 크다. 분노가 협상장을 가득 채우고 이성보다 감정이 앞선다. 이때 당신은 상대방의 화를 그의 협상술로 보려고 노력해야 한다. 당신을 흔들어 놓으려는 시도 말이다.

상대방이 화를 낼수록 그의 감정을 존중하는 모습을 보여야지 같이 화를 내며 싸우려고 해서는 안 된다. 예를 들어 "우리 쪽 제안에 만족하시지 않아도 이해합니다. 저희가 어떻게 하면 될지 말씀해 보시죠." 말해보자.

여기에는 두 가지 이점이 있다. 하나는 당황한 나머지 상대방의 의도를 오해해 잘못된 양보를 하지 않을 수 있다는 점이다. 상대방은 당신이 한 발만 물러나기 원하는데 알아서 너덧 발씩 물러나는 실수를 하지 않아도 된다. 또 다른 하나는 화를 내서 당신을 흔들어 놓으려는 상대방에게 말려들지 않을 수 있다는 점이다. 예상과 달리 덤덤한 당신을 보고 오히려 상대방이 실수할 가능성이 더 크다.

셋째로, 적당히 양보한다.

협상은 제로섬 게임이 아니므로 언제나 상대방도 이익을 얻을 수 있는 여지를 충분히 남겨두어야 한다. 이른바 윈-윈을 실현하지 못하면 설령 협상에서 성공해도 이를 집행할 때 반드시 문제가 발생한다. 모든 이익과 편의를 당신 혼자 차지했을 때 상대방이 가만히 있겠는가?

현대는 자유경쟁 시대고, 지금 협상 테이블에 앉았다고 해서 양측이 서로의 유일한 고려대상이라 할 수 없다. 이익을 충분히 얻을 수 없겠다고 판단하면 상대방은 즉각 협상을 중단하고 미련 없이 당신의 경쟁자에게 갈 것이다. 그러면 당신은 발전의 기회를 잃는다.

적당한 양보는 양측 모두에게 반드시 필요하다. 종종 중요하지도 않은 자질구레한 조건들이 협상에 나쁜 영향을 미쳐 합의를 방해할 수 있다. 이런 상황에 부딪히면 조금도 주저하지 말고 포기하라. 대를 위해 소를 희생하라는 의미다. 예를 들어 중고 자동차를 팔 때 내장된 고급 오디오의 값을 전부 받으려다가 서로 감정이 상해서 거래 자체가 무산되는 일 따위는 없어야 한다. 당신이 양보한 내용은 전체 협상의 일부분일 뿐이다. 작은 이익에 집착하느라 진짜 목적을 잊어서는 안 된다.

물고 늘어지지
말아라

한 옷가게에서 주인과 고객이 대화중이다.

고객 "이 블라우스는 얼마죠?"

주인 "안목이 뛰어나시네요. 200위안입니다."

고객 "농담이시죠? 여기 작은 얼룩이 있으니 80위안 드릴게요."

주인 "네? 진짜 사신다면 저도 할인해 드릴 생각은 있어요. 하지만
80위안이라니, 정말 말도 안 됩니다."

고객 "좋아요. 그럼 100위안으로 하죠. 200위안은 터무니없어요.
납득할 수 있는 가격을 말씀하셔야죠."

주인 "아이고! 정말 흥정 솜씨가 대단하시네요. 170위안에 가져가
세요."

고객 "110위안"

주인 　"제가 들여오는 가격보다 적게 받을 수는 없잖아요. 살 생각
　　　은 확실히 있나요?

고객 　"120위안. 더는 못 드려요!"

주인 　"이것 좀 보세요. 원단이 이렇게 좋고 가장 유행하는 디자인
　　　이잖아요."

이상의 대화는 매우 전형적인 가격 흥정으로 흔히 볼 수 있는 상황
이다. 이 대화에서 고객과 주인은 끊임없이 기존의 입장을 버리고 새
로운 입장을 취했다. 두 사람은 아마 이런 식으로 계속 이야기를 진행
하다가 결국 합의점을 찾을 것이다.

주거 계약, 이웃과의 분쟁, 국가 간 평화협정, 사업 거래 등 종류에
관계없이 입장을 포기하지 못해서 논쟁하거나 깔끔하게 협상하지 못
하는 일이 종종 발생한다.

하버드의 협상학 교수 로저 피셔는 어떤 협상이든 다음의 세 가지
를 기억해야 한다고 강조했다.

(1) 공동의 인식을 확인했다면 반드시 '현명한 합의'를 도출해야 한
　　 다. 이른바 현명한 합의란 양측의 합법적 이익을 보장할 수 있
　　 는 합의, 이익 충돌을 공정하게 해결할 수 있는 합의, 장기적 합
　　 작이 가능한 합의, 마지막으로 사회적 효용을 고려한 합의를 의
　　 미한다.

(2) 협상은 반드시 효율적이어야 한다.

(3) 협상으로 양측의 관계를 증진시켜야 하며 적어도 손상을 입혀

서는 안 된다.

앞선 사례에서 고객과 주인은 각자의 입장에서 요구사항을 알렸고, 이를 기초로 협상을 시작했다. 두 사람은 서로 입장을 조절해 가면서 최종 합의점을 향해 나아갔다. 하지만 안타깝게도 이런 일은 드물다. 마치 자존심 대결이라도 하듯이 끝까지 입장을 포기하지 않고 지저분하게 싸우는 경우가 더 많다.

자기 입장을 포기하지 않으면 어떤 문제가 발생할까? 다음은 하버드의 협상 전문가들은 끝까지 입장을 물고 늘어지면 다음과 같은 악영향이 생긴다고 경고했다.

가장 먼저, 현명한 합의를 도출할 수 없다

케네디 대통령 시대의 미-소 포괄적 핵실험 금지 회담이 그 대표적인 사례다. 당시 주요한 문제는 미-소 양측이 핵실험 활동 의심 지역에서 몇 차례나 상호 사찰하는 가였다. 구소련은 세 차례를 원했고 미국은 꾸준히 최소 열 차례를 이야기했다. 양측이 각자의 입장을 고수하면서 협상은 결국 결렬되었다. 당시 양측은 이 사찰이 한 사람이 하루를 보는지, 백 사람이 한 달을 보는지 등 구체적인 프로세스에 대해서는 전혀 이야기하지 않았다.

일반적으로 협상에서 양측은 각자의 입장을 꽉 쥐고 놓지 않으면서 버틴다. 자신의 입장을 보호할수록 입장은 더 견고해진다. 심지어 어떤 사람은 입장을 곧 자존심으로 생각해서 체면을 지키는 데 혈안이된다. 이렇게 되면 원-윈은 당연히 불가능하다.

이상의 사례에서 미국과 구소련은 각자의 입장을 보호하는 데만 에너지를 쏟느라 협상의 목적을 잊었다. 이런 상황에서 합의를 이룰 가능성은 당연히 매우 희박해질 수밖에 없다. 이런 협상의 경우, 협상은 각자의 입장차만 확인하고 끝난다. 양측 모두 아무것도 손에 쥔 것 없이 협상장을 떠나야 하며 모두 만족하지 못한다.

그다음, 협상의 효율이 떨어진다

협상 쌍방이 각자의 입장에서 거래하는 것은 협상 결과를 더욱 자신에게 유리하게 만들기 위해서다. 하지만 그들은 통상 모두 극단적인 방식으로 시작을 해서 포기하지 않는 이러한 시소게임 자체는 너무 많은 시간과 에너지를 낭비한다. 결정을 내릴 때마다 상대방에 대한 양보뿐만 아니라 압박까지 해서 재차 양보를 이끌어야 한다. 이러한 상황에서 협상가는 종종 각종 형식을 선택할 수 있다. 예를 들어 고의로 시간을 끈다든지, 위협하면서 협상 테이블을 막 떠나겠다고 위협하는 식이다. 이는 협상의 과정에 문제를 발생시킬 것이며 양측이 더 많은 에너지와 시간을 투입하게 만들어서 계속 협상해야만 하는 상황으로 몰고 간다. 더 심할 경우 쌍방은 서로 적대시 하며 흩어져가지고 그냥 시간과 기회를 헛되이 낭비하기 쉽다.

마지막으로, 양측의 관계가 악화된다.

협상에서 끝까지 입장을 고수하는 일은 결국 누가 더 의지가 강한지를 놓고 싸우는 것뿐이다. 모든 협상가가 입장을 고수하며 한 치도 물러서지 않는다면 처음에는 함께 손잡고 문제를 해결하려고 모였지만 나중에는 결국 너 죽고 나 죽자는 투쟁으로 변질되고 만다. 당신이 친구와 함께 영화를 보러갔을 때 무슨 영화를 볼 지를 두고 의견이 나뉘었다고 하자. 양측 모두 어떠한 양보도 하지 않고 서로 자신이 보고 싶은 영화를 보겠다고 우기면 결과는 뻔하다. 입장을 고수하는 일은 양측의 관계에 영향을 주는 걸 넘어서서 관계를 파괴할 수도 있다. 원래 사이가 좋았던 이웃이 더 이상 이야기하지 않는다든지, 수년간 합작한 기업이 결별한다든지 하는 일은 대부분 사소한 일에서 입장을 고수했고, 이것이 자존심 싸움으로 변질했기 때문이다.

협상은 단순히 협상 테이블에 앉은 두 사람의 일만이 아니다. 그 뒤에는 이 협상의 결과에 영향을 받는 수많은 사람이 있다. 예를 들어 유엔에서는 100여 국 사이에 다자간 협상이 일어난다. 기업간 협상도 실제 협상 테이블에 앉은 사람 외에 고위급 관리, 이사회, 심지어 각종 위원회가 관련되어 있다. 이 모든 사람이 협상에 영향을 미치고 의견을 내놓으려고 한다. 협상에 관련된 사람이 많을수록 당연히 의견을 통일하기 어렵다. 대체 누가 누구에게 양보해야 하는가? 또 수백만 가지를 합의했어도 한 가지에서 입장을 고수하다가 나머지를 전부 놓치는 경우도 허다하다.

협상 중 감정적 요소에
대응하기

하버드 협상학에는 이런 말이 있다.

"관념, 학식, 수양 등의 요소 외에도 감정의 노출이 협상에 중요한 영향을 미친다. 협상 중에 양측이 감정의 노출을 억제하지 못하곤 한다. 감정에는 감염성이 있어서 갈등이 격화되면 협상이 진행되기 어려운 지경으로 내몰리기도 한다."

실제로 상대방의 감정 노출은 순조로운 협상 진행에 큰 영향을 미친다. 협상 중에 큰 상을 수상했거나 아이가 태어났다는 소식을 들었다면 당연히 기쁘고 들뜬다. 상대방의 긍정적인 감정은 협상에도 긍정적인 영향을 미쳐 빠르게 합의에 이를 수 있다. 반면에 나쁜 일이 생겨서 깊은 감정의 골짜기에 빠진 상대방을 만날 수도 있다. 이런 사람은 협상 중에 갑자기 미친 듯이 화를 내거나 협상 내내 무기력하게 반응할 수도 있다. 당신도 여기에 영향을 받아 기분이 가라앉을 가능성이 크다.

그래서 협상 중의 감정 요소를 잘 처리해야 하는데 특히 우울감, 무기력함 등 낮게 가라앉은 감정에 주의를 기울여야 한다.

하버드의 협상 전문가들은 다음의 세 가지 방향으로 문제 해결을 시도하라고 조언한다.

만약 상대방이 매우 화내거나 크게 성질을 부린다면 반드시 그와 당신의 감정 변화에 주의해야 한다. 일대일의 강경한 방식은 반드시 피해야 한다. 이렇게 했다가는 양측의 충돌을 더 격화시키고 협상의 진행을 불가능하게 만든다. 일단 상대방이 화가 난 이유를 명확하게 파악해야 한다. 집안 문제로 화가 났을 수도 있고, 회사에서 억울한 일을 당해서 갚아줄 방법을 찾는 중일 수도 있다. 어쩌면 단순히 화를 내서 당신은 깔아뭉개려는 시도일 수도 있고, 협상이 뜻대로 되지 않으니 될 대로 되라는 식으로 있는 대로 감정을 드러내는 중일 수도 있다. 상대방의 감정 변화를 잘 관찰하자. 격앙된 상태라면 내버려 두었다가 약간 안정된 후에 다시 협상을 시작하면 된다.

상대방이 감정을 노출할 때는 문제를 해결할 때가 아니다. 이때는 역시 경청이 답이다. 그를 안정시키려고 애쓰지 말고 그냥 참을성을 발휘해서 그가 왜 그런 감정을 보이는지 들어주기만 하자.

협상은 누가 옳고 그른가를 규명하는 일이 아니다. 협상가가 기억해야 할 것은 언제나 윈-윈이다. 그러니 상대방과 감정싸움을 벌이고 이기는 것은 아무 의미도 없다. 그의 감정이 격화되었다면 한 발 물러서서 다른 행동을 해보자. 예를 들어 상대방에게 차 한 잔을 권하거나 작은 선물을 해보자. 아니면 그저 악수 한 번으로도 생각하지 못한 좋은 효과를 얻어 상황을 역전시킬 수 있다. 협상 중에 복잡하고 예민한 문제를 대면하면 핑계를 대도 무방하다. 무에서 유를 만드는 것처럼 '제3자' 혹은 '무대 뒤의 누군가'를 만들어서 더욱 순발력 있게 대처하자.

무에서 유를
창조하라

협상 중에 복잡하고 예민한 문제를 대면하면 핑계를 대도 무방하다. 무에서 유를 만드는 것처럼 '제3자' 혹은 '무대 뒤의 누군가'를 만들어서 더욱 순발력 있게 대처하자.

무에서 유를 만들어내는 방법은 제3자를 이용해 자신을 보호하는 시도처럼 보이지만 사실 진짜 의미는 협상에 주도권이 없음을 보여 공격을 강화하는 전략이다. 이로써 최대한으로 상대를 압박할 수 있다. 다음의 두 사례를 보자.

사례1

구매자 "이 윤활유는 한 통에 얼마죠?"
판매자 "45달러입니다."

구매자 "아! 사장님이 35달러가 넘으면 사지 말라고 하셨는데 큰일
이네요."

판매자 "사신다면 한 통에 42달러까지 드리죠."

구매자 "안 되겠네요. 42달러에 사가도 한 소리 들을 거예요."

판매자 "최대한 깎아 보라고 한 말이겠죠. 하지만 시세가 그런 걸
요. 아마 그쪽 사장도 이해할 겁니다. 42달러에 가져가도 별
말 하지 않을 걸요."

구매자 "절대 안 됩니다. 그 가격에 사갔다가는 분명히 크게 화를 낼
거예요. 제대로 일하지 않았다고 해고당할 수도 있어요."

판매자 "할 수 없네요. 해고당하실 수도 있다는 데 제가 양보하죠.
38달러에 가져가세요. 더 이상은 안 됩니다."

구매자 "좋아요. 50통 주세요."

사례2

판매자 "최신형 스마트 청소기입니다. 가격은 600달러고요."

구매자 "비싸네요. 제 친구가 500달러에 사오라고 해서요."

판매자 "일단 사가지고 가서서 물어보세요."

구매자 "아뇨. 최대 500달러라고 했거든요. 더 비싸면 사오지 말라
고 했어요."

판매자 "그러면 뭐, 구형을 사서야 합니다."

구매자 "안 됩니다. 구형은 좋아하지 않을 거예요."

이상의 두 사례에서 구매자는 실제로 존재하는지 확실하지 않은 사람을 동원해서 협상했다. 이렇게 제3자를 끌어들여서 정면 공격을 피하고 상대방의 공세에 순발력 있게 대처할 수 있다.

하버드의 협상 전문가들은 이 방법으로 당신이 단지 대리인일 뿐, 협상 당사자가 아니라는 메시지를 전달할 수 있다고 조언한다. 최종 결정자가 아니므로 당신이 동의해도 제3자가 동의하지 않으면 그만인 셈이다. 이는 상대방을 무력하게 만들고, 공세의 범위를 제한할 수 있다. 이런 식으로 계속하다보면 상대방은 곧 심리적인 무력감을 느낄 것이다.

생트집도
필요하다

상대방의 목표가 너무 높으면 불리할 수밖에 없다. 특히 비즈니스 협상에서 상대방이 너무 높을 가격을 부르면 협상 성공 자체가 무의미하다.

당신이 구매자인 경우, 상대방은 높은 가격을 부르고 깎아주지 않으려고 한다. 그러므로 당신의 첫 번째 목표는 '가격 낮추기'다. 비즈니스 협상에서 가격은 늘 핵심 문제이므로 의견 충돌이 발생하지 않을 수 없다.

하버드의 협상학 전문가들은 상대방의 상품 혹은 서비스에 문제를 제기하거나 트집을 잡는 방법을 제안했다. 이를 통해 상품 가치를 떨어뜨려 상대방이 제안하는 가격이 응당 그래야 하는 근거를 없애버리려는 시도다.

비즈니스 협상에서 상대방의 상품 혹은 서비스에 트집을 잡는 방법은 매우 다양하다. 상품의 기능, 디자인, 품질, 색 등의 방면에서 찾을 수도 있고, 시장에서의 포지션, 시장 가치, 대중의 반응도 날카롭게 질문해서 상대방을 당황하게 할 수 있다. 상대방에게 '봐라! 당신의 상품은 사람들이 잘 모르고 인기가 없다!' 혹은 '이 상품은 시장에서 눈길을 끌지 못한다.'고 암시하는 식이다. 이렇게 하면 상대방이 제안한 가격을 뒷받침하는 근거가 하나씩 무너져 내릴 것이다.

한 대형마트의 구매담당자가 과수원에 왔다.

"사과는 1킬로그램에 얼마죠?"

"1.5위안입니다."

"1.3위안까지 될까요?"

"말도 꺼내지 마쇼. 한 푼도 못 깎아요."

마침 제철이라 구매자가 많았기 때문에 판매자는 깎아줄 생각이 전혀 없었다.

다음 날, 다른 마트의 구매담당자가 이 과수원에 왔다. 그는 과수원 주인에게 담배 한 대를 건네면서 물었다.

"사과는 어떻게 하나요?"

"1킬로그램에 1.5위안이죠."

"전부 구매하면 가격을 조정해 주실 수 있나요?"

"전부 사도 가격은 같소."

주인의 태도가 강경해지만 구매담당자는 흥정을 시도하지 않고 대신 급하지 않은 손동작으로 상자 하나를 열었다. 그리고 손에 잡히는 대로 하나를 들고 무게를 가늠해 보고, 이리저리 살피더니 조용히 말했다.

"크기는 괜찮은데 색이 좀 덜 빨갛네요. 이런 상품은 시장에서 좋은 가격에 팔리지 않죠."

다시 손을 뻗어 상자의 가장 밑바닥에 있는 사과 몇 개를 꺼냈다.

"아이고, 사장님! 위에만 크지 밑에는 전부 작은 사과잖아요. 장사 진짜 잘 하시네요!"

그러면서 또 뒤적이더니 이번에는 벌레 먹은 사과를 찾아냈다.

"이것 좀 보세요. 벌레도 먹었네! 색도 안 좋고, 크지도 않고, 벌레까지 먹었군요. 1.5위안짜리 상품이 아닌데요!"

방금까지 기세등등했던 과수원 주인은 조금 풀이 죽었다.

"살거면 다시 이야기 해봅시다."

가격 협상 끝에 두 사람은 1킬로그램에 1.2위안으로 합의했다.

첫 번째 구매담당자도 흥정을 시도했지만 사장은 단칼에 거절했다. 반면에 두 번째 구매담당자는 '생트집 잡기' 전략을 구사해서 훨씬 낮은 가격에 구매에 성공했다. 그는 상품을 꼼꼼히 살피고 각종 결함을 찾아내 가치를 떨어뜨림으로써 판매자가 양보하지 않을 수 없게 만들었다.

대치 국면에 빠지거나 상대방이 강경한 태도를 보일 때, 이 전략이 꽤 효과적이다. 하버드의 협상 전문가들은 이 전략으로 상대방을 압박하려면 반드시 관련 지식이 충분해야 한다고 조언한다. 그래야 전문적이고 정확한 평가를 내려서 상대방을 효과적으로 제압할 수 있기 때문이다. 상품에 대한 이해가 부족하면 기대한 효과를 달성하기 어려울 뿐 아니라 의심만 불러일으키고 당신의 얕은 지식을 드러내는 역효과가 난다.

이집트와 이스라엘의 캠프데이비드 협정

6일 전쟁(제3차 중동전쟁) 후, 이스라엘은 줄곧 이집트의 시나이 반도를 점령했다. 이집트 대통령 사다트와 이스라엘 총리 베긴은 1977년 11월과 12월에 예루살렘과 이스마일리아(Ismailia)에서 두 차례 회담했다. 또 1978년 1월과 7월에도 미국 국무장관이 배석한 자리에서 이집트 외무장관과 이스라엘 외무장관이 만나 회담했다. 그때마다 이스라엘은 절대 철수하지 않겠다고 버텼다. 1967년에 점령한 영토인데 이제 와서 왜 나가라마라 하냐며 이스라엘 국민의 권리를 인정하라고 했다. 결국 모든 회담은 아무런 진전 없이 끝났다. 그리고 1978년 9월 6일, 이집트와 이스라엘이 미국 대통령 카터의 초청으로 미국 캠프데이비드에서 중동문제에 관한 최고위급 회의를 열었다.

당연히 회의는 순조롭지 않았다. 양측은 각자의 입장을 절대 양보하지 않았다. 이스라엘은 시나이에서 절대 나가지 않을 거라고 했고, 이집트는 이스라엘이 시나이에서 어떠한 권리도 행사할 수 없으니 당장 나가라고 소리쳤다. 미국이 시나이를 분할해서 나눠 가지는 협상안을 제시했지만 양측 모두 절대 안 될 일이라며 화를 냈다.

열하루가 흘렀다. 기나긴 협상 끝에 이집트와 이스라엘이 서로가 원하는 이익을 파악하면서 협상이 마침내 전환점을 맞이했다. 우선 이스

협상의 목표

라엘이 원하는 것은 안전이었다. 그들은 이집트의 탱크가 국경에 주둔하며 수시로 넘어와서 위협하는 일을 원하지 않았다. 이집트는 영토에 대한 주권 행사를 원했다. 시나이는 파라오 시대부터 줄곧 이집트의 영토였다. 이후 그리스, 로마, 터키, 프랑스, 영국이 수 세기 동안 이 지역을 통치한 후, 마침내 완전한 주권을 찾았는데 쉽게 내줄 리가 없었다.

1978년 9월 17일 저녁, 카터 대통령이 참석한 자리에서 사다트와 베긴은 '중동평화를 위한 기본안(A Framework for Peace in the Middle East)'과 '이집트-이스라엘 평화조약 체결을 위한 기본안(A Framework for the Conclusion of a Peace Treaty between Egypt and Israel)'에 서명했다.

이렇게 해서 이집트와 이스라엘은 장기간의 협상을 거쳐 마침내 합의했다. 이집트는 시나이 반도를 차지했고, 이스라엘의 안전을 약속했다. 합의 내용에 따라 시나이 반도는 비군사 지역이 되었으며 이집트 국기가 시나이 전역에서 휘날릴 수는 있지만 이집트 탱크는 이스라엘에 접근할 수 없었다.

사례분석 협상할 때, 양측은 언제나 자신의 입장에서 이야기한다. 사례의 이집트와 이스라엘도 그러했다. 이집트의 입장은 시나이에 대한 영토 주권을 회복하는 것이었고, 이스라엘의 입장은 시나이에 주둔한 이집트 탱크 때문에 안전을 위협 받는 일을 참을 수 없다는 것이었다.

이처럼 대립하는 두 개의 입장 뒤에는 상호 충돌하는 이익도 있지만 공동의 이익도 있다. 사람들은 상대방의 입장이 자신과 다르면 그들의 이익 역시 자신과 다를 거라고 확신한다. 그러나 잠재적 이익까지 잘 살펴보면 분명히 공동의 이익 혹은 조정 가능한 이익이 상호 대립하는 이익보다 훨씬 크다는 사실을 알 수 있다.

협상 중에 양측이 조절해야 하는 대상은 입장이 아니다. 눈에 보이는 입장으로 이익을 보호하려고 하지 말자. 이익이란 다양한 방식으로 만족이 가능하다. 예를 들어 이스라엘은 이익(안보)를 위해 시나이의 일부분을 차지하겠다고 했다. 처음에 이스라엘이 시나이를 점령한 사실을 두고 화를 내던 이집트는 그 뒤에 숨은 진짜 이익, 즉 이스라엘이 진짜 원하는 것을 알아보고 입장을 조정했다. 그 결과물이 바로 '비군사화'다. 덕분에 이집트는 시나이 반도에 대한 영토주권을 회복했고, 이스라엘은 국경에서 안전을 위협 받는 걱정으로부터 벗어났다.

협상할 때는 각자의 이익을 명확하게 바라보아서 윈-윈을 실현하려고 애써야 한다. 이러한 협상이야말로 양측 모두를 만족시키고, 관계를 우호적으로 만들 수 있다.

◆

함께 문제를 해결하고,
함께 이익을 취하라

◆

협상은 당신의 수요와 상대방의 수요 사이에 있는 합리적인 일치점을 찾는 과정이다.

어떠한 협상이든 그 결과는 언제나 윈−윈이어야 한다.

양측은 협상을 통해 합작의 즐거움과 안정감을 느끼는 동시에

최대의 이익을 얻을 수 있다.

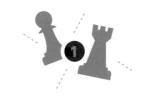

윈-윈을 위한
해결책을 찾아라

충분히 준비하고, 우위에 있다고 생각했는데 왜 이상적인 결과를 얻지 못했을까? 이는 많은 초보 협상가의 고민이다. 사실 원인은 매우 간단하다. 협상가가 협상 중에 자신의 입장만 고수하면서 자신의 이익만 추구하는 데 에너지를 모두 쏟았기 때문이다. 협상가들은 종종 자신의 이익을 최대화하느라 상대방의 이익을 잊는 실수를 저지르곤 한다. 이 문제에 관해 우리는 두 가지 문제를 생각해 보아야 한다.

첫 번째 문제는 왜 협상가들은 창조적인 해결책을 찾아내 공동의 이익을 실현하지 못하는가다. 하버드의 협상 전문가들은 심도 깊은 분석을 통해 다음의 네 가지 원인을 찾아냈다.

첫 번째로, 한 쪽이 얻으면 다른 한 쪽은 잃는다고 생각하기 때문이다. 많은 협상가가 협상을 제로섬 게임이라고 생각한다. 이들은 상대방에게 양보하면 곧 자신은 손해이기 때문에 더 이상 해결책을 찾을 필요가 없다고 생각한다.

두 번째 원인은 단일한 결과만 추구하기 때문이다. 협상에서는 '모 아니면 도'가 아니다. 양측의 대립하는 입장만 가지고 어떻게 해보려 하지 말고 막혔으면 창조적인 해결책을 찾자. 이 역시 협상의 일부다.

세 번째 원인은 결론을 너무 일찍 내리기 때문이다 협상가들은 종 종 맹목적으로 자신의 입장을 밀어붙이곤 한다. 그들은 더 다양한 해 결책을 찾다가 정보를 노출해서 협상의 공간을 빼앗길까 봐 걱정한다.

네 번째 원인은 각자의 문제를 각자 해결해야 한다고 생각하기 때 문이다. 협상가들은 상대방을 위해서 해결책을 생각하지 않는다. 내 일이 아니니 할 필요가 없다고 생각하는 것이다. 그들은 그저 최선을 다해서 자신의 이익만 만족하려고 한다.

하버드의 협상 전문가들은 이상의 네 가지 원인을 깊이 생각해보고 문제를 해결한다면 윈-윈이라는 이상적인 결과에 도달할 수 있다고 본 다. 윈-윈의 상태에서만 이상적인 합작이 가능하다.

다만 어떻게 하면 이 오류에서 벗어나는가다. 어떻게 해야 창의성 을 발휘해 양측이 모두 받아들일 수 있는 해결책을 찾을까?

먼저 단계적으로 찾아라. 해결책은 무작정 찾기만 한다고 찾아지 는 것이 아니다. 브레인스토밍 식의 소그룹 토론 등을 통해 협상가들 끼리 서로를 자극해서 각종 생각과 의견을 나누어야 한다. 그런 후에 각각의 실현 가능성을 따지고 평가해서 창조적이고 구체적인 해결책 을 결정하면 된다.

그다음 분상성 사고방식으로 가능한 한 많은 방안을 생각한다. 소 그룹 토론을 할 때 가장 쉽게 저지르는 잘못이 바로 '가장 좋은 방법'을 찾고 있다고 생각하는 것이다. 서로 상상력을 자극하고 생각나는 대로 말할 때 목표는 가능한 한 많은 생각과 의견을 내놓는 것이다. 동일한 문제를 다양한 각도와 단계로 분석해서 최대한 많은 해결책을 생각하자. 만약 장기적인 합작이 불가능하다면 임시 합작이라도, 무조건이 어려우면 조건 있는 합의라도 해내야 한다.

모든 협상의 목적은 윈-윈이고 각자의 입장이 첨예하게 대치하는 상황에서는 창조적인 해결책만이 윈-윈을 달성할 수 있다. 공동의 이익은 반드시 존재하며 그곳에는 합작의 기회가 숨어 있다. 이를 인식하기만 해도 협상이 순조롭게 진행될 수 있다. 공동의 이익은 윈-윈을 만드는 기초이자 추진제다. 그러므로 협상가들은 공동의 이익을 찾는 데 주력해야 한다. 또한 입장이 다르다고 해서 서로의 존재가 모순 혹은 충돌된다는 생각을 버려야 한다.

협상은 양측 혹은 다자간에 공동으로 수행하는 행위다. 그러므로 윈-윈의 목적을 달성하려면 자신뿐 아니라 상대방의 이익에 대해서도 깊이 생각해야 한다. 가장 효과적인 방법은 상대방 역시 공평, 공정, 합법하다고 여기는 해결책을 찾는 것이다. 이러한 해결책만 제시하면 상대방이 더 빠르고 정확하게 결정을 내리게 도울 수 있으며, 양측의 우호관계가 더 굳건해질 것이다.

강점과 약점을
상호 보완하라

세계 최고의 CEO인 잭 웰치(Jack Welch)는 자서전에서 다음과 같은 일화를 소개했다.

1987년 6월, 프랑스오픈 테니스 대회 기간에 잭 웰치와 부회장 파올로 프레스코(Paolo Fresco)는 파리에서 손님들을 초대해 함께 NBC의 테니스 중계를 시청하는 파티를 열었다. 이 자리에는 프랑스 국영 기업체 톰슨CSF(Thomson-CSF)의 회장 알랭 고메즈(Alain Gomez)도 참석했다.

웰치와 프레스코는 다음 날 고메즈의 사무실에서 그를 다시 만났다. 톰슨CSF 산하에 웰치가 탐내는 의료설비회사 CGR이 있었기 때문이다. 프랑스 시장에서 4~5위 정도의 기업이었다. 사실 웰치 역시 의료설비회사가 있었다. X선 기계, CT 스캐너기계부터 자기공명 장치 등 분야에서 모두 1위를 달리는 탄탄한 기업이었다. 그러나 프랑스 정부가 지배주주인 톰슨CSF의 방해 공작 탓에 프랑스 시장에서는 도무지 맥을 추지 못했다.

고메즈 역시 CGR을 매각할 생각이 전혀 없다고 딱 잘라 말한 적 있다. 그래서 웰치와 프레스코는 인수가 아니라 교환으로 방향을 선회했다. 세 사람이 만난 자리에서 웰치는 벌떡 일어나서 회의실의 칠판 앞으로 걸어가더니 펜을 집어 들고 자기 사업 중에 CGR과 교환할 수 있는 것을 죽 적었다. 웰치와 프레스코가 그동안 탐탁치 않아하던 것들이었다.

첫 번째로 적은 반도체 사업은 고메즈 역시 관심이 없었다. 고메즈는 두 번째에 적힌 텔레비전 제조업에 큰 관심을 보였다. 톰슨CSF의 텔레비전 사업은 규모가 크지 않고 시장이 유럽에 제한되었기 때문이었다. 이렇게 해서 고메즈는 큰돈을 벌어들이지 못한 의료사업을 버리고, 텔레비전 사업을 받아들였다.

마침내 합의를 본 세 사람은 구체적인 협상은 부하직원들에게 맡기기로 했다. 웰치와 프레스코가 떠날 때, 고메즈는 직접 건물 밖 주차장까지 따라와서 배웅했다. 차가 출발하자 웰치는 프레스코의 팔을 잡으며 "저 친구, 정말 만족하나보네!"라고 말했고, 두 사람은 큰 소리로 웃었다.

배웅을 마치고 다시 사무실로 올라간 고메즈는 방금 전의 거래에 크게 만족하며 미소 지었다. 기존의 텔레비전 제조 분야는 규모가 너무 작았고 이 상태로는 일본 기업과 경쟁하기 어려웠다. 이번 거래로 그는 규모의 경제와 시장 지위를 얻었으며 거대한 도전이 가능하게 되었다. 톰슨CSF의 의료설비회사는 연수입이 7만 5,000억 달러에 불과

했다. 하지만 맞교환할 웰치의 가전소비제품 사업은 연판매액이 30억 달러가 넘고 직원은 무려 3만 명에 달하니 충분히 흡족할 만한 거래였다.

웰치 역시 무척 만족했다. 이 거래를 통해서 의료설비 분야에서 유럽 시장 점유율이 3배(15%)가 올라갈 것으로 전망되었기 때문이다. 이렇게 되면 최대의 경쟁자 지멘스(SIEMENS)에 대적할 만 했다.

이후 6주 안에 거래가 완성되었다. 합의 내용에 따라 톰슨CSF는 웰치에게 10억 달러의 현금과 특허 사용권을 둘러 주었다. 웰치는 이 특허 사용권 덕에 매년 1억 달러의 세후 수입을 벌었고, 톰슨CSF는 하루 아침에 세계 최대의 텔레비전 생산업체가 되었다.

물론 사업이 이렇게 순조롭게 끝날 리 없다. 그 사이에 많은 곡절이 있었지만 어쨌든 웰치와 고메즈의 협상만 보자면 그야말로 윈-윈을 달성한 최고의 결과를 얻었다고 할 수 있다. 웰치는 양측의 강점과 약점을 정확히 파악한 후에 상대의 강점을 가져와 자신의 약점을 보완했다. 이는 고메즈도 마찬가지다. 정말 멋진 협상이지 않은가!

윈-윈은 양측이 모두 만족하는 최고의 선택이다. 하버드 협상학 교수 윌 콘웰은 윈-윈을 추구하는 협상에 대해 다음과 같이 말했다.

"윈-윈은 양측을 모두 즐겁고 신나게 만드는 일이다. 하지만 실제 협상 사례를 살펴보면 양측은 하나의 방향을 향해 즐겁게 행진하는 것 같지 않다. 이는 윈-윈을 실현할 수 있는 가장 좋은 방법, 즉 서로의 강점과 약점을 보완하는 방법을 잊었거나 무시했기 때문이다. 이 방법을 사용하려면 자신의 상황뿐 아니라 상대방의 상황도 정확히 알아야 한다. 윈-윈은 가장 좋은 결과지만 결코 쉬운 일이 아니다."

또한 윈-윈은 자신의 이익을 만족하는 동시에 새로운 발전의 기회를 찾는 기초 위에 만들어져야 한다. 그래야 협상 중에 윈-윈을 향해 가는 동력을 더욱 키울 수 있다. 이런 일들을 실현시키려면 자신의 이익에서 출발해 상대방의 입장에서 문제를 따져보아 유리한 부분은 취하고 불리한 부분을 버려서 공동의 이익을 실현해야 한다.

협상을
마무리하는 법

하버드의 협상 전문가들은 "최고의 결말은 결코 승자 독식이 아니다."라고 강조한다. 맞다. 빈손으로 떠나는 패자가 있는 협상은 결코 제대로 된 협상이라고 할 수 없다. 승자와 패자가 존재하지 않는 협상, 양측이 모두 승자로 최대의 이익을 얻는 협상만이 성공했다고 할 수 있다.

이론적으로는 상대방이 모두 윈-윈이라고 '인정'할 때 성공적인 협상이라고 할 수 있다. 이때 협상을 마무리하면 가장 무방하다. 하지만 실제로는 주관적인 '인정'이 아니라 실제 거래 내용을 견주어보아 협상을 마무리해야 한다. 중요한 것은 협상이 끝난 후에 서로 주고받는 무언가다.

어떻게 해야 협상을 잘 마무리할 수 있을까? 하버드의 협상 전문가들은 다음의 방법을 제시했다.

첫째로, 상대방이 동의한다고 말했을 때이다.

(1) '사업 이야기를 끝내는 것'에 대해 상대방의 의견을 묻자.
   "이제 모든 문제에서 공동인식을 달성했으니 지금 합의서에 서명할까요?"
(2) 합의의 구체적인 내용을 꺼내자. 예를 들어 합의서에 들어갈 어휘를 고르고 운송방식 등 디테일을 이야기하며 모든 문제에 공동인식을 달성했음을 상기시키면 된다.
(3) 직접적인 행동으로 드러내자. 실무직원이 주문서를 쓰거나, 구매자가 판매자에게 물건 발송에 대한 정보를 전하거나, 아니면 악수 같은 단순한 행동도 좋다.

둘째로, 상대방이 아직 결정하지 않았을 때이다.

(1) 합의 달성이 현명한 선택임을 반복해서 강조하고, 그 가치가 얼마나 높은지 말하자.
(2) 특별한 우대혜택을 제공해서 최대한 빨리 결정을 내리도록 유도하자. 예를 들어 할인권이나 분기별 납부, 시설 제공 등이 있다.
(3) 합의에 이르지 못하면 어떠한 손실이 있을지 이야기하자. 당신의 조건이 최선일 뿐 아니라 심지어 권한을 넘어서 제공한 것임을 또한 이런 조건을 기다리고 있는 경쟁자가 많다는 정보를 넌지시 제공해서 '이렇게 엄청난 기회를 놓치면 안 된다'는 메시지를 던지자. 합의하지 않으면 잃는 것이 많다는 생각이 들게 해야 한다.

협상의 목표

(4) 어떤 사람은 주저하다가 기회를 놓쳐서 큰 손해를 보거나 곤경에 빠졌다고 알리자. 이 거래가 매우 가치 있다고 생각할 것이다.

(5) 합의를 달성할 것처럼 행동해도 무방하다. 예를 들어 구매자라면 카드나 현금을 꺼내 판매자에게 건네면 된다. 반대로 판매자라면 물건을 어디로 보내드리면 되겠냐고 묻자.

(6) 협상을 마무리할 때 너무 많이 말할 필요 없다. 그저 상대방의 반응을 무시하지만 않으면 된다. 말이 너무 많으면 상대방은 당신이 긴장 혹은 불안해한다고 생각할 수 있으니 조심하자.

셋째로 상대방이 아직 동의하지 않았을 때이다.

(1) 상대방을 고민하게 만드는 부분이 무엇인지 반복해서 묻자. 어떤 부분이 마음에 걸리는지 알아야 해결의 실마리를 찾을 수 있다.

(2) 상대방이 여러 차례 거절한 것이 아니라면 쉽게 포기하지 마라. 한 재단의 영업사원은 일곱 차례 거절당하면 포기한다고 말했다. 상황에 따라 입장을 철회하고 전략을 바꾸는 것도 중요하지만 동시에 적당하게 밀고 나갈 줄도 알아야 한다.

당신의 BATNA를
확정하라

'Yes, But……'은 로저 피셔와 윌리엄 유리가 공저한 《Yes를 이끌어내는 협상법》에서 제안한 개념이다. 협상의 BATNA는 '제안을 실행할수 없을 때 아마도 취할 행동'으로 이해하면 된다.

하버드의 협상학 교수 로스 그랜트는 BATNA에 대해 다음과 같이설명했다.

"BATNA는 목적을 최대한도로 달성하기 위한 민첩한 대응방안이다. BATNA는 판단의 기준이 되어서 불리한 제안이나 받아들여서는안 되는 제안을 수용하는 일을 막아준다. 또한 BATNA를 확실하게 준비해 두면 협상 중에 순발력 있게 대응할 수 있으며 협상이 막혔을 때새로운 방향을 해결방안을 찾을 수 있다."

쉽게 말해 BATNA는 물에 빠진 협상가의 목숨을 구해주는 지푸라기 같은 존재다. BATNA만 잘 준비해 두어도 기초적인 원칙과 협상안이 정해진 셈이다. 반대로 BATNA를 확정하지 않고 협상을 시작했다면 구명조끼도 입지 않은 채 눈 감고 강을 건너는 것과 같다. 이런 사람은 협상 내내 주도권, 통제권을 모두 상대방에게 넘겨주고 끌려 다닌다. BATNA가 없는데 합의에 실패했을 때 협상가가 보이는 반응은 크게 두 가지로 나눌 수 있다. 하나는 여전히 낙천적으로 아직도 다른 선택사항이 많을 거라고 생각하는 반응이다. 마음에 드는 집이 또 나타나겠지, 다른 사람이 내 차를 사겠지, 도와줄 만한 다른 기술자가 있겠지, 다른 직장을 구하면 되겠지……. 다른 하나는 반대로 과도하게 비관적인 반응이다. 협상이 결렬되면 이제 더 이상 아무것도 할 수 없다고 생각하는 협상가들이 있다. 두 가지 반응을 비교하면 후자의 경우가 더 많다. 응급조치 역할을 할 BATNA가 없으니 그냥 자포자기하기 때문이다.

또 어떤 협상가는 BATNA를 준비하기는 하지만 그저 머릿속으로 생각만 할 뿐, 별로 중요하게 생각하지 않아 충분히 고려하지 않는다. 이 거래에 실패하면 이곳을 떠나지 뭐, 베이징으로 가거나 남쪽으로 갈 수도 있어. 아니면 그냥 학교로 돌아가든지, 공장에 가서 일하거나 해외로 가버려도 괜찮겠지……, 이런 식의 막연한 생각은 제대로 된 BATNA가 아니다. 협상이 생각대로 풀리지 않을 때, 다양한 선택 사항이 눈앞에 있을 때 BATNA가 모호하면 결정을 내리는 데 아무런 도움이 안 된다. 현명하게 협상하고 싶다면 적어도 한 가지 이상의 제대로 된 BATNA가 있어야 한다. 협상의 성공 역시 얼마나 BATNA를 잘 준비했느냐의 영향을 받는다.

그럼 이제 BATNA를 결정하는 문제에 대해 이야기해보자. 하버드의 협상 전문가들은 BATNA를 만드는 세 가지 단계를 제안했다.

1단계는 가능한 BATNA를 떠올리는 일이다. 예를 들어 100만 위안을 받고 집을 팔려고 한다. 90만 위안 아래로는 절대 팔지 않을 예정이다. 그런데 구매자가 80만 위안 이상은 줄 수 없다고 버틴다면 어떻게 하겠는가? 이때 당신은 여러 가지 문제를 고려해야 한다. 그냥 80만 위안을 받고 팔까? 생각해 둔 기간 안에 집을 팔지 못하면 어떻게 할 것인가? 90만 위안 이상을 받을 수 있을 때까지 계속 기다릴까? 수리를 좀 해서 좋은 가격으로 집을 다시 내놓을까? 아니면 차라리 임대를 할까? 이 단계에서는 여러 개의 BATNA가 있을 있다.

2단계는, 제1단계에서 생각한 BATNA 중에 가장 가능성 있는 몇 가지를 선정해서 구체적인 방법을 생각하자. 예를 들어 80만 위안을 받고 판다면 일시금으로 지불해야 하며, 1년 동안 무상으로 창고를 사용하는 조건을 걸자.

3단계는 최고의 BATNA를 선택하고 협상을 통해 구체적으로 보완하는 일이다.

이상의 세 단계를 거쳐 최고의 BATNA를 선택해 두면 상대방이 조건을 제시했을 때 순발력 있게 대응할 수 있다. BATNA의 완성도가 높고 치밀할수록 더 유리하다. 출현 가능한 모든 상황에 대응할 수 있도록 충분히 준비해서 자신감을 키우자. 든든한 BATNA가 있으면 협상을 중단 혹은 결렬시키는 일도 훨씬 쉬워진다. 이런 결정이 지지부진할수록 당신이 차지하는 이익이 줄어든다는 사실을 명심하라.

최고의 BATNA는 당신이 가진 자원들을 협상력으로 전환해준다. 이는 강력한 상대를 만났을 때 커다란 효과를 발휘할 것이다.

파나소닉과 필립스의 합작

1950년대 초에 파나소닉은 세계 최고의 판매 네트워크를 확보한 대신 기술력이 다소 부족했다. 그 바람에 판매량이 점점 하락하고 발전이 더딘 문제에 봉착했다.

당시 필립스(Philips)는 세계 최대의 전자제품 제조회사였다. 총 48개 국의 기업이 그들과 합작해서 모두 좋은 결과를 얻었다. 파나소닉이 필립스와의 합작을 원한 것은 당연한 일이었다.

파나소닉의 부회장 타카하시 아라타로가 필립스와의 협상에 직접 나섰다. 세계 전자제품 분야의 최고봉인 필립스는 이 합작에 별로 관심이 없었다. 그들은 해도 그만, 안 해도 그만이라고 생각했기에 파나소닉에 매우 '각박한' 조건을 내걸었다. 양측이 일본에 합자기업을 세우는 데 총자본 6억 6,999만 엔 중 파나소닉이 70%를 출자하고, 필립스는 30%만 출자하겠다는 것이다. 그나마 이 30%도 현금이 아니라 기술이전비용으로 대신하겠다고 했다. 그러니까 파나소닉 혼자 이 합자기업을 세우고 나눠 가지자는 이야기였다.

또 보통의 경우 기술이전비용이 3% 정도니 파나소닉이 이야기한 30%는 정말 말도 안 되는 소리였다. 이런 조건을 절대 받아들일 수 없었던 타카하시는 온갖 수단을 동원해서 일단 5%까지 줄였다. 아직 보통의 수준보다 높았지만 파나소닉은 더 깎으려거든 없던 일로 하자며 버텼다. 이때 타카하시의 머릿속에 합작이란 양측의 윈-윈을 도모하는 것이라는 생각이 떠올랐다. '필립스도 이 합작으로 거부할 수 없는 이익을 얻는다면 우리를 이렇게 깔보지 않을 것이다.'라고 생각한 그는 그들에게 끌려 다니지 말고 파나소닉의 강점을 보여야겠다고 생각했다!

이어진 협상에서 타카하시는 이렇게 말했다.

"합자기업을 세우면 필립스의 기술을 이전받아야겠지만 경영은 파나소닉에서 하게 될 겁니다. 아시다시피 우리의 경영 능력은 세계 최고라 할 수 있습니다. 판매 네트워크도 뛰어나죠. 필립스가 파나소닉으로부터 기술이전비용을 받는다면, 파나소닉은 필립스로부터 '경영지도비'를 받겠습니다!"

타카하시의 말을 들은 필립스 협상단은 당혹스러움을 감추지 못했다. 그들은 이런 이야기를 한 번도 생각해본 적이 없었다. 따지고 보면 그의 말이 크게 터무니없지도 않았으며 오히려 매우 타당하고 합리적이었다. 파나소닉이 그동안 판매 네트워크를 건실하게 다져놓은 덕분에 합자기업이 제품을 출시하기만 하면 판매에 대해서는 사실 걱정할 필요가 없었다.

얼마 후, 양측은 합자기업 설립에 협의하고 계약서에 서명했다. 파나소닉이 필립스에 기술이전비용 5%를 지불하고 필립스는 파나소닉에게 경영지도비 6.4%를 지불하는 조건이었다. 이렇게 해서 파나소닉은 기술이전비용을 지불하지 않고 경영지도비 명목으로 1.3%를 더 받았다!

얼마 지나지 않아 파나소닉과 필립스의 합자기업이 출시한 상품이 전 세계 각지로 빠르게 팔려 나가 베스트셀러가 되었다. 양측은 뛰어난 기술과 탁월한 경영을 완벽하게 결합시켜 모두 큰 이익을 얻었다.

협상의 목표

존망의 갈림길에 놓였던 파나소닉은 기사회생해서 세계적인 대기업으로 발전했다.

사례분석 파나소닉과 필립스는 각자 자신이 강점을 발휘했다. 그들은 서로의 강점과 약점을 명확히 파악하고 서로 보완해서 윈-윈하기로 합의했다. 비즈니스 세상에서 합작의 기본은 윈-윈이다. 이는 상대방을 사지로 몰아넣는 전쟁과 다르며 승패를 정확히 구분하는 스포츠 경기와도 구분된다. 협상에서 해결할 것은 책임과 의무의 분배뿐이다.

열다섯번째수업

◆

금기사항 피하기

◆

협상은 양측이 모종의 거래를 실현하기 위해 혹은 모종의 논점을 놓고 벌이는

소통 및 교류 활동이다. 이런 이유로 화술은 협상 과정 및 결과에 중요한 작용을 일으킨다.

협상할 때는 말 표현에 주의해야 하며 특히 금기가 되는 말을 피해야 한다.

잘못된 말 한 마디로 협상장의 분위기를 어색하게 만들고 심지어 갈등과 대립이

발생할 수 있기 때문이다.

말이 화를
부른다

협상은 말로 하는 행위이므로 화술은 협상가의 중요한 기술 중 하나다. '물 흐르듯이' 말하라는 의미가 아니다. 협상에서는 쉬지 않고 청산유수로 말한다고 해서 꼭 좋은 것만은 아니다. 로저 피셔는 "비즈니스 협상에서는 말을 많이 한다고 꼭 유리하지는 않다. 말이 많으면 도리어 자신의 의도를 노출하고 상대방에게 틈을 보여 기회를 줄 수 있다."고 말했다.

실제로 '쉬지 않고 말한 탓에' 협상에서 주도권을 잃은 사례가 꽤 많다. 이런 의미에서 토머스 에디슨은 침묵의 중요성을 잘 아는 사람이었다. 비즈니스 협상에서는 말을 많이 한다고 꼭 유리하지 않다. 반대로 어떤 때는 말이 많으면 아마도 자신의 의도를 폭로하고 드러낼 수 있고 상대방에게 틈을 보이는 기회를 줄 수 있다."고 말했다.

실제로 '쉬지 않고 말해서' 피동적인 지위에 놓인 사례가 꽤 많다.

이런 의미에서 토머스 에디슨(Thomas Edison)의 침묵의 중요성을 잘 아는 사람이었다.

에디슨의 전시는 매우 단순했다. 기계를 잘 설치하고, 스위치를 단 후에 은행가에게 스위치를 눌러 보라고 했다. 간단한 시연에도 은행가는 이 발명품의 가치를 금세 알아봤다.

"대단한 발명이군요! 5,000달러에 사고 싶습니다."

하지만 에디슨은 입을 꽉 다문 채 아무 말도 하지 않았다. 은행가가 다시 입을 열었다.

"좋아요! 1만 달러 드리죠!"

에디슨은 역시 아무 말도 하지 않았다. 방안은 너무 조용했고 은행가는 이 고요를 참지 못했다.

"그래요, 그럽시다! 2만 5,000달러에 사죠!"

그 순간, 에디슨의 얼굴 위에 난처한 표정이 스치고 지나갔다. 물론 입은 여전히 꾹 다문 채였다. 은행가는 에디슨이 정말 고단수라고 생각하고 고개를 저으며 10만 달러짜리 수표를 건넸다.

에디슨은 중개상을 바라보았고, 중개상은 고개를 끄덕였다. 거래가 끝난 후, 은행가는 웃으면서 득의양양해서 말했다.

"솔직히 말하죠, 에디슨 씨! 나는 원래 15만 달러를 예상했어요!"

그러자 에디슨이 드디어 입을 열었다.

"그런가요? 저는 1만 달러에 팔려고 했는데요!"

이것이 바로 '멈추지 않고 흐르는 강물처럼' 말하는 경우의 폐해다. 은행가는 화술을 '끊임없이 떠들어 대는 것'으로 착각해서 큰 손해를 보았다. 그는 흡사 '모노드라마'라도 공연하는 것처럼 너무 말을 많이 한 나머지 큰 손해를 입었다. 면에 에디슨은 입을 다물고 침묵하면서 어떠한 의견도 드러내지 않은 덕분에 은행가를 조급하게 만들고 좋은 가격으로 발명품을 팔았다.

미국의 베테랑 협상 코치 짐 캠프(Jim Camp)는 자신이 만난 최고의 보험 세일즈맨은 휠체어에 앉은 청각장애인이었다고 말했다. 이 세일즈맨은 일반적인 보험 세일즈맨과 조금 다르다. 그는 휠체어에 앉아 마카펜으로 칠판에 질문을 써서 고객과 소통했다. 느리고 답답한 과정이지만 그의 질문 방식은 한 번 되새겨볼 만하다. 그 역시 휠체어에 앉아 조용하게 글자를 쓰면 '애걸복걸'한다는 느낌을 주지 않을 수 있다고 인정했다.

총성 없는 전쟁인 협상에서는 말이 무기다. 말을 잘해서 상대방의 마음을 얻을 수 있지만 잘못 다루면 큰 화를 불러서 도리어 자신이 다치기도 한다. 그래서 협상가들은 말할 때 항상 매우 신중해야 하고, 입에서 나오는 대로 지껄여서는 안 된다. 유머러스하면서도 고상한 말투로 협상 분위기를 마음먹은 대로 조절할 수 있어야 정말 '말 잘하는' 협상가가 될 수 있다.

협상은 물 흐르듯이 청산유수로 말하는 사람이 이기는 게임이 아니다. 어떤 경우에는 침묵이 더 깊고 내실 있는 역량이 될 수도 있다. 하버드의 협상학 교수 로저 피셔는 사실에 입각해서 협상 목적을 주시하면서 정확한 어휘와 명확한 말투를 구사한다면 협상에서 분명히 유리한 위치에 놓일 수 있다고 단언했다.

해서는
안 되는 말

협상은 양측이 모종의 거래를 실현하기 위해 혹은 모종의 논점을 놓고 벌이는 소통 및 교류 활동이다. 이런 이유로 언변술은 협상 과정 및 결과에 중요한 작용을 일으킨다. 협상할 때는 말 표현에 주의해야 하며 특히 금기가 되는 말을 피해야 한다. 잘못된 말 한 마디로 협상장의 분위기를 어색하게 만들고 심지어 갈등과 대립이 발생할 수 있기 때문이다. 다음의 금기사항을 기억하고 반드시 피하자.

안하무인

상당수의 협상가가 자신이 신분, 지위, 실력 면에서 남들보다 우수하다고 여겨 잘난 척 상대방을 깔보는 행동을 하곤 한다. 자기 위에 아무도 없는 양 안하무인으로 행동한다면 상대방에게 상처를 줄 수 있고, 대립, 갈등, 심지어 보복의 심리까지 불러일으킬 수 있다. 이런 상황에서 무슨 협상이 되겠는가? 이렇게 되면 양측 모두 극심한 손해를 피할 수 없다. 협상가라면 자신이 상대방보다 훨씬 높은 곳에 있다는 잘못된 생각을 버려야 한다. 설령 모든 상황에서 유리하다고 해도 그리하다. 협상 테이블에 앉으면 피차 신분, 지위, 경력, 경험, 실력 등의 차이가 없고, 모두 평등하므로 반드시 예의를 갖춰 대하고 공정하게 협상해야 한다.

기세 등등

협상가들 중에 상대방을 물어뜯고 싸워 승리를 쟁취하는 데 기쁨을 느끼는 사람이 꽤 있다. 이런 사람들은 상처를 주는 언어, 쉬지 않는 공세로 상대방을 하나하나 다그치고 압박해서 옴짝달싹 못하게 하려고 한다. 상대방이 무슨 의견이라도 하나 내놓으면 제대로 듣지도 않고 이맛살을 찌푸리고 성질을 부리며 반격한다. 마치 상대방의 입을 막아 버리기라도 할 것처럼 말이다. 그들은 사소한 일까지 전부 기억해서 후벼 파고, 심지어 상대방의 사적인 정보까지 전부 드러내는 일도 서슴지 않는다. 이런 식으로 협상 중에 공세가 과열되고 서로의 감정에 상처를 주는 행위는 절대 해서는 안 된다. 상대방의 자존심에 상처를 주기 때문이다. 운이 좋아서 성격이 유한 상대방을 만나면 잠깐의 승리감을 맛볼지도 모른다. 하지만 내면이 강하고 심지가 깊으며 잘 훈련되어 있는 훈련가를 만난다면 이야기가 달라진다. 그는 참을성을 발휘해 예의를 갖춰 당신을 대하겠지만 이는 당신을 잡기 위해 놓아준 것일 뿐이다. 중요한 시점에서 공세를 퍼부어 당신이 대가를 지불하도록 만들 것이다. 최악의 경우는 똑같이 강하고 공격적인 상대방을 만나는 상황이다. 당신이 아무리 기세 등등 해봤자 상대방은 더 커다란 반격을 할 것이고, 결국 두 사람 모두 아무것도 얻지 못하고 협상장을 떠나야 할 것이 뻔하다.

그러므로 협상 중에 말할 때는 반드시 완곡하게 부드럽게 해야 하며 기세가 등등해서 상대방을 제압하거나 곤경에 빠뜨리려고 시도해서는 안 된다. 또한 상대방의 의견과 사생활을 존중할 줄 알아야 하며 과격한 말로 맹수처럼 달려들어 상처 주는 일을 피해야 한다.

모호한 정보

협상가가 말하는 정보가 모호하고 불확실한 이유는 두 가지다. 하나는 협상가가 사전에 상대방의 협상 조건을 구체적으로 분석하지 않은데다 표현력까지 부족해서다. 이러면 자신의 입장, 관점 등을 설명하거나 상대방의 질문에 답할 때 말을 더듬고, 머뭇거리고, 심지어 앞뒤가 안 맞아서 서로 모순되기도 한다. 이처럼 모호하고 불확실한 표현은 상대방에게 '협상을 잘 못하고 성의도 없다는' 인상을 남길 뿐 아니라 주도권까지 빼앗길 수 있다. 다른 하나는 정보가 너무 많고 입수경로가 다양해서 사실 관계를 확인하지 못해서다. 자신도 확신하지 못하는 정보를 가지고 협상을 하려니 말이 제대로 나오지 않는 것이 당연하다. 상대방은 당신이 '게으르고 진지하지 않다고' 생각하며 허점을 노릴 것이다. 그러므로 협상할 때는 모호하고 불확실하게 말하지 않기 위해 충분히 생각하고, 정보와 자료를 반복적으로 확인하고, 정확한 어휘로 표현할 수 있도록 철저하게 준비해야 한다. 또한 자신의 강점과 약점을 미리 파악해 두어야 상대방의 공세에 적절히 대응할 수 있

협상의 목표

다. 협상의 목적을 잊지 말고 합당한 협상안을 준비하자.

허위

일부 협상가는 비즈니스 협상을 '너 죽고, 나 살자'식의 대립으로 본다. 그래서 객관적 사실은 제대로 보지도 않고 거짓, 사기, 은폐 등을 일삼고 거짓말이나 과장을 통해 협상 우위를 차지하려고 애쓴다.

한 도매상이 자신의 상품이 정부로부터 '우수제품인증'을 받았다며 자랑스레 말했다. 상인은 샘플을 살펴본 후, 시장성이 있다고 판단하고 바로 납품 협상을 시작했다. 협상이 거의 마무리되고 계약서에 서명만 하면 될 때, 상인은 사기 당했다는 사실을 깨닫고 서명을 거부했다. 이 소식이 전해지자 도매상의 명성이 곤두박질쳤다. 업계에서 그와 거래하려는 사람은 아무도 없었다.

단점을 숨기고 장점을 과대포장하며 사실과 다른 정보를 입에서 나오는 대로 짜 맞춰서 이야기하면 처음에는 상대방을 속일 수 있을지도 모른다. 하지만 상대방은 당신의 계략을 간파하고 협상장을 떠날 것이다. 이는 단순히 협상 결렬이나 합작 실패의 문제가 아니다. 기업 혹은 개인의 신용과 명예에도 커다란 손실을 입힐 수 있다.

비즈니스 협상은 '너 죽고, 나 살자' 식의 투쟁이 아니다. 어떤 협상이든지 최종 목표는 언제나 윈-윈이다. 언제나 사실에 입각해서 이야기하고 성실하고 신뢰할 수 있는 태도로 협상해야 한다.

자기중심

협상 중에 상대방의 말을 끊거나, 아에 주목하지 않거나 혹은 쉬지 않고 이야기하면서 상대방의 감정과 반응을 무시한다면 어떻게 될까? 협상 사례를 보면 자신의 입장만 생각하고, 자신의 요구사항만 중요한 사람들이 많다. 이런 사람들은 말할 때 "나는 ……라고 생각해요.", "나는 ……라고 봐요.", "나는 ……가 필요해요."처럼 주관적인 느낌이 아주 강한 문장으로 이야기한다.

협상에서 가장 피해야 할 것이 바로 이러한 자기중심적인 사고방식이다. 이런 사람들은 상대방의 감정과 요구사항을 전혀 고려하지 않으면서 오직 자신의 요구사항을 만족하는 것만 옳다고 생각한다. 이래서는 윈-윈을 달성할 수 없다. 협상가는 다른 사람의 말을 경청하는 기술을 반드시 배워야 한다. 상대방이 하는 말에 흥미를 보이고 존중을 드러내자. 거절할 때 역시 완곡하게 해서 협상의 여지를 남겨 두어야 한다.

비굴과 아첨

기세 등등과 반대 개념이다. 어떤 협상가들은 협상 중에 부탁의 태도로 목적을 달성하려고 한다. 그들은 불쌍한 사람의 역할을 맡아가지고 상대방의 동정을 얻기를 희망한다. 안타까운 것은 상대방이 결코 그들이 원하는 것만큼 해주지 않는다는 사실이다. 그래서 최후에 그들은 자기가 원래 얻어야만 하는 것을 하나도 얻지 못한 것을 발견한다. 그 의외의 요구를 말하는 것은 할 필요도 없다. 존중이란 상호적인 것이며 또한 반응이다. 자신의 위치를 아주 낮게 두면 상대방은 더 낮게 바라볼 것이다.

무미건조

협상할 때 유난히 긴장하는 사람들이 있다. 말할 때 표정이 굳고, 말투가 어색하고, 과하게 논리를 내세우는데 이 역시 협상에 매우 불리하다.

비즈니스 협상은 적대적이고 대립적인 정치적 협상과 달리 합작을 목적으로 하므로 반드시 긍정적이고 우호적인 태도로 가벼운 분위기 속에서 진행되어야 한다. 정식 협상이 시작되기 전에 양측 협상가들이 가볍고 편안한 분위기를 만들려고 노력해야 한다. 본격적인 협상이 시작되면 정확한 어휘와 예의를 갖춘 말투로 뜻을 정확하게 전달할 수 있도록 해야 한다. 또 협상이 끝나면 친절하고 적극적인 태도로 양측의 합작 관계가 안정적으로 자리 잡을 수 있도록 분위기를 조성할 필요가 있다. 다.

풍부하고 다양한 어휘, 유머러스하면서도 명확한 의사 전달, 따뜻하고 우호적인 태도 등으로 좋은 협상 분위기를 만들려고 노력하자. 이는 협상 뿐 아니라 향후의 일에까지 영향을 미친다.

부정행위를
막아라

최대의 이익을 얻기 위해 협상가는 정당한 협상 기교와 수단을 이용해야 한다. 기지가 넘치고 교묘한 협상 수단은 당신에게 이익을 가져다주는 동시에 상대방의 찬사와 존중도 얻게 만들어준다. 하지만 실제 협상 테이블 위에는 목적을 실현하려는 욕심이 불러온 부정행위가 난무한다. 그러므로 협상가들은 반드시 부정행위를 판별해서 자기도 모르는 사이에 상대방의 함정에 빠지거나 손해를 뒤집어쓰는 일을 피해야 한다. 협상에 등장하는 부정행위에는 어떤 것들이 있을까? 어떻게 부정행위를 알아볼 수 있을까? 다음은 하버드의 협상 전문가들이 초보 협상가를 위해 제시한 대표적 부정행위다.

첫 번째로 고의적으로 속이는 행위다.

어떤 사람들은 협상을 통해 윈-윈이 아니라 그 외의 더 커다란 목적을 이루고자 한다. 중국 한 기업의 해외영업사원들이 영국 수입상과 여우가죽 수출을 논의했다. 잠시 쉬는 시간, 영국 수입상이 중국 측 직원에게 담배 한 대를 건네며 물었다.

"그런데 올해 중국에서는 여우가죽 판매 상황이 어떤가요?"

"괜찮은 편입니다."

"혹시 제가 10~20만 장을 산다면 물량을 제공해줄 수 있나요?"

"가능합니다."

담배 한 대를 다 피우기도 전에 이 교활한 영국 수입상은 중국의 여우가죽 판매 현황을 전부 알아차렸다. 이어서 그는 중국 측에 여우가죽 15만 장을 고가로 주문하겠다고 말했다.

15만 장이면 상당한 물량이었다. 중국 협상단장은 이 사람이 상품을 독점해서 다른 경쟁자들을 견제하려나 보다고 생각하고 속으로 매우 기뻐했다. 이틀 후, 또 다른 영국 수입상이 지금 어떤 사람이 중국의 공급가보다 낮은 가격으로 여우 가죽을 덤핑 판매한다는 정보를 중국 측에 알려주었다.

깜짝 놀란 중국 협상단장은 진상을 알고 놀라서 뒤로 자빠질 뻔했다. 덤핑 판매를 한 사람은 이전에 15만 장을 주문하겠다고 말한 바로 그 수입상이었다. 알고 보니 일부러 높은 가격을 제시해서 중국 측이 이 가격보다 낮은 가격에 여우가죽을 판매하지 못하도록 연막을 친 것이었다. 실제로 중국 측은 다른 영국 수입상과 협상할 때 그 가격을 제시했고, 가격이 너무 높다보니 거래를 모두 불발되었다. 그래도 중국 측은 그 수입상이 15만 장을 산다고 했으니 걱정이 없었다.

이런 상황에서 영국 수입상은 훨씬 낮은 가격으로 가지고 있는 여우가죽 물량을 모두 팔아 치웠다.

사례의 이 영국 수입상은 진짜 의도를 감추고 중국 측에 접근해 거짓말을 했다. 중국 측은 전혀 눈치 채지 못하고 심지어 주문을 받았다고 좋아하기까지 했다. 속은 지는 까맣게 모르고 말이다. 중국 협상단장은 그가 15만 장을 주문하겠다고 했을 때 다음의 문제를 생각해봤어야 한다.

"이 사람은 왜 이렇게 고가에 물건을 사려고 할까?"

"정말 다른 수입상들을 제치고 물건을 독점하려는 것일까?"

만약 중국 협상단이 주문을 받았다고 좋아서 급하게 거래를 완성하려고 하지 않았다면, 조금만 더 분석했다면 상황은 완전히 달라졌을 것이다.

두 번째로, 상대의 눈과 귀를 막는 것이다.

진짜 바라는 것을 말하지 않아서 당신이 양보를 이끌어내는 행위다.

남한과 북한은 정전협정 중에 각각 중립국 세 나라를 선정해서 중립국감시위원회(NNSC)를 구성하는 데 합의했다. 이에 남한은 노르웨이, 스위스, 스웨덴을 중립국으로 확정했지만 북한은 폴란드와 체코만 선정하고 세 번째 중립국은 자꾸만 미루면서 결정을 내리지 않았다. 그들은 세 번째 중립국을 결정하지 못했다며 우선 회담 먼저 진행하자고 제안했다. 그러더니 회담 직전, 북한이 갑자기 세 번째 중립국으로 소련을 선정했다고 발표했다. 이 뉴스가 전해지자 전 세계가 놀랐다. 소련은 중립국이라고 할 수 없는 나라였기 때문이다. 당연히 남한도 반대했지만 북한은 회담을 거부하겠다면서 버텼다. 시간이 흐르자 세계 각국은 남한이 모두의 시간을 낭비한다면서 비난하기 시작했다.

그러자 북한이 이 기회를 놓치지 않고 소련을 중립으로 선정하지 않을 테니 대신 비행장을 복구하는 일에 동의해 달라고 요구했다.

이 사례에서 북한이 소련을 중립국으로 선정한 이유는 남한, 아니 전 세계의 눈과 귀를 가리기 위해서였다. 그들이 진짜 원한 것은 비행장 복구였다. 협상가는 협상 중에 혹시 상대방이 자신의 눈과 귀를 가리고 있지는 않은지 꼼꼼히 살펴서 그가 원하는 대로 양보하지 않도록 해야 한다.

세 번째는 갖은 수단을 동원한 괴롭힘이다.

협상 중에 서로의 잘못을 이야기하는 일은 지극히 정상적인 상황이다. 하지만 마치 계란에서 뼈라도 찾으려는 듯이 상대방의 잘못을 찾는 데 혈안이 되어서는 곤란하다. 상대방이 계속 실수와 잘못을 거론하면서 말도 안 되게 과장해서 트집을 잡고 고의로 시간을 끌면 시달리다가 결국 기진맥진해질 것이다. 그러면 당신은 제대로 힘 한 번 써보지도 못하고 타협하고 양보할 수밖에 없다.

네 번째는 거짓 정보 흘리기다.

동종 업계의 경쟁자를 배제하기 위해, 더 큰 이익을 얻기 위해 허위로 가격을 제안해 협상의 기회를 얻은 사람이 있다. 그는 아마 협상이 시작되면 각종 이유를 대며 가격을 올리고, 까다로운 조건을 내걸 것이다. 하지만 상대방은 다른 경쟁자를 고려할 기회를 이미 놓쳤기 때문에 상대방의 요구에 동의할 수밖에 없다.

예를 들어 판매자가 가격을 제시하면서 고의로 낮은 가격을 말한다. 그러면 구매자는 자신에게 이익이라고 판단하고 거래를 마무리하고자 한다. 하지만 결제 직전, 판매자가 갑자기 이렇게 말한다.

"아이고, 죄송합니다. 가격 제안서에 오류가 있었던 것을 이제야 발견했네요. 조금 수정해야겠습니다."

구매자는 억울하지만 이제 와서 생각을 바꿀 시간 혹은 에너지가 없다.

다섯 번째는 뇌물 제공이다.

뇌물 제공 같은 비밀 거래는 돈이나 현물을 상대방에게 제공해서 관대한 조건을 부탁하고 합의를 달성하려는 행위다. 협상가로서 이러한 위법 행위를 절대 용납해서는 안 된다. 하지만 뇌물 수수는 실제 협상에서 가장 흔히 볼 수 있는 부정행위다. 협상가라면 불법적인 돈이나 현물을 아예 차단해 동요하지 않도록 한다.

여섯 번째는 자동 효력 발생이다.

소탐대실(小貪大失)을 유도하는 행위다. 해외의 한 잡지사는 은행의 신용카드 팀과 손잡고 소비자의 소탐대실 심리를 자극하는 사기행위를 벌였다. 그들은 우선 해당 신용카드 사용자들에게 무료로 잡지 한 부를 보냈다. 이 잡지 뒤에는 보이지도 않을 정도로 작은 글씨로 "본 잡지를 수령한 후, 20일 이내에 정기구독을 거절한다는 의사를 밝히지 않으면 정기구독 자격이 1년간 유효합니다."라고 적혀 있었다. 1년 정기구독료는 그 신용카드로 계산된다. 물론 일시불로. 대부분의 소비자는 이런 작은 글씨를 무시했고, 본 사람도 아직 시간이 있다고 생각해서 당장 의사를 밝히지 않았다가 20일을 넘겼다.

미국과 일본의 기술저작권 협상

일본과 미국 기업이 기술 저작권 협상 중이다. 미국 측 연구원들은 복잡한 도표를 설명하고, 각종 자료와 수치, 슬라이드, 영상 등 다양한 자료를 동원해서 일본 협상단에게 상세히 설명했다. 이 복잡하고 어려운 브리핑은 거의 세 시간이나 걸렸고, 한쪽에 조용히 앉은 일본 협상단은 내내 듣기만 했다.

미국 협상단장은 직원들의 브리핑에 매우 만족한 눈치였다. 그는 거만한 표정으로 일본 협상단을 바라보며 질문했다.

"어떻습니까?"

일본 협상단장이 매우 예의바른 몸짓으로 조용히 일어났다. 그는 미소를 지으며 대답했다.

"우리는 이해하지 못했습니다."

방금 전까지 환하게 웃던 미국 협상단장은 굳어 버린 듯 멍한 표정이었다. 그는 이전에 수차례 유사한 협상에 참가했지만 단 한 번도 "이해하지 못했습니다."라는 말을 들은 적이 없었다. 그렇게 자세하게 설명했는데 이해하지 못했다니 대체 무슨 소리지? 미국 협상단장은 간신히 정신을 차리고 다시 물었다.

"이해를 못하셨다니……, 무슨 뜻인가요? 어느 부분을 이해할 수 없었나요?"

"전부 이해하지 못했습니다."

전혀 예상하지 못한 반응을 마주한 미국 협상단장은 다시 한 번 인내심을 발휘해 물었다.

"죄송합니다. 실례지만 어디에서부터 이해하지 못했나요?"

"그러니까 브리핑 시작할 때부터죠."

미국 협상단장은 마치 바람이 다 빠진 공처럼 맥이 풀렸다. 그는 숨을 몰아쉬면서 다시 물었다.

"그럼 어떻게 해드리면 될까요?"

일본 협상단은 모두 이구동성으로 대답했다.

"브리핑을 다시 한 번 부탁드립니다."

장장 세 시간에 걸친 브리핑이 다시 시작되었다. 효율과 속도를 중요하게 생각하는 미국인들에게 정말 고통스러운 세 시간이었다. 총 여섯 시간의 브리핑을 마치고 기력이 다한 미국 협상단은 일본 측이 원하는 대로 대충 협상을 마무리했다.

사례 분석 사실 브리핑을 이해하지 못한 것은 일본 측의 문제였다. 하지만 그들은 브리핑 도중에는 아무 말 없다가 끝나고 나니 그제야 이해하지 못했다고 말했다. 이런 상황에서 미국 협상단장이 취할 수 있는 선택사항은 많지 않다. 속수무책의 상황에서 미국 협상단장은 다시 브리핑할 수밖에 없었고 그 바람에 가장 중요한 때에 제대로 힘 한 번 못 써보고 타협과 양보를 거듭했다.

협상에는 양측이 설치한 각종 지뢰와 함정, 덫, 올가미가 가득하다. 당신이 오랫동안 애써서 해낸 일을 누군가 날름 가져갈 수도 있고, 분명히 다른 사람의 문제였는데 어느새 당신의 문제로 둔갑했을 수도 있다. 그러므로 협상가는 협상 내내 맑은 정신과 경계심을 유지해야 한다. 혹시 상대방이 당신에게 문제를 떠넘기려 하지 않는지 잘 살펴보자. 협상가는 많이 보고, 많이 듣고, 많이 생각하고, 적게 말하는 법을 배워야 한다. 상대방의 의도를 전부 이해한 후에 입을 열어도 늦지 않다.

MEMO